墨香采徽

采文读书坊『5+1>6』的故事

蔡文花 等著

上海社会科学院出版社
SHANGHAI ACADEMY OF SOCIAL SCIENCES PRESS

图书在版编目(CIP)数据

墨香采微：采文读书坊"5＋1＞6"的故事 / 蔡文花
等著 .— 上海：上海社会科学院出版社，2021
 ISBN 978-7-5520-3581-0

Ⅰ.①墨… Ⅱ.①蔡… Ⅲ.①读书活动—中国 Ⅳ.
①G252.17

中国版本图书馆 CIP 数据核字(2021)第 216174 号

墨香采微——采文读书坊"5＋1＞6"的故事

著　　者：蔡文花等
责任编辑：路　晓
封面设计：徐　蓉
出版发行：上海社会科学院出版社
　　　　　上海顺昌路 622 号　邮编 200025
　　　　　电话总机 021-63315947　销售热线 021-53063735
　　　　　http://www.sassp.cn　E-mail：sassp@sassp.cn
照　　排：南京理工出版信息技术有限公司
印　　刷：上海龙腾印务有限公司
开　　本：710 毫米×1010 毫米　1/16
印　　张：16.5
字　　数：281 千
版　　次：2021 年 12 月第 1 版　2021 年 12 月第 1 次印刷

ISBN 978-7-5520-3581-0/G·1130　　　　　　　　　　定价：68.00 元

版权所有　翻印必究

"悦行文库"系列教育丛书
编审委员会

主　任　张　伟　陈　强
副主任　严国华
编　委（按姓氏笔画为序）

　　朱爱忠　庄晓燕　孙海洪　邱烨红　张立敏
　　陈菊英　赵国雯　胡　军　钟　岩　徐　兰

寄语

青年教师就要读读国情、世情之书

浦东新区教育局副局长、教育工会主席　陈　强

  对青年教师而言,拓展视野,广泛学习,尤其是读读关于国情、世情的书籍,能使自己打开眼界,观察社会,探索教育发展规律,增强教育自觉和文化自信。"悦行|采文读书坊"跨校社团组建时间不长,但成长迅速,从"团队成员一览表"和"墨香采微故事"足见其发展速度与规模,其辐射的影响力和层出不穷的主题创意阅读的行动研究与悦行成果,很大程度上对青年教师的成长起到了"博达日新"的文化价值引领和教育指导作用。我们从中也发现,通过读书社团推动教师读书活动深入开展的良好局面,也以点带面地反映出浦东"书香校园""建设的深度和实效性"。借此,我从五方面寄语浦东青年教师学做新时代热爱阅读的新青年。

一、做志存高远者,常读国情之书,常思家国情怀

  读书的意义何在?《一个村庄里的中国》一书的序言里,熊培云老师曾写道:"我早已把我的生命交付于文字。"阅读和写作能让自己的灵魂丰富生动。一个民族和国家的富强,背后一定是包含了一种文化力量和阅读力量的推动。采文读书坊的首次跨校读书演讲会,主题是"共享阅读人生　献礼伟大祖国",富有家国情怀的青年教师,他们满怀对教师职业崇高的坚定理想和信念,《我和我的家国》《书香里的追梦人》《"读"出书香中国》《民族精神中的中国梦》等演讲文稿,读来令人深感欣慰和振奋。这是一场庆祝中华人民共和国成立70周年的献礼会,也是培养青年教师家国情怀的读书会。2021年5月,为庆祝建党100周年,传承红色基因、讲好中华文化,读书坊组织青年教师赴张江大剧院观看舞剧《新青年·1921》,接受有意义的灵魂洗礼,这是难能可贵的举措。我们说,教师教书育人,唯有自己有信仰、有追求、有精神支柱,才会有从经验体验出发的读书思考,有担当教育者的重任和使命。

二、做学问渊薮者,善读世情之书,乐讲育人故事

教育是把人类文明的火把一代又一代地往下传递。如何"寻根"、如何"求道"的思考意识,实际上是为人的生命成长寻求坐标价值依据,让生命有依靠,能安放人心。这里的青年教师不仅爱读国情之书,还善读世情之书。采文读书坊老师们的阅读物,涉及广泛,有文学作品如小说、诗文、戏剧等,还有科普类、哲学类以及社会科学类书籍。这些阅读选择背后的导向,实际上是引导教师善于从人与自然、人与社会、人与自我以及人与超我不同的维度去观察学习和思考,让青年教师充满想象力、热爱生命以及坚守对教育的理想情怀。读书坊倡导多读书,身体力行乐讲教育故事,通过学校教育的平台,传播文明成果,让人类文明的火种代代相传,让文化命脉发展永存。比如,2020 年上半年防疫防控期间,读书坊坚持组织教师开展居家线上读书和思想交流;2020 年 4 月,"世界读书日 万物有签名"主题活动在上海教育电视台实时新闻有 2 分钟时长的报道;2020 年下半年 9 月教师节档,采文读书坊又推送出 10 篇教师创新征文,在上海教育新闻网"师考"栏目连续报播。2020 年读书坊还组建课题阅读小组,一起申报区级重点课题"基于青年教师阅读素养视角下的服务指导推广研究"立项任务。这里的每一场阅读,每一个书坊故事,都见证了青年教师散发出来的坚持阅读的勇气、意志和行动力,这种对读书的热爱与研究精神,值得我们学习和倡导。

三、做循序致精者,选读经典之作,让自己蜕变成长

人生成长最大的捷径是用时间和生命读一流的书,在书海里寻找人类历史上大浪淘沙后六寸的经典作品,从中汲取其真善美的精华。本书的共享书单,引起我很大的关注,附录部分采文读书坊 2021 年百本经典阅读共享书单,尤其有价值有意义。共享书单的内涵丰富,求真、求善、求美,体现出读书坊老师读书之广、阅读之精、学习之趣。看得出我们的老师不仅有担当、爱学习,还把阅读学习作为一种习惯、一种生活方式,做到带着使命学,带着问题学。

这里的"5＋1＞6"学校相关联的管理者,在学校文化领导力方面具有很高的智慧和经验,不仅能基于自身实践,完善自己的认知结构,还能将读书推广之事作为青年师资人才系统培养工程的抓手。不仅倡导向书本学习,注重课堂的实践学习,还鼓励教师走出校门,打破学校壁垒,通过读书明理加上跨界联手的行动体验,周而复始循环提升教师的综合素养和能力。可以说,这是学校课程变革的一种新途径,更是富足青年教师精神生活的有效的创新举措。

四、做高品质阅读者,赋能品牌优势,促进教师专业发展

基于世界教师教育发展的态势,中国教师专业发展正在呼唤一个新时代。教育的价值贵在激发师生的生命意义。人本主义心理学家罗杰斯引入过"促进者"的概念,强调教师要做教育促进者。职后教师如何确立专业发展目标,获取实践性知识,提升专业素养。从采文读书坊不断赢得教师青睐的背后,也呈现出作为一种品牌优势的模式特征,从不同层面影响着教师的读写基本功和创新素养,主要体现以下几方面特征优势:1.读书养德性。通过组织发起一群青年教师一起读书,提高教师职业的幸福感。2.教育创意。采文读书坊各家读书社团的取名都非常儒雅和富有创意。3.文化意义。读书坊善于召唤社会专业人士参与设计具有高品质的CW文化logo标识图。4.共享书单。坚持定期推出系列月度、年度主题阅读共享经典书单。5.推广平台。建有自己的CWreading公众号微信平台,持续推进阶段性主题阅读活动和阅读成果。6.共鸣媒体。牵引多渠道新媒体平台的关注和传播。7.兼有读写规则。建有一套属于自己的推行规则,持有开明开放的读书姿态,结合"读写互惠"技术训练原则。8.共享合作机制。读书坊自觉形成了一校与跨校开展读书与合作、共建共享读书学习资源的有效机制。9.科学阅读意识。读书坊尝试以课题方式研究如何阅读与学习,并成功立项区级重点课题。10.创新阅读素养。策划专题片拍摄、签约读书成果的创意写作与推广。正是这些跨界破界的读书行动研究方式,促进着教师的专业成长。

五、做持之以恒者,创新阅读学习方式,助推教育的变革与高质量发展

采文读书坊平台,从2019年陆续启动的"5+1"到2021年持续加盟的"新5+1"学校社团,由最初的"听潮风""西柚味儿""溪君荟""春之声""开明轩",到2020年"立学磨剑""星园小驿"社团的参与,再到2021年"满庭芳""雅文润心""书香荷韵"的加盟,这些群组的融入,也是一批又一批青年教师的阅读兴趣和教育志气被无限激发的过程,可喜可贺。

我们知道,教师读书推广行动研究工程,是一项长期、复杂的教育系统工程之一。如何能更有效、持久地推进教师有效阅读,还需要我们做更持久的坚持和高质量的专业引领,从根本上,整体提升和创新教师的教育专业综合素养,希望大家一起行动起来,用我们对读书和教育的热情和力量,去攻克当下乃至未来的教育问题,高质量发展教育,让教育成为一项充满智慧的百年伟业。

2021年6月

代序

采薇采薇　载饥载渴
——兼论教师的阅读力和教育服务研究的专业素养
上海市浦东教育发展研究院院长　李百艳

"采薇采薇,薇亦作止……薇亦柔止……薇亦刚止……",拿到蔡文花老师的书稿,看到《墨香采微》的名字,《诗经》里的诗句一下子从记忆中被激活了。从薇草初萌到幼苗柔嫩再到茎叶老硬,久别家乡的征人对家乡的思念可谓是"忧心烈烈,载饥载渴"。这种情感与书中作者如饥似渴的阅读热情颇有相似之处。阅读应该成为每一个人终身的事业。对于教师,对于做教育服务的研究人员而言,尤其需要通过阅读提升综合性的专业素养。这种专业素养来自对教育实践的价值观和身份认同。《墨香采微》的书坊阅读故事,主要通过各种主题阅读行动的学习路径与教育服务的实践体验出口,提升对教师的阅读力和教育服务研究的专业素养的认知与发展。我们发现,采文读书坊,因关注教师的阅读力而开展的系列阅读学习爬坡行动过程中收获的体验感知,不仅是为了解决教育教学的实践问题,同时还为教师个人的专业发展提供教育服务,还为我们研究教师教育服务的专业素养和品格提供了以下全新的学习观察与视角。

阅读之志,生有涯而知无涯

在浦东教育工会系统推广教师阅读自觉自信的过程中,诞生了不少的品牌项目,如采文读书坊,从成立到现在,虽不足三年时间,却已然成为青年教师沉淀自我、积蓄能量的心灵家园。读书坊的全体教师们不断励志自己和鼓励他人,学习做一名真正优秀的阅读者。教师们学会独立阅读、和他人一起阅读,将阅读视为一种崇高的智力锻炼。作为教师教育研究者,在这样一种高规格阅读的智力锻炼的教育服务实践中,相互成就彼此,不断提升阅读力和教育服务研究的专业素养。读了《墨香采微》书稿,我被教师们对阅读的热爱之情深深地慰藉着、感动着,读书坊主持人带领青年教师,他们共同携手,努力踮起脚尖,把最灵敏、最庆幸的时刻,最曼妙的时光,坦诚地献给阅读学习这件美好的事情。我想,采文读书坊为何能独具慧眼,在培养教师的阅读力、提升阅读素养对象的选择上,关注到我们教育发展的未来的新生青年力量,这是很有意义的。著名学者朱自清在《论青年》一文中提到:"青年人精力足,岁月长,前路宽,他们要求进步,要求改革,他们有的是奋斗的力量。"读书坊的青年教师具体表现有:1.青年显露的朝气和勇气。因为真正的阅读是需要激情和勇气的。2.青年潜藏的富足的潜力。教育未来发展的潜能空间,同新时代未来教育的学生成长的新发展方向紧密相连。3.青年固有的可塑性。他们有着极高的开放度和对一切新奇的向往,思维认知系统也很有活力,动力十足。我们需要最大限度地支持、保护并发展这种可贵的奋斗力量的追求。

阅读之深,闻思践行愈笃定

经典训练的价值不在实用,而在文化。记得有一位外国教授说过,阅读经典的用处,就在于教人见识经典一番。作为教师的阅读力视角,所需涉猎的不仅是教育部制定的相关学生教材和读本,还要对古今中外的经典选录和阅读作品有更宽更广更深和更专业阅读的高度。采文读书坊的推文和系列共享书单以及本书的目录部分让我们看到:能成为区域教师推广阅读的一个品牌,有着对经史、哲学和文学等经典学习独特的系统阅读维度思考和训练方式。章太炎先生在谈到国学之进步之点时提醒我们:经史不可分,哲学直观自得,文学必须"发情止义"。这也是我们在阅读国学时需要好好把握的阅读肌理和脉络。

读书坊的阅读行动体验感知并不排斥休闲时光的阅读,这也是集体阅读经典之外生活阅读的底色与美好记忆。我们许多阅读的关键成长点就来自生活阅读的积累广度、专业阅读的挑战高度、学术阅读的文化深度。我们需要从阅读学习的立体多维度的系统中,权衡经典训练和日常阅读,寻找阅读的种子,迸发阅读的创意,遇见最美书香人。我们也从优秀的阅读者身上感受到一种时代的阅读气息、阅读品质、阅读创意,感受到他们每个人正在成为独立阅读者,成为和他人一起阅读、共享生命美好的人。

阅读之思,昼夜星驰广才干

我们说,教师的阅读力离不开"三长":才、学、识。阅读书坊故事的过程中,我感知到每个读书会群组,都精心设计出了一个个寓意美好的书坊群名。除了能感知到教师们的文笔精妙,也足见他们的阅读力和基本功。悦行｜采文读书坊"5＋1＞6"读书社团,目前已发展成 12 个相对独立的读书社团,有学校独立的,也有跨校的。从 2019 年启动组建的"听潮风""西柚味儿""春之声""溪君荟""开明轩"5 家学校独立的阅读社团,到 2020 年组建的真正意义上的跨校群组"墨香采微"和"森林研习",对阅读力训练各有侧重,直至 2021 年,"立学磨剑""雅文润心""满庭芳""书香荷韵"和"星园小驿"新 5＋1 读书坊的诞生加盟,除却每一个群组好名字背后的盎然趣味,和大家用心极致的阅读智慧,更蕴含着因阅读而伸展的力量绵延不断。

《墨香采微》书中呈现的种种阅读创意和创造力,正是作为教育服务研究者,通过一系列精彩纷呈的阅读主题行动和专业素养设计训练有素的彰显。读书坊的志趣和才情,让采文读书坊阅读故事奇异精彩,也让我们感同身受,共鸣阅读学习之旅。

阅读之恒,为有源头活水来

在推动的过程中,读书坊的教师们一定碰到不少难题和阻力:其一,如何打造读书品牌并赋能其持续的丰富的内涵和推陈出新的创意,本身难度极高;其二,"5＋1＞6"的规模组合的人才背景丰富多样,协调起来需要耐心、时间和阅读力统整思考等高阶思维系统的支持;其三,短时间内所追求的阅读推行和培养成长速度很快等一系列棘手问题的解决,除了需要破界跨界的技能技术和阅读智慧外,实际上,更需要考量阅读者对阅读前行路上如何度过闲暇而孤独的时光的意志力。如何克服"基于青年教师阅读素养视角的教育服务推广研究"课题立项过程中的困难,尤其需要思维的韧性磨炼。这里他们找到一种"开明开放"的阅读姿态和"读写互惠"的阅读技能训练方式,来化解克服一路走来的种种难题和阻力。他们通过增加阅读开关"开启"的时间,大量接触优秀经典阅读范本,开展线上线下的读书会,重视并设计有创意的系列阅读主题,寻找一切可以呈现阅读和成果并存的展示平台,还让教师们体验阅读从文字到镜头的新奇感、神秘感,让教师们看到自己在成长型循环阅读状态中的蜕变,找到应对闲暇孤独时光的韧性,坚持阅读。

阅读之见,心立虑微作于细

读书坊主持人也始终牢记组建读书坊启动的最初目标导向:他们更多注重阅读成长的方程式:1.开明开放的阅读态度＋"读写互惠"的技能训练;2.设定设计每月线上线下主题阅读目标＋正确的个性阅读、自我认识阅读展示平台的搭建。看得出,读书坊里教师们有一个坚定的信念:人拥有无限可能性。一旦阅读之门打开,阅读的价值就非同小可。他们带给我们对教育服务研究专业素养的思考,有着丰富而宝贵的阅读感知和收获:

其一,教师们在与他人一起阅读交流的过程中,达成一项与人合作、彼此尊重的基本规则。

其二,从阅读中幡然醒悟,阅读是一种崇高的智力锻炼。阅读可以对人的认知系统和思维模式,以及看问题方式带来有效提升,提供成长型通道和路径。

其三,我们从阅读中学习观察,能找回自己对生命的热爱,也会成就一个个让阅读行之更有效的品牌故事。

阅读之为,绝知此事要躬行

开始一项阅读修炼,就意味成为终身学习者。读书坊的教师对阅读学习持有特别的坚持和行动力。其实,我们无需质疑阅读种子的大小,只需咏叹他们的热情与自信阅读里的那份觉醒,重新去发现阅读学习带来生命成长的文字魅力,那种由主持人牵引指导下共读伙伴"自我开放、自我教育、自我成长、自我觉醒"的学习方式,和那种将阅读视为一种崇高的智力锻炼的学习信念。作为教师,我们更多需要思考赋能教育教学变革的行动力,如何教会学生学习的能力,应该采用怎样的学习方法来解决自己遇到的问题和困难。

最后,我期待我们教师的阅读行动能够持久深入、高效高质量地发展。作为教师的我们,需要在整个人生中坚持阅读学习。这样的坚持,会在每个人成长的高峰期或至暗时刻带来一种抗衡的力量:这种力量包括勇气、信任、知识、权力、希望、信仰以及爱。让我们热爱自己真正喜欢的所有阅读,丰盈自己的精神世界,用因阅读产生的教学勇气和智慧投身服务于我们的教育事业。也希望作为教育指导者、服务者、研究者的我们,教育研发机构的每一位教师,为阅读学习留白,用心对话你面对的书中的人和物,让身居"读书小屋"的你拥有一个更加广阔、开放的世界。

2021年6月

目　　录

寄语　青年教师就要读读国情、世情之书 ············· 001
代序　采薇采薇　载饥载渴
　　——兼论教师的阅读力和教育服务研究的专业素养 ········· 001

第一部分：导读
独立阅读和与他人一起阅读 ····················· 003

第二部分：阅读创意
寻找阅读的种子 ··························· 007
正确的起点 ····························· 008
启动，迸发阅读活力的开始 ····················· 012
创意阅读，让大家"触手可及" ···················· 014
我在读书　书在读我 ························ 018

第三部分：书坊故事
遇见最美书香人 ··························· 025
主题阅读首场秀 ··························· 027
励学励行·育人行 ·························· 031
群名生书香 ····························· 035
线上创意取群名 ··························· 037
群名推荐演绎说 ··························· 038
听潮风·阅读弄潮儿 ························ 043
西柚味儿·西柚味里蕴书香 ····················· 053
溪君荟·跨界·破界 ························ 073
春之声·春竹拔节　蓄势待发 ···················· 091

- 开明轩・从刻意练习到阅读审美 …… 103
- 森林研习・单丝不成线　独木不成林 …… 126
- 赋能开题会 …… 128

第四部分：阅读经典
- 阅读习惯 …… 133
- 我们与文学经典的距离 …… 138
- 力求读懂经典 …… 139
- 经典从俗阅读 …… 142
- 整本书阅读 …… 146
- 像作家体悟生命创作那样去阅读 …… 150

第五部分：读写互惠
- "阅读"与"成果"并存 …… 155
- 倾听阅读故事 …… 156
- 阅读需要专注力 …… 157
- 读书会　会读书 …… 158
- 如何阅读一本小说 …… 159
- 如何看待写作 …… 160
- 向主题阅读出发 …… 161

第六部分：让阅读行之更有效
- 增加阅读开关"开启"的时间 …… 165
- 创建微信公众号"CWreading" …… 170
- 最最遥远的路 …… 175
- 从文字到镜头 …… 177
- 织出时代的生命线 …… 180
- 让影响力变现 …… 181

第七部分：结语
- 在整个人生中坚持阅读学习 …… 197

附录部分:成员—推文—书单(详见例表)

　　缘于阅读 ·· 205

　　优先阅读 ·· 213

　　推荐阅读 ·· 241

后记 ·· 246

第一部分：
导读

独立阅读和与他人一起阅读

悦行 | 采文读书坊主持人/上海市浦东教育发展研究院　蔡文花

真挚地邀您阅读《墨香采微》一书，并欢迎对本书所有的内容和表达方式，以及粗陋甚至错误之处，提出最严肃、最明晰的批评和指点。我们读书坊所有成员，怀抱最包容的阅读进取姿态，期待与手捧本书的您共鸣与思想碰撞。

本书有幸成为浦东悦行读书社团系列丛书之一，重在5+1＞6读书坊的创意写作者以阅读故事的方式表达对教育阅读的思考和求证，主要围绕"导读、阅读创意、书坊故事、阅读经典、读写互惠、让阅读行之更有效、结论"几个部分的内容，呈现我们采文读书坊一群阅读人浸润书海、墨香采微的成长故事。

对读书坊的每一位成员而言，都已有近3年或3年以上的独立阅读与学科专业经验，和与他人一起学习共享阅读体悟的一段时间。这一共享阅读力培育的体验，是以教师专业身份"兼职的、多边的"阅读素养视角下的感受与认知。每一位采文读书坊的阅读者，都在自主自助自觉开展阅读共享的同时，继续完成着正在进行的学校教育教学工作，以及扮演着生活照料者的角色。我们欣喜地发现，每所学校的第一责任人和相应学校社团的读书坊负责人，都发挥着一名优秀阅读人的领导才能，承担并要求全体读书坊成员在形成阅读者个人品质的整个过程中倡导广泛的高品质的阅读。我们也发现，老师们已然朝着让自己真正树立一种开明开放的阅读姿态的成长目标持续迈进。对如何处理作为阅读者的自己，与阅读指导者或培训者和同伴之间的关系有了新的认识，进而拓展阅读思维，提升阅读品质，理解个体阅读和与他人一起共享阅读合作过程中出现的共鸣现象和思维碰撞等问题。其实，一起阅读的教师可见的福利也是"非行政的"，大家更多收获到的，是一种被彼此间因阅读体验故事所感染和理解省悟后的专业内外领域间的心智成长历程。

我们说，要成为一名优秀的阅读者，需要建立一种真实的基于个人阅读经验、价值观和文化认知背景的自我察觉的高阶思维多元阅读思考系统。显然，我们在经历个体化阅读的多时段的持续性思考时，老师们的各种省思方式等阅读元素，都已蕴含在独立的个体阅读中。不可否认，个体独立阅读的意义是非常重要的。然而，和他人一起阅读将产生额外的重要的学习机会。如果与他人共享你的阅读"故事"的体验与想法,你可以从他人对你共享的故事的反应(包括感兴趣的、投入的、震惊的、惊讶的……)背后体悟看待阅读问题和素养的新方式。同时观察和聆听同伴们分享对阅读学习活动的感想,可以拓展你对阅读理解中的某个问题的可能性范围的多种觉察。因此,有一个或多个阅读学习伙伴,或者成为读书坊群体的一员,是很有帮助和有价值的。回想,自读书坊组建启动以来,每一位成员彼此间互为培训者和指导者,共同推进青年教师阅读素养读书项目的指导服务与推广研究。悦行丨采文读书坊的核心阅读社团"墨香采微""森林研习"群组的阅读,更多由指导者负责任务驱动培训。2019年诞生的"听潮风""西柚味儿""春之声""溪君荟""开明轩"5家学校阅读社团,侧重是在青年教师的学科综合基础上建立推进与发展壮大的。令人欣喜的是,2020年至2021年"立学磨剑""满庭芳""雅文润心""书韵荷香""星园小驿"5所学校新社团加盟融入,使我们的整个读书行动更广泛深入而渐入佳境。整个读书坊在有计划推进阅读过程中,我们有一项经过共同商议讨论、理解和遵守的基本规则,即彼此尊重的存在。从自身开始,身体力行,积极投入以阅读为伴的心智锻炼和精神成长的全民阅读时代。

采文读书坊的阅读者,在独立阅读、和他人一起阅读的过程中幡然醒悟:阅读是一种崇高的智力锻炼。书香,是人才培育孵化的有机养料。出版成册的《墨香采微》一书,也是读书坊一群人前期孵化出的阅读故事成果集。整个成书过程,更加激励着青年教师们,视阅读为心智的锻炼,持开明开放的阅读姿态,鼓阅读经典之勇气,寻求语言文字带给青年们的成长意义。并在心底生出爱阅读的内驱力,怡然带着一种对教育初心的理想情怀与育人者使命,不断升华教育智慧,毅然去付出我们所有的热情、智力、勇武和力量,去成就一个有着共同美好愿景的读书品牌小传奇,一个让阅读行之更有效的故事。

第二部分：
阅读创意

寻找阅读的种子

一个人最初的阅读,往往是开启于一次自然的对自我探索这个未知世界诉求的满足,是一次次基于长大中的咿呀学语、一次次蹒跚坐立撕扯书本或报纸等印有图文样纸的认知好奇,以及与体格骨骼见长的生理需求,还有那一次次无意识地对着年长者跟读或模仿说话开始,从语言表达学说学做"小大人"的模样记忆开始……其实,当我们来到这个世界时学"说话"就开始了。也许这些事实或"阅读"的情节和细节,也可解释为一种"无为"之阅读状态。相信这种状态一直延伸,直到我们无限地长大,成熟,乃至变老,衰弱消亡。

然而,我们这里所要提议倡导的阅读,主要是作为自己成为教师后基于职业阅读素养提升专业发展的一种"有为"的阅读状态和阅读方式。作为教师,通过读书使自己保持一种清净的过去和未来的良好状态,来面对自己的教育对象,让自己保持一种"日清日新"的职业精神与进取状态,进而去完成一项又一项育人者的使命任务,教学相长,这样的阅读意义和价值,就非同小可。

想起自己那部分属于"十分私人"时空里的阅读,无论喜欢还是必须,无论顺应还是热爱,都不排除阅读吸收后的喜悦、暖心、启悟,一切的精彩美妙,以及包括美妙来到之前的困顿或至暗时刻。简言之,我们在收获阅读成果之前,必将经历一段打开阅读的勇气、激发阅读的热情、找到有效阅读的路径,以及输出吸收后的有效阅读成果的细微的成就感。整个过程也存有自卑和超越的阅读境地,一切体验感受的深浅,也唯阅读者自知自悟。

正确的起点

至于平凡的人生,生活的希望和道路,我难道不能从一些美妙的感受开始寻找?

——勃朗宁

当你寻找幸福、朝着幸福的方向走去的时候,需要重视一个最简单的起点,那就是,在我们每天所要完成的诸多事情中,什么事是首先要做的,也就是生命中每一天的起点是什么。其实,生命本身就是一种学习过程,在困顿、失败与挫折中,若能及时寻得一盏明灯指点迷津,或许只是一句话、一小段文字,便能使人豁然开朗。英国詹姆士·艾伦告知我们:不要让你自己和这些起点纠缠到一起,但是,集中你的注意力和精力,面对那些你能够完全控制和掌握的起点,它们带给你错综却通往收获的线索,这将充斥着你的生命。这些起点需要你在日常思维和操行中寻觅;这些起点现身在你所处不同环境的精神世界里,却往往被你错过;在你的言谈举止中,日复一日。总之,在你每天所创造的生活中,好的,不好的,都是你的世界。他还告诉我们:那些懂得如何经营小事情的人成了正直伟大的持有者,谁把一个微"小"控制了,便能获得最后的大收获。况且,生命是各个部分整体合作、相互信任的结果。而整体的本质所依靠的,正是无数个个体。联系我们的读书坊成员,积极地独立阅读和他人一起共享阅读经验的出发点正始于此。"墨香采微"之名之意,在于我们用善意、包容、奉献之阅读的品格对待任何渺小的收获和分享,也是作为阅读者的一种仁慈慷慨的性情和品性。

著名学者王国维先生曾在《人间词话》中提出做"大学问"的"三个境界":其一,"昨夜西风凋碧树,独上高楼,望尽天涯路";其二,"衣带渐宽终不悔,为伊消得人憔悴";其三,"众里寻他千百度,蓦然回首,那人却在灯火阑珊处"。

这"三个境界"道出了做"大学问"应秉持的求知态度和科学精神。但凡学习者,无一不从读书学习开始,从些微的学习知识开始,让自己渐入"小学利养性,饱学成大器"立达"学富五车"的进步佳境。作为一名教师,通过读书学习,做到储学厚学,学习积累更是持续成长的动力和保证。美国著名的现实主义作家杰克·伦敦,著有《热爱生命》一书,他非常注重并坚持对语言和素材的积累,写作时才得心应手,避免"书到用时方恨少"的准备不足。我们常挂耳边的一句话"腹有诗书气自华",它带给人们的精气神,并不是一蹴而就的,而是经过了"书山有路勤为径"的苦读阶段的厚积薄发。"书犹药也,善读可以医愚。"每个人都可以通过读书成长成熟,读书可以改变气质。渐渐的,爱读书之人,会生发一种越发稀罕的生命体验,我们称之为"日长"。

顺生而行,生命向好

这里,我想起"锦绣路上工作室"微信公众号,2015 年 12 月 21 日,推送了一篇关于我的 2015 年的读书心得,内容聚焦"生命与成长"的话题。那一年也是我身体健康受到重创后又遭遇亲人离世的至暗时刻。

记得,那年的年度阅读之旅开启的首本书是《呼兰河传》。读此作品,我感觉萧红是纯粹的作家,是一位自由意志主义者。该书可说是萧红童年的印记,北国风光,故乡小城,风俗人情,悲欢离合。再读此书,我似乎更明白为何茅盾称其为"一串凄婉的歌谣",也不由自主地浮现《黄金时代》里的蒙太奇镜头……

后来,我与赴美留学的 90 后女儿的阅读交流时,她特别推荐了《为奴十二年》,成了我那一年度第二本完整版阅读之书。

"纵使身处黑暗,也要向自由的那方奔跑。"

这样的励志精神之言,很长一段时间,激荡着我的内心。这部获奥斯卡最佳电影原著小说,是 19 世纪美国黑人作家所罗门·诺瑟普所著,是其以自身经历为蓝本创作的自传体小说,此书一经上市便引起美国社会震动,并影响了此后的废奴运动。此书被选为美国历史教材和大学必读书目。阅读这本不朽名著,使我学会在深处黑洞的境遇中努力坚持寻找光亮的出口。

这正如我读《平凡的世界》时的思考:如何在平凡的世界找到那个"独一无二"的我? 问题的答案,也许还可以从心理治疗师曾奇峰的《你不知道的自己》中找寻。阅读此书的那天,天气有些寒冷,读着读着,思绪飘向窗外远方的雪花片,我情不自禁地在微信朋友圈记录下了下面的文字:

听雪,就是听心。今天虽见阳光,可很想听一场雪,听一听《你不知道的自己》(曾奇峰著)一书中心理疗伤的故事,用凝视的眸,倾听飘落的雪花;用宁静的心,感悟爱怜的世界……此时,特别感谢俞婉同学,把自己喜欢的书赠予我,让我从中寻找前行的能量。《你不知道的自己》正阅读中,很是喜欢,也特别感动,同学的这种赠予行为,是一种善良,也是一种能力。我想给俞婉同学一个深情的拥抱,在她身上我也感受到了小身材大能量的善良给予我的"予人玫瑰"之气息,令人暖心向阳……

是的。顺生而行,生命就好。每个人无论走到生命的哪一个阶段,都该或接纳或喜欢那一段时光,生命使然,职责所驱,去完成那一阶段该完成的义务,不沉迷过去,不狂热地期待着未来,生命这样就好。

在求书求读的过程中,也特别感激部门曾经组织的一场读书会。2015年的5月6日,读书会的学习驱动,让我有机会来到环境设计富有创意的钟书阁(松江店),随性情购得三本心仪之书:《诊断》(美国阿兰·莱特曼著,施谛文译),《万物的签名》(美国伊丽莎白·吉尔伯特著,何佩桦译),《动物庄园》(英国乔治·奥威尔著,张毅、高孝先译)。回家后,迫不及待地做着一件爽快之事,立马拆掉书的塑封包装纸,看到三本书的页码分别为:《诊断》368页,《万物的签名》446页,《动物庄园》187页。看到页码,总有些许思考和决断:先读哪一本? 最终,那本《万物的签名》,我是一气呵成读完的。其他两本只是检视层级的浏览阅读,匆匆翻过。这种状况也不止一次地出现于选书、购书、开读、束之高阁的阅读循环之中。而这一次的福利买书的囊中读物,《万物的签名》一书喜得我的费心精读与宠爱有加。读完之后实乃兴奋不止,7月27日,与本书的共情对话内容延伸在新媒体时代的微信朋友圈,即时分享我的读书心得:

一本伟大的书:《万物的签名》

"生命的本质,我们看不穿;但生命的造化,我们了然于心。"

——波西瓦尔勋爵

我惊讶自己:终于只用三天的工作之外业余的辅线时间,看完一部长达446页的光芒四射的小说。似乎这种专注的自律克制众多杂念完成整本书阅读和整个阅读的体验过程,已很久没有来临。这是一种弥足珍贵的感觉:让阅读停不下来,好书爱不释手。

这是一部有积累的沉淀之作,是作者历时七年才完成的巨作;

这是一部有馈赠的感恩之作,是作者献给她外婆纪念她的一百岁诞辰的心作;

这是一部有关植物学的科学之作,是作者叙述女主人公生物学家阿尔玛论证苔藓渐变、物种变异物竞天择的理解过程;

这是一部有影响力的文学之作,格局浩大,故事背景跨界穿越,荣登《纽约时报》畅销榜;

这更是一部有生命回声的智慧之作,因为爱,人会热衷于理想事业,做着最具想象力的工作,即使面临最艰巨的任务,也要让亲近的人理解和爱,重写生活脚本,自始至终,声声不息。

物竞天择。这让我相信:万物有签名,我们都应敬畏大自然,坚守人与自然和谐相处。因为,这才是世界最美好的真相。

遇上《万物的签名》一书,又带给我一波前行的知识和力量。

那年的暑假,遇上师范毕业的同学小聚会。已转行某企业从事信息技术管理的瑞卿同学,向我推荐了被誉为"中国最好财经作家"吴晓波著的《把生命浪费在美好的事物上》,鼓励当下的我,不忘初心的美好,学会在仰视与俯视的转角间,用支撑一种自信学习的从容平视,来看待遇见的一切。

似乎,生命成长的话题,也奇遇般地检测着我读书的意义和功效。

2015年7月2日至10月4日的三个月期间,听再多鼓励的话,我也无法无心无力静心拥抱喜欢的书籍。那时我接二连三地跟家族里三位挚爱至亲的生命作告别:我尊敬的母亲大人、我怜爱的智障小外孙、我至亲的二姐夫的父亲,先后离我们而去。似乎生命的能量被意外地洗劫一空,感到自己是那个含着满眶泪水但必须继续奔跑的人。对当时的我而言,生活何止是苦咖啡,但我必须"喝下那杯苦咖啡,而且选择不加糖"。活着,经历着,坚持着,而且没有选择地接受着:面对至亲至爱的生命渐行渐远时的一连串对生命的拷问。我努力活着。那段时期,内心也总有个声音坚强地告诉我,人生就是一场艰难的跋涉,我们总要经历各种各样的苦痛折磨与不断的告别。所以,没必要将苦处放大,也没必要怨天尤人。放下心中负累,生活从没有拖欠过我们任何东西,不用总哭丧着脸。世界很大,风景很多。相信生活苦之后,定有甘醇。那种境遇,我唯一能做的是,让自己在生活挣扎的苦难和悲伤中缩短苦恋期。虽然,我也真的不知,这种相信的勇气和力量究竟来自哪里。

现在细细想来,其中重要的一点就是:我在读书,书在读我,是那样的一种积极阅读的样态拯救了那时身处至暗时刻的我。

其实,生活中我们真的"无需质疑读书的意义"。即便是碎片化阅读,也可点亮每一盏生命前行的心灯,困惑的我们也会从中重新认知自己。只要你我每天能养成一种阅读的好习惯:日积月累,日新日长。

启动，迸发阅读活力的开始

2019年的五月，悦行｜溪君荟·采文读书坊成立启动，这是读书坊主持人引领学校青年教师共享阅读的又一家读书会社团。经过前期跟校领导朱校长的沟通商议，以党建抓团建的共建方式，由学校青年骨干教师团支部书记臧老师具体负责，携手开启悦行｜溪君荟·采文读书坊一群年轻人一起读书交流共享心得的学习成长新模式，推动教师阅读习得和习惯养成，提升教师的综合阅读的专业素养。

溪君荟读书坊的启动仪式时间选在五月中旬。

五月，是生命开始伸展初夏魅力和生发张力的季节。这个季节启动阅读之泵，谦谦君子，荟聚澧溪。记得2019年5月17日星期五下午三点，作为采文读书坊第四家读书会盟友，溪君荟正式启动。是日，我从读书坊青年教师每个人的脸上，感受到一种青春的活力！这里的每个人彼此互相喜欢！喜欢自己也喜欢对方对读书的喜欢！大家更喜欢一起相聚读书坊，在书里书外遇见世界更美好的真相！并且，努力保持开放开明的阅读姿态，去发现自己身上潜存的，却在同伴身上展现的另一种美好与卓越！

一直以来，老师们以自己各自的方式读书成长，渐入"我在读书，书在读我"的佳境，让自己所读的书，荟聚成一张立体的多元的优质资源的阅读网络图。每个人乐于穿梭其中，让自己的思想和精神在其中川流不息，成长不止。我曾经最喜欢的一本书是由自己编著的《出离是为了归来》，书中将我10天的赴西藏旅程的所见所思，用10个月业余时间编著成册，由中西书局出版。但生命中最尊重的一本书无疑要数经典作品《红楼梦》，因为这本书值得我在2016年用整整一年的时间，深入细致地重读领悟。这里，我最想推荐的另一本书是《被讨厌的勇气》，在2018年暑假期间，我极力推荐此书给我的女儿，90后的她读过之后和60后的我产生众多共鸣，之后也就陆续推荐给读书坊的年轻人，老师们对自我的认知和困惑一度有了新的认知与超越。

相信大家每人开始读书的缘由，有千千万万，但我们共同呼吁的理由只有一种：那就是，如何让自己变得更加美好，更加具有生命的激情和活力，更赋予工作和学习持续不断的十足马力。虽然我们身处21世纪新时代,但我们仍然要做教育麦田里的守望者。"纵使身处黑暗,也要向自由的那方奔跑",无论你在哪里,都能找到自己青春的痕迹。我们可以学做《追风筝的人》,冲破由爱、恐惧、愧疚等交织一起的层层叠叠的枷锁,成长的步履才会不停。相信,谁都愿意获取那份《被讨厌的勇气》,将自己的《灵魂之旅》穿越和传阅,让我们挤出时间,聚聚聊聊,像《三大师谈国学》,溢出《安妮日记》般的心流,《把生命浪费在美好的事物上》,持续成长,改变或将被时代泡沫毁坏的人生。

  5+1＞6每家读书会启动的仪式感,真的令人兴奋,因为,我们以读书、读书坊的名义相聚,找到志趣相投并彼此认同的一群人,把读书这件很个人的事儿,推而广之,无限拓展交流交往话题,共享获取美妙的独特的知识释疑之道,开启智慧创意读写互惠的灵感之泵。无论你喜欢或不喜欢,书就在那里;无论你喜欢读小说或是诗歌,书还在那里;无论你是专业阅读还是消遣阅读,你,见与不见,读与不读,书还是在那里。不管你以怎样的方式、选择什么类别、处在哪一个阅读层级,其实,真的完全是你个人的事儿,与他人无关。因为,读书只是生命前行中的一种珍贵的方式;然而,读书坊不一样。读书坊,是我们一群有着年轻的心,读书的情,有着成长追求,喜欢读书、想读书、读好书的伙伴,分享传递共鸣或感同身受之需的交流平台,并使我们持续不断迸发生命流里的激情和活力。只要遇见,我们就将传递彼此间对阅读的激情和活力,明确悦行丨采文读书坊的几件事:我们和谁一起读?为什么有这样的追求?我们将享有什么样的年度主题阅读清单?以及如何让我们的阅读层次更上一层楼?这些都是我们采文读书坊阅读者共同的成长目标和追求。

  读书坊的名称启发了我。我发现:真正的读书,投入的读书,获得理解和成长的读书,是需要持久的激情和活力的。这里除了天性里的喜欢之外,还需要磨炼自己坚如磐石的学习意志力。让我们一起《细说红楼梦》,跨越《罗生门》,用我们坚强而柔软的《心》,穿越时空,打开《慕尼黑的秘密》,穿越《如梦之梦》,尽享《仲夏夜之梦》,勇敢《走出非洲》,跟随《基督山伯爵》,感受《大数据时代》,《与佛陀一起吃早餐》,听听《航行七大洋的故事》,《如果世上不再有猫》,偶尔允许自己做回《鸟人》,靠着《草枕》,向着天空《告白》,探寻《直面内心的恐惧》,赶赶《人间是剧场》,悟悟《生命这出戏》,瞬间找回《逃离》的自我,顿感《出离是为了归来》,勇敢地与未知的未来相遇! 我期待:将我们每个人的青春活力,持续不断散发出来,与《万物的签名》,一起交给宇宙间的最高智慧,让周遭充满爱和温暖,以最诚挚的开明开放的姿态,向着大自然的智慧致敬!

创意阅读，让大家"触手可及"

纵然只是如天地间一粒微小的尘埃，却依然有着天真和执着的追求。即使世界再忙碌，生活再繁忙，墨香采微·采文读书坊群组成员坚持初心，再品书香，2020年7月10日以"品牌标志logo图的创意阅读与演讲"为主题，开展了一场酷夏季节里的线下创意主题阅读学习活动。

创意阅读其一：齐聚浦东"言几又·今日阅读"

在规定的午间时刻，购书行动发起集结号，"墨香采微"群组的伙伴们，三三两两自由组合，按点位前往浦东长泰广场"言几又"书店进入创意阅读主题行动，自主选购各自心仪的书籍。本次购书行动，让"墨香采微"读书坊老师们置身富有新颖创意的环境，在具有现代线形明快清新气息的书屋架构区域内，触摸着一本本或熟悉或陌生的书籍，玩味着纸质书的厚度与墨香，与书架上的书，或检视，或对话，或凝视，或品读，遇上一见钟情的书，便将其买下，并畅想着如何与这些书陪伴美好时光的场景。

离开"言几又"书店，大家再次自由组合三组人马，驾车去往下一个约定的创意地，即浦西一家取名为"八面玲珑"的面馆。从浦东跨越黄浦江到浦西的穿越行动，点亮着青年老师们好奇的捕掠之心，一路览胜一路悦行。这群自以为有着富足经验、具备能轻松玩转上海的高颜值"小青椒"们，却有近半数成员在距离目的地的中道兜兜转转、绕道绕行，超越预定时间一小时许久，才找到街区深巷里，这家富有城市文化创意气息的"八面玲珑"读书会集中点。赶路的体验意外挑战了"小青椒"们的探路底线，也见证魔都的魅力，感叹上海之海纳百川，城市文化之街区巷里深邃的阅读元素，无一不让老师们感受着上海的魔幻与城市精神。

创意阅读其二：座（坐）听品牌logo图的设计理念

"墨香采微"群组成员从浦东赶往浦西，来到面馆，一边品尝面馆里有着老上海特色的"葱油拌面"，一边调整着让自己进入下一个阶段学习阅读的目标状态。一眨眼的工夫,老师们还见识了面馆美丽的老板娘亲自布置,瞬间将餐桌功能区转换成微型会议交流区,每一个细节都充盈着令人愉悦的、富有创意的、可读可点的文化元素,墙画、灯光精致融洽,花和茶水,清凉爽心,热情有礼的服务与面店创意 logo 图意"八面玲珑"之意吻合。

　　读书坊主持人选择在这样的环境下,引领年轻的老师们展开后一波的创意阅读,可谓匠心怡然。大家在这里意外地见到了 CW 采文读书坊品牌 logo 图设计师戴子老师,年轻美丽的戴子来自一家文化传媒有限公司。她说她第一次被邀请分享她的设计作品与设计理念,甚是高兴,以至于被老师们仰慕的她开始讲述时因激动而词不达意,但老师们从她认真准备的 PPT 讲稿中,感受到戴子作为一名设计师的热情与坦诚的态度、聪慧与专业的文化素养,情不自禁地沉浸到她关于品牌 logo 图创意设计的过程性阅读故事中。

　　CW 采文读书坊品牌 logo 图,该标志的创意设计从图形、含义、文字、字母、色彩等元素出发,它们相辅相成又自成体系。该 logo 以"翻开的书"的图形化语言,让人第一感觉就有读书的印象,使采文读书坊信息得以快速传递;其设计理念中采用象征的手法,标志的外框以字母"C"为图形核心样式,来自"采文读书坊"的"采"首字母"C";"C"的中空部分以三片翻开书页填充。简约明了地展示了"采文"读书坊的主题名称。整个图形似一只灵动的心灵之窗,即眼睛的抽象造型,透过开放的"C"口闻书香看世界,从而在图形上给予品牌最鲜活的注解。从"翻书"的图案到"文"字首字母"W",柔和的线条与平滑的字母形状,配合相得益彰。logo 文字采用方正粗倩体,以富有张力的简约色系凸显"读书坊"和单个字母,视觉表现力强,整体给人一种通透、自由、团结、和谐、完美,即知识包容一切的理念,呈现读书世界的精神气质。设计师戴子当时给我们分享的整体颜色搭配样图:选择经典 180°对比搭配,选用的是代表智慧、安静的蓝色,和代表热情、活力的橙色,富有视觉冲击力的颜色搭配使标志更易被识别和记忆;在蓝与橙的基础上进一步深化,添加 30°微渐变,使颜色不显呆板,富有更多观赏性、可塑性,整个图案也更显形象、生动!

CW 采文读书坊品牌 logo 最终选择高级灰的配色,在图案和色系选择上,有幸得到了高级设计师和营销专家、英俊帅气的弓一先生的专业指点,图形、含义、文字、字母、色彩的简约设计与和谐组合,让品牌符号更具专属性,使 logo 图给人以宁静、思考、智慧的感觉,又让读书坊品牌信息文化沉淀,成为独特的品牌记忆点。曾记得在 2020 年 8 月的某一天,看见弓一先生的朋友圈发布的一条信息:"成功是优势积累的结果。天才不是一开始就表现出众,一开始只是比别人优秀一点点。然而这微小的优势带来的机遇,扩大了他和别人的差距,随后差距和机会发挥作用,微小的差距变得越来越大。"因为喜欢这段励志的片言只语,也曾请教弓一先生他那个时段阅读的好书,他坦诚分享他喜欢的、蛮合他口味的《一生的旅程》和《洛克菲勒写给儿子的信》两本书。

创意阅读其三:如何让演讲主持更专业?

线下创意阅读主题活动,再次遇见了浦东融媒体中心主任主持人、电视媒体人蔡燕老师。如何让自己的演讲与主持更显专业素养?记得 2019 年 9 月 17 日,"墨香采微"群组最初遴选准备参加 2019 年 9 月 26 日"共享阅读人生 献礼伟大祖国"主题活动的"主持与演讲"选手时,蔡燕老师曾莅临现场做专业指导。这次她是以观察员的身份再次来到创意阅读活动现场,参与"墨香采微"读书坊的创意阅读活动,并即时分享了她演讲主持的"专业经验"。她提议,任何有准备的或即兴的演讲与主持演练,都要体现专业精神和技能水平。同时,她非常认可墨香采微·采文读书坊的社团群名,和成员们认真地对待读书和创意阅读这件事,希望读书坊在更广的范围里,做更高层面的交流。

创意阅读其四:热爱城市生活的我们,到底在热爱什么?

在刚刚过去的堪称魔幻的 2020 年上半年,几乎足不出户的我们,文化空间和文化消费的缺位,似乎让我们的生活缺失了一部分灵魂。上海的文化积淀和气息,有一种独特的启迪意义。本次线下创意阅读"创新征文与成长故事"交流活动,每人 90 秒的征文演讲地点选在了浦西一家"八面玲珑"面馆中。外表不起眼的面馆暗藏着很多与众不同的文化创意设计和服务理念。小小的一家面馆,中午做商务餐、下午做茶室、晚间是私房菜、午夜又变成了酒吧。店主的多元经营、热情服务与环境细节,让我们醒悟生活的真相,我们所热爱的城市里,其实包裹着多元文化气息。

7月盛夏的创意阅读主题行动,老师们历经浦东的"言几又"书店、浦西的"八面玲珑"面店,浦东浦西穿越,悦行黄浦江,寻访城市街区深巷里的文化趣事,浸润墨香、书香、面香,让创意阅读更接烟火气。这样的阅读学习,又一次打开了"墨香采微"群组成员的学习视野,深入体悟到了沪上海派文化书香气息。本次创意阅读活动设计策划者、读书坊主持人采文老师说道:"借此创意阅读演讲与学习活动,我们得以再造我们自身;我们也更加坚信,我们可以相互学习,彼此成长,开发自身无穷的潜力和能力,可以去做从前以为不能做的事,重新认识我们和世界的关联点;我们拓展创新能力,从开放心胸和头脑的创意阅读开始,使自己成为生命的成长和生发过程中重要的一部分。"

我在读书　书在读我

每个人的阅读体验，确实需要每日更新清理才会日长。每日梳理阅读认知、巩固阅读习得、更新丰富个人阶段性阅读书单，让自己的阅读体验随时间的推移渐入佳境，用从中获得日长成熟的心智，来面对生活、工作与学习。

2019年度"悦·行|西柚味儿·采文读书坊"阅读书单

序号	书　名	作　者	国家	推荐人
1	《儿童的一百种语言》	甘第尼、福尔曼、爱德华兹	美国	幼儿园
2	《给青年教师的15封信》	乔纳森·考泽尔	美国	
3	《一盏一盏的灯》	吴　非	中国	
4	《做一个心理健康的教师——教师心理咨询的48个典型案例》	马志国	中国	
5	《红楼梦》	曹雪芹	中国	蔡文花
6	《蛙》	莫　言	中国	
7	《简·爱》	夏洛蒂·勃朗特	英国	
8	《被讨厌的勇气》	岸见一郎 古贺史健	日本	
9	《林间最后的小孩——拯救自然缺失症儿童》	理查德·洛夫	美国	
10	《谷物大脑》	戴维·珀尔马特 克里斯廷·洛伯格	美国	丁芬芬
11	《海底两万里》	儒勒·凡尔纳	法国	瞿惠红
12	《论语》	孔子及其弟子	中国	王晓倩
13	《失去山林的孩子：拯救"大自然缺失症"儿童》	理查·洛夫	美国	乔　丹
14	《你终将活成自己喜欢的样子》	李维娜	中国	张　丽
15	《围城》	钱锺书	中国	陈嘉怡
16	《摆渡人》	克莱儿·麦克福尔	英国	金　洁
17	《信念的力量》	唐　风	中国	王凤晨芝
18	《爱他就让他读经》	空　山	中国	姚　洁

(续表)

序号	书　名	作　者	国家	推荐人
19	《内向孩子的潜在优势》	马蒂·奥尔森·兰妮	美国	朱怡
20	《挪威的森林》	村上春树	日本	瞿梦婷
21	《重遇未知的自己》	张德芬	中国	施郁诞
22	《好的孤独》	陈果	中国	钱桑桑
23	《生活需要仪式感》	李思圆	中国	倪佳琳
24	《静悄悄的革命》	佐藤学	日本	吴燕慧
25	《呼啸山庄》	艾米莉·勃朗特	英国	汤易智
26	《亲爱的阿基米德》	玖月晞	中国	孙婷
27	《三毛全集》	三毛	中国	金锐媛

2019 春之声·采文读书坊成员教师共享书单

序号	推荐人	推荐书目
1	王洁	《人性的弱点》
2	邱晶	《遇见未知的自己》
3	罗倩	《哈佛家训》
4	顾晓颖	《麦田里的守望者》
5	张春煜	《解忧杂货店》
6	俞继承	《做一个有才情的女子》
7	陈洁	《不说,就真的来不及了》
8	郭佳欢	《活着》
9	薛婷	《小王子》
10	丁嘉莹	《窗边的小豆豆》
11	程晓珺	《最后的精灵》
12	石岚	《我不是完美小孩》
13	郭嘉乐	《大卫,不可以》
14	牛魏巍	《世界那么大总有一处角落属于你》
15	闵梦婷	《不说》
16	潘思凡	《天黑》
17	沈顺熙祺	《只有时间知道》

伟大的哲学家萨特曾指出：应该区别两种阅读。对他而言，一种是局限于某一时间范围内的阅读，是阅读一些直接有助于他的文学或哲学写作的书和文献。另一种是自由独立的阅读——所读的这本书或者是刚刚出版的，或者是由某个人推荐的，或者是一本他之前没有读过的18世纪的书。这些书关系到他的整个人的存在、他的整个生活，是一种介入的阅读。这种介入的阅读跟他那时要写的书没有什么确定的关系。在这种无特定目的的阅读中，萨特开始接触到林林总总的传奇故事，在某种程度上让他看到了世界，第一次知道纽约是来自书中的人物故事。他说他在书丛里出生成长，大概也将在书丛里寿终正寝。在萨特的印象中，他外祖父的办公室里到处是书，一年只在十月开学的时候打扫一次，平时不许掸灰尘。早在他不识字的时候就已经崇敬书籍，那些竖着的宝石，有的直立，有的斜放，有的像砖一样紧码在书柜架上，有的像廊柱一样堂而皇之地间隔矗立着，让他感到他们家是靠了书才兴旺的。他在一间小小圣殿里嬉戏，周围是一些方方厚厚的古代艺术珍品，它们目睹他出世，也将给他送终；书不离身使他有一个清静的过去，也使他有一个清静的未来。

确实，当我们在读书时，或读出欢乐，或读出孤独。无论哪种状态，都是生命旅程中重要的组成部分。曾经有一段时间，在自己生命成长的视界里，关注到不少和"非洲"一词介入度和关联度都较为高频率的书籍，诸如毕淑敏的《非洲三万里》、芦苇的《孤独的时候我们去非洲》、卡伦·布里克森的《走出非洲》，等等。读着这些作品，仿佛能再一次体悟到贾平凹的《生命是孤独的旅程》一书中阐释的生命的意义。再到后来，又读到曾奇峰的《你不知道的自己》一书，渐渐地认识到：孤独使生命丰盈，在每个人生命的时空里不可或缺。

诚然，我们说一个人跟书的缘分久了，自然也想投缘于志同道合之人，向专业读书之人请教一些在书中遇到的疑惑。或者说，让读书这件事变得更有趣些。于是，便有了后续的阅读创意和设计，在浦东教育工会倡导教师悦行读书活动的支持下，组建融入采文读书坊，担任主持人、领读人，和一群有志于阅读的人，合作共享阅读学习经历与体验，也携手一群蓬勃向上的年轻人，开启了悦读悦行之旅程。

尽管，在写作本书阅读故事之时，我们还无法做到让自己的语言具备一种非凡的简洁的能力，但相信作为优秀的阅读者的你，能从我们平实真诚、脚踏实地的阅读行动中，感受到我们试图提升教师的阅读力的深情。并且，每次相遇书籍、近闻墨香的一刹那，精读也好、速读也罢，思维也有时会无序忙乱，有时会幸运地踏着作者的节奏。读书之旅总有一种森林探险之境，让自己的内心跟随着跌宕起伏，与书本的每一次遇见,总有一个新我在诞生。

在前期筹备酝酿的基础上,悦行|采文读书坊由主持人牵头,协调组建听潮风/西柚味儿/春之声/溪君荟四家独立学校的读书会群组,并先后在2019年上半年的2月27日、4月15日、5月17日的时间里一一启动。我们以实际行动,积极响应浦东新区教育工会倡导发起的教师读书活动。每家读书坊各自制订并推进青年教师读书计划时,采文读书坊积极承担基于青年教师阅读素养视角的教育服务指导推广研究任务,三年来,定期持续开展线上线下主题阅读系列活动,创意地推进读书坊的读书计划。

汉朝经学家、目录学家刘向说过,"书犹药也,善读之可以医愚。"读书坊的每一位老师凭着热情浸润书海,在读书坊相聚相伴的时光里,朝着新时代教师成长目标携手前行,在读书坊里彼此学习,看见阅读学习之人,在团队群组里学习系统思考模式,用教育的共同愿景驱动学习任务,人人学做时代进步的新青年,努力实现自我超越,向上走,共成长。

第三部分：
书坊故事

遇见最美书香人

是什么样的灵感或创意,让我萌生组建读书坊这样美好之事? 自然是遇见最美书香人、最美书香地儿和最美经典读本。

自己参与过的读书会学习活动,曾有无数次的感动、敬佩和心动。钟书阁、融书坊、大隐书局等书香宝地,常常会让人遇见爱读书之人,闻书墨之香。

近水楼台先得月,身边资源优享用。自己单位是教育研发机构,自然也藏有许多书香阅读之高人,学术专业博达之人。记得有一次工会以读书疗养的方式举行的全院教工读书心得交流,听到姜美玲博士说自己阅读《瓦尔登湖》这部经典的次数有18遍,百读不厌。也记得有一次促进部学习会上,听到郑新华博士分享自己阅读《江村经济》的思考感悟,令人难忘。那一刻阅读种子已在心里生根发芽。直至后来遇见了2020年荣获浦东最美书香人的朱爱忠老师,以及悦行读书社团负责人、乡村最美志愿者、大地良师平台创建人王丽琴博士、书香盈耳诵读领读者蒋伟伟老师等最美同事,他们让我打开了悦读的另一扇窗,看到了另一个提升教育人专业服务素养成长的通道。

这里也要特别感谢所有美好的遇见。感谢"大地良师"平台曾经给予自己"暑假去哪儿"的悦行体验故事的分享机会,也感谢因参与"书香盈耳"诵读会而获得如何用更专业的情感和语言去诵读经典作品的体悟,庆幸成长中一路遇见的一群群一批批最美书香人,更要感谢遇见浦东大地上吹响的"书香校园"集结号角。从"心世界"到"书香盈耳",顿生采薇之念想,这种念想以被最美书香人感染到的阅读精神和气息,以"采文读书坊"阅读理念,从教育服务中找到一种新的契机,寻找有志于成长自己、发展自己专业、遇见自己爱阅读的志同道合者。一群爱读书之人,经过一段时间的酝酿筹备,用萌生的创意,最早组建的两家读书坊——"听潮风"和"西柚味儿"。两家读书坊于2019年2月27日同一天不同时段举行启动会,正式开启青年教师三年读书计划培育工程的行动研究,关注引领青年教师的阅读力和专业素养提升。我们这样的实践行动的初心,是为了成为更好的自己,更好地服务教育。渐渐地,采文读书坊5+1>6的阅读故事也随之生发,口口相传,闻着书香不断壮大,我们也就越来越深深地喜欢并热爱着读书这件事。更喜欢融入读书坊的团队群组,是因为我们都是一群喜爱读书之人,以读书的名义会书会友;以阅读的名义,提升专业经验;以发展的名义,丰盈精神世界;以经典的名义,荟萃文明之华章。

主题阅读首场秀
——共享阅读人生 献礼伟大祖国

悦行|采文读书坊5+1＞6的主题阅读活动首场秀时间是2019年9月26日上午，由浦东新区教育工会主办，浦东教育发展研究院和浦东新区教育工会悦行|读书社团承办，上海开放大学浦东南校、上海市澧溪中学、浦东新区听潮艺术幼儿园、浦东新区惠南西门幼儿园、浦东新区春之声幼儿园协办，上海教育报社、浦东新区广播电视中心媒体支持，"共享阅读人生 献礼伟大祖国"——庆祝新中国成立70周年暨悦行|开明轩·采文读书坊启动仪式，在上海开放大学浦东南校举行。悦行|开明轩/溪君荟/听潮风/西柚味儿/春之声5家采文读书坊青年教师代表进行读书与演讲交流展示。

浦东新区教育工会常务副主席严国华，上海市南汇中学党委书记、时任浦东教育发展研究院党委副书记徐萍，浦东新区高中教育指导中心党支部书记赵国雯，浦东新区初中教育指导中心工会主席胡军，浦东教育发展研究院区域教育中心党支部书记蔡文花，上海教育杂志编辑部主任赵锋，浦东新区广播电视中心《智慧立方体》节目主持人蓝心等领导与嘉宾出席活动，以及来自悦行|采文读书坊上海开放大学浦东南校校长汤明飞，上海开放大学浦东南校党支部书记倪美华，上海市澧溪中学工会主席严雪漪，浦东新区听潮艺术幼儿园行政主任宋静燕，浦东新区惠南西门幼儿园园长张敏，浦东新区春之声幼儿园园长陈爱娟和5家读书坊社团成员近80名教师参加本次读书交流庆祝活动。

上海开放大学浦东南校党支部书记倪美华为悦行|采文读书坊庆祝新中国成立70周年读书活动致欢迎辞，上海开放大学浦东南校校长汤明飞宣布悦行|开明轩·采文读书坊启动，并特邀浦东新区教育工会常务副主席严国华一起为读书坊揭牌。时任浦东教育发展研究院党委副书记徐萍、浦东新区教育工会常务副主席严国华两位领导先后为读书坊阅读与演讲交流展示活动作支持性和指导性讲话。

徐萍书记在讲话中提到：为贯彻落实全国教育大会关于"建设社会主义现代化强国，对教师队伍建设提出新的更高要求"的精神，贯彻落实市教委关于"探索建立'人人有团队'的教师团队发展机制"要求，进一步营造书香浓郁的校园氛围，提升教师专业素养和文化素养,培养"四有"好老师,近年来由浦东新区教育工会发起,浦东教育发展研究院参与组织开展了以"悦·行"为主题的"书香校园"浦东教师读书系列活动。

据悉,首场秀演讲交流活动之前,惠南西门幼儿园悦行|西柚味儿·采文读书坊,主要开展了共读《儿童的一百种语言》活动,激发青年教师的阅读激情和活力,提升阅读的层次。成员也从最初的18人发展到后来的28人。听潮艺术幼儿园悦行|听潮风·采文读书坊,有园内18位朝气蓬勃的青年教师参加,她们有专属于自己的"听潮风"年度阅读书单,每月开展一次线上或线下的阅读和征文演讲等活动,让青年教师在与书籍的对话中自我成长。澧溪中学悦行|溪君荟·采文读书坊,发展成员33人,以35周岁以下青年教师为主,以推进学校君子文化建设为主线,每月围绕一个主题,以提高青年教师科学、人文素养,引导青年教师爱读书、读好书为目标,积极开展形式多样的读书活动。上海开放大学浦东南校悦行|开明轩·采文读书坊,在组建热身活动中,组织青年教师参与"读完一本书籍,写好一篇心得,参加一次交流"活动,构建学习型组织,形成良好的校园读书氛围。春之声幼儿园悦行|春之声·采文读书坊,有17名成员,持续开展线上线下读书活动,曾组织成员赴世博源猫的天空之城书店购书活动,形成2019年度共读书单,开展"共享阅读人生,献礼伟大祖国"演讲预选赛等主题读书活动。教师阅读故事层出不穷,精彩纷呈。

首场秀庆祝读书演讲交流活动,来自五家读书坊的青年教师王洁、闵梦婷、桂燕华、周佳怡、仲徐珏、孙婷、顾冰洁、赵馨雨、施雨、胡春丽,分别以《我和我的家国》《书入,永不停歇》《在捧读中喜悦》《书香里的追梦人》《做一个幸福的老师》《有梦的读书人》《阅读与成长》《"读"出书香中国》《阅读伴我行》《民族精神中的中国梦》为题,赋予自己阅读的热情、演讲语言的天分,以及前期努力准备直面困难而付出的种种阅读精神和勇气,现场以共享她们的阅读故事来献礼伟大祖国,老师们的演讲声情并茂,令人感动。

浦东新区高中教育指导中心党支部书记赵国雯、浦东新区初中教育指导中心工会主席胡军现场为10名演讲者颁发区优秀演讲证书。

悦行|采文读书坊"共享阅读人生 献礼伟大祖国"2019主题演讲名单

序号	姓 名	题 目	读书坊	单 位
1	王 洁	《我和我的家国》	春之声	浦东新区春之声幼儿园
2	闵梦婷	《书入,永不停歇》	春之声	浦东新区春之声幼儿园

(续表)

序号	姓名	题目	读书坊	单位
3	桂燕华	《在捧读中喜悦》	听潮风	浦东新区听潮艺术幼儿园
4	周佳怡	《书香里的追梦人》	听潮风	浦东新区听潮艺术幼儿园
5	仲徐珏	《做一个幸福的老师》	西柚味儿	浦东新区惠南西门幼儿园
6	孙 婷	《有梦的读书人》	西柚味儿	浦东新区惠南西门幼儿园
7	顾冰洁	《阅读与成长》	溪君荟	上海市沣溪中学
8	赵馨雨	《"读"出书香中国》	溪君荟	上海市沣溪中学
9	施 雨	《阅读伴我行》	开明轩	上海开放大学浦东南校
10	胡春丽	《民族精神中的中国梦》	开明轩	上海开放大学浦东南校

活动受邀嘉宾浦东融媒体中心主持人蓝心老师、"西柚味儿"采文读书坊原负责人张敏园长、"溪君荟"采文读书坊成员严雪漪、原上海教育杂志赵锋主任等几位嘉宾,以"主持与对话阅读"的现场示范专题微访谈节目形式,浸润式参与互动点评方式,让青年教师对国庆专题阅读的认知打开一种全新的学习视角。整个主题演讲活动现场从内容到形式,除了常规的演讲与颁奖内容外,还邀请领导、嘉宾等参会者融入关于读书的互动、对话、访谈等诸多阅读学习场景,闪现着语言思维碰撞的火花与阅读启思。活动环节的设计与安排,令每位参与者感到新奇、兴奋和难忘。

主题活动策划者、读书坊的主持人采文老师在发表感言时说,读书坊得到各级领导嘉宾的高度重视和青年老师们热情积极地参与,令人甚感欣慰和喜悦。同时表达出一种真挚的深情,说读书坊已然成为自身的一座精神家园,坚信每个人心中都有一座山,读书人的珠峰在书中,在读书学习中勇做《攀登者》。每个人不管有多年长,和青年教师携手一起爱读书乐读书,一起阅读成长,努力成为一名与时代共进步的"新青年"。

阅读是一种思想的修为,与阅读相伴的日子,是有趣的、充实的、幸福的。普希金说:"人的影响短暂而微弱,书的影响广泛而深远。"共享让思维更显多元、让思想更添深度。从读过的书中一点一滴积攒起来的光芒,将引领老师们成长的脚步,照亮教育前行的征途。

严国华副主席在读书交流活动最后的讲话中提到,区"悦行"读书社团正式命名是在2018年,之后迅速在浦东大地上如雨后春笋一般发展,各校读书社团充分发挥了读书组织的引领和辐射作用,着力培育发展更多的"悦行"读书子社团,发现与培养优秀的主持人。活动开展至今已经涌现出了一批优秀的读书社团,活动现场肯定了采文读书坊是其中的佼佼者。自 2019 年 2 月 27 日西柚味儿·采文读书坊启动以来,至今已相继组建并正式启动有"听潮风""溪君荟""春之声""开明轩"读书坊。同时他对青年教师热忱参与采文读书坊行动提出了希望和要求,希望读书坊的青年教师做一名优秀的读书人,在阅读中沉淀,在阅读中守望,在阅读中睿智,在阅读中坚强!希望每位青年怀抱着对壮丽祖国的归属感,坚守着建设中华的进取心,不断成长为更好的自己。民强则国强!做有梦的读书人,读出书香中国,他祝采文读书坊越办越精彩。

2019"共享阅读人生　献礼伟大祖国"主题演讲活动主持人名单

序号	姓　名	主持角色	读书坊	单　　位
1	潘佳丽	主题引领主持	西柚味儿	浦东新区惠南西门幼儿园
2	张嘉丹	主题引领主持	溪君荟	上海市澧溪中学
3	曹　菁	嘉宾采访主持	听潮风	浦东新区听潮艺术幼儿园
4	石　岚	嘉宾采访主持	春之声	浦东新区春之声幼儿园

本次读书与演讲交流展示活动的 4 名现场主持人,也是经过每个读书坊社团认真推选、请媒体专业主持人老师参与层层培训指导与现场测试,最后遴选出 4 位老师担任两两搭档。在整个活动的准备阶段,主持的老师承担拟写主持稿、线上分享交流互评各自的主持提纲,最后推选以张嘉丹老师拟写的内容稿为蓝本,4 人组主持人反复磨合与修改主持稿,并且多次在线上串词合作演练模拟讲练现场主持。她们自身对一场主题活动主持人角色的体悟和快速把握成长的体验是惊喜的、愉悦的,甚至是跨越式的成长节奏。自然,在这次主持"共享阅读人生　献礼伟大祖国"主题阅读活动中,她们各自还收获了一份区优秀主持人荣誉称号的证书,体验深感美妙。

励学励行·育人行

2020年突如其来的新冠肺炎疫情，难免让我们每个人的内心产生恐慌。然而，我们每个人需要有直面疫情带来恐惧的勇气。这种勇气哪里来？读书坊老师在阅读交流时说到，我们的其中一部分勇气、知识、智慧和力量就来自居家阅读、在线互动交流，从对书籍的阅读吸收和学习理解的能量场转化而来。2020年上半年，我们各个读书坊老师响应号召，克服种种因疫情带来的工作、学习和生活困难，自觉自主居家办公与阅读学习，尝试空中课堂的翻转，开展在线云阅读交流互动，体验应对危机背后的新尝试新体验。

书是明灯，读书照亮前方的路；书是桥梁，读书接通彼此的岸；书是风帆，读书推动了人生的船。2020年10月9日下午，受上海市育人中学党支部的邀请，来自听潮风、西柚味儿、春之声、溪君荟、开明轩、森林研习群组成员一行十人组建"5+1采文读书坊·育人行"项目团队，和育人中学青年教师读书会的成员相聚，联袂展示"励学守初心　励行担使命"10月主题阅读互动交流阅读成果，并受邀担任育人中学青年教师读书演讲比赛的评委。

本次"育人行"阅读主题主要围绕"读书心得、教学设计、科研论文、教育征文"等话题展开。活动伊始，育人中学党支部张群燕书记就本次活动的主题、目的等作了简要的解释。随后活动正式开始，育人中学九位青年教师代表演讲参赛，演讲内容聚焦2020年暑假期间教师研习社团共读书籍《学习之道》《中国传奇：浦东改革开放史》撰写的征文故事。演讲教师个个精神饱满地讲述着自己的故事和感悟，《奔涌吧，后浪》《而立之年的路》《勤真能补拙吗？》《而立之年，变中求进》……一个个演讲题目令人感同身受，一个个故事或慷慨激昂，或娓娓道来，引人入胜。台下听众神情专注，聆听着演讲者的分享，或频频点头，或陷入沉思，沉醉其中。评委老师们认真倾听参赛者的演讲，严格按照评分标准为每位选手进行纸质打分，也安排听众参与现场扫码评分，整个学习现场充满主题演讲的激情与创新教育的艺术气息。

演讲结束，浦东新区语委办吴慧老师作了精彩点评。她认为每位演讲者前期准备十足，在台上充分展示出作为青年教师的朝气和独到的思考与见解。同时，她希望青年教师在演讲时要注意个别字词的读音和自身的手势、目光等姿态语言。

读书坊的老师们有幸当一回青年教师读书演讲的评委,体验到一种浓浓的跨身份的复合型"大咖"滋味:整个活动的角色体验,从一名阅读者到点评者,从台上的演讲者到台下的评分者、学习者,面对来自7所学校不同学段的教师对象,面对不同的读本,阅读的学习与评价双向转换,成为阅读者和参评者,对青年教师来说极为难得,体验也是深刻的、新奇的、妙趣的。

当日活动最后,采文老师分享了参加这次活动的感受。她认为,本次学习活动现场,共享学习读书故事,融合育人,让教育充满着生命成长的一种张力,成长的不仅是参赛者,更是在座的每一位教师。她认为,活动带给她两个思考:一是教育初心的认知思考,二是教育行动的修炼思考。教师应该让自己有怎样的心智成长,拿什么育人,她现场推荐了两本书:于漪老师的《教育的姿态》、杜威的《我们如何思维》。确实,学习是永无止境的,一路前行,终有收获。作为答谢和回应,来自浦东悦行"春之声""听潮风""西柚味儿""溪君荟""开明轩"读书坊,以及育才学校的"育人行"教师代表,以共享书单的方式和在座的教师分享了近期各自阅读的书籍和收获,现场生成一张国庆档读书坊共享阅读书单(样表五)。

其实,在中华人民共和国七十一华诞和浦东开发开放三十周年之际,"5+1采文读书坊·育人行"主题阅读展示行动,只是这一阶段各读书坊教师前期展开阅读状态的一次活动缩影。据悉,开明轩·采文读书坊在正式启动时隔一年后的开学季里,曾举办了一次青年教师读书座谈会,就一些教育相关的共识问题,展开了交流和探讨。上海开放大学浦东南校是一所非全日制的成人院校,面对的学生都是成人,甚至有很多学生比学校教师的年龄还要年长,面对这样的学生受众,青年教师如何更好地开展教育教学活动,老师们纷纷献计献策,试图从书中找出答案。胡春丽老师推荐了《正面管教》这本书,她认为,虽然学生的年龄和教育对象有区别,但教育理念是相通的,这本书,她已读了几遍,体会是常读常新。书中的一个观点很值得推荐:她说要赢得孩子,而不是赢了孩子。这个孩子,我们理解的就是学生,当学生觉得你理解他们的观点时,他们就会受到鼓励,就会更愿意听取你的观点,并努力找出解决问题的方法。作为教师,给予学生的师之爱或许也应该更为理智,更为全面——我们要学会等待,等自己暂时落下的灵魂,等慢慢赶上的学生……

除此之外,开明轩读书坊里的许多老师分享了假期间阅读的其他书籍,如《我的语文人生》《大数据时代》《教育漫画》《云中记》等。教育因读书而精彩,通过读书会交流活动,老师们分享了自己的感悟与成长,在思想的碰撞中产生了共鸣,为我们的阅读营造了良好的氛围。在这样静静读书的日子里,我们总是急着寻觅,却极少停息,等我们适当的休憩后,却发现再次前行时,我们会更有动能。

读书会,会读书,正如我在读书、书在读我一般有情、有趣、有意义。采文读书坊,一个隐藏着繁忙而丰富的词语,背后却依然持续蕴含着这样的意义:即便再忙碌的日子,每一场读书会,依旧是我们青年教师齐聚一起,汲取营养、获取新知、共享共悦精神世界相知相遇的一场启智润心的盛会。

至于读书会上究竟该说些啥?我们在阅读行动会上强调读书坊需营造更开放更开明的阅读姿态和讨论氛围,无论是线下还是线上,自助自觉设计阅读的主题创意进行不同文学品位和文学作品以外的读者口味的个性与共性相融合的交流,并持续产生阅读热情的共鸣。

一个热爱生活的人,也许会对文学更亲近些。阅读那些经典文学,得到诸多真知灼见,慢慢地,阅读就会使我们有了格调,有了丰富不平庸的眼睛。

认真参与读书会的老师,会尽力完成预定要完成的阅读小任务,以便人人既有预设也有生成学习的范围。每个人的讨论发言多半是经过事先阅读思考,所以大家的态度温和,还会学习观察并会顾及他人感受,我们的读书坊宗旨要求每位阅读者既分享自己的体验和体会,也会努力倾听和理解他人的观点和意见,还会分享自己阅读过程中遇到的障碍,以及内心忧虑的事。读书坊启动后的读本更多倡导的是:阅读经典,在有限的时间内努力获得最大效能的读书反哺。事实上,读书坊里多数已有读书习惯的人,偶尔也会想远离一些生硬的经典作品,享受一下轻松小品文之类的作品,我们都会将此归属于"小雅"而无伤我们的阅读品质。当下,我们走进书的海洋,做有思想的教师,让阅读成为我们的生活习惯,这种阅读状态已渐入佳境,因为我们已然认识到:这是世上仅有的、最"廉价"的精神高贵,可谓积财千万,无过读书、学习与成长。

悦行"5+1采文读书坊·育人行"2020国庆档共享书单

编号	书名作品	作 者	推荐人	学 校
1	《什么是教育》	雅斯贝尔斯	王 蕾	春之声幼儿园
2	《我亲爱的甜橙树》	若泽·毛罗	徐欢妮	听潮艺术幼儿园
3	《主角》	陈 彦	胡 尧	澧溪中学
4	《迦陵谈诗》	叶嘉莹	袁佳俊	育才学校

(续表)

编号	书名作品	作者	推荐人	学校
5	《文章讲话》	叶圣陶、夏丏尊	秦颖瑜	育才学校
6	《爱和自由》	孙瑞雪	孙婷	惠南西门幼儿园
7	《接纳的艺术》	马宁	胡春丽	开放大学浦东南校
8	《学习之道》	巴巴拉·奥克利	陆丽华	育人中学
9	《中国传奇:浦东改革开放史》	谢国平	张群燕	育人中学
10	《教育的姿态》《我们如何思维》	于漪、杜威	蔡文花	浦东教育发展研究院
11	《我爱这土地》	艾青	赵士果 王晴	浦东教育发展研究院

励学守初心,励行担使命。作为教育者,我们肩负着传递知识和培育品格的使命,读书学习必定是一项永不停歇的修行,学做终身学习者,响应时代之强音,"不忘本来、吸收外来、面向未来",传承创新,育才育人,爱满天下！这也是我们读书坊阅读学习的根本宗旨和成长方向。

群名生书香

听到各学校读书坊的群名,顿觉群名生书香,好听有韵味儿。2019年相继启动的5+1采文读书坊有听潮风、西柚味儿、春之声、溪君荟、开明轩,到2021年加盟的新5+1采文读书坊增有立学磨剑、书韵荷香、雅文润心、星园小驿、满庭芳,一个个群名充满诗意,充满书香气息,充满文化味儿。另外还建有三个跨校际群组社团分别是森林研习、墨香采微、有阅book,每个群组各有侧重,各有千秋。

读书时,我们可能很重视感应的价值,可能会尽量把自己的想法内存起来。但是,我们也明白,读者不可能对书里的一切都完全抱着同感,不可能把自己完全掩藏起来。这里,一个个凝聚群组成员独具匠心的群名,无法将读书坊老师们的睿智巧思掩藏。社团群名如何拟定?这也是采文读书坊的创意举措。每建一个群组社团,每启动一个读书坊,群组主持人都会创设一项别出心裁的读书任务。即每位成员需要参与自拟群名并推荐富有读书品牌意义的群名,以"求同存异"的方式推送群组,或者文字,或者1—2分钟语音或视频演说演绎,除了自拟群名推荐外,群组内还进行互鉴互赏互荐他人推荐的群名。这样的阅读任务驱动,也为了让老师们学会倾听,学会鉴赏,见自己,也见他人,学习"读写互惠"训练技能,建构"开明开放"阅读姿态,在自己原有基础上获得心智成长。

"墨香采微"群组成员人选的最初组合,缘自延续2019年采文读书坊5+1>6首场秀"共享阅读人生 献礼伟大祖国"主题阅读活动的精彩表现,主持人向来自五所学校脱颖而出的12名青年教师吹响更上一个层级阅读的集结号,迅速上线,组建微信群,开展跨校际"抱团"读书。缘起书影生香,让始于跨校际参会演讲首场秀的青年老师,小荷生香,才露尖尖。

"悦行|墨香采微·采文读书坊"2020年度共享书单

序号	成员	推荐书目	作　者
1	蔡文花	《乡土中国》	费孝通(中国)
		《教育的姿态》	于　漪(中国)
		《俯瞰力》	山下英子(日本)
2	张嘉丹	《被讨厌的勇气》	岸见一郎,古贺史健(日本)
3	赵馨雨	《随心　随意　去生活》	蔡　澜(中国香港)
4	周佳怡	《月亮和六便士》	威廉·萨默赛特·毛姆(英国)
5	孙　婷	《莫言给孩子的八堂文学课》	莫　言(中国)
6	顾冰洁	《点亮生命灯火》	于　漪(中国)
7	施怡雯	《观山海》	杉　泽(中国)
8	潘佳丽	《追风筝的人》	卡勒德·胡赛尼(美籍阿富汗)
9	闵梦婷	《平凡的世界》	路　遥(中国)
10	曹　菁	《你在天堂里遇见的五个人》	米奇·阿尔博姆(美国)
11	仲徐珏	《朗读者》	董　卿(中国)
12	潘　庭	《你当像鸟飞往你的山》	塔拉·韦斯特弗(美国)
13	石　岚	《如何说,孩子才会听？怎么听,孩子才肯说？》	阿黛尔·法伯 伊莱恩·玛兹丽施(美国)

线上创意取群名

关于"墨香采微"群名的由来,有着无数充满情趣的人与事,更是有着一连串奇妙无比的阅读行动故事。

"阅来悦""一起悦读吧""悦在路上""采微""逢友书社""悦读者""书影生香""书香小轩""一杯香茗品文书""兰香屋""悦读有恒"等好名字都曾"金榜题名"。就跟给一个刚出生的小孩取名一样,我们总是希望给孩子美好的祝愿和期待,积极阳光,积聚正能,为人、为学、为政,显露仁爱、才华和志气。2019年曾获得区教育工会颁发的优秀演讲与主持者荣誉称号的14位老师,她们前期曾先后接受过浦东融媒体中心的专业主持与播音专家的专业素养辅导培训。经过培训,青年老师们在阅读、演说等方面的技能表现出彩,她们带给身边老师的启发和影响也颇丰,这些老师自身的心智成长更是持续发酵。

记得2020年3月19日晚八点,采文老师以群主的身份,邀请了听潮风的曹菁、桂燕华、周佳怡,西柚味儿的潘佳丽、孙婷、仲徐珏,春之声的闵梦婷、石岚,溪君荟的张嘉丹、赵馨雨、顾冰洁老师。先将她们,包括当时曾主持演讲活动的4位主持人一一沟通后请进一个群,组建了首个侧重以阅读演说为主的跨校际读书群组。采文老师在群里问候大家的同时,说明了组建本群的目标导向。组群时正遇上新冠肺炎病毒疫情时期,防控期间居家办公的老师们被召唤进群相约一起阅读,携手共进甚感幸福,建群后的群主和成员彼此间感受到了相互抱团取暖的气息、感受着内心深处浸润书香的学习需求。特殊时期,防疫防控,凝聚力量的一股绳已然拧成。随后,内心倍感欣慰的主持人采文老师,拟写了第一个阅读学习小任务:每人为本群取名,并准备一分钟说辞解释自己所取的群名,并于3月24日在本群以语音推送的方式交流分享。有困难或问题者可提出诉求,请其他老师答疑。基于多种因素,我们更需要一个人人喜欢并认可的共同的有着丰富阅读元素的高品质群名。接任务驱动后连着5天的时间里,竟然没有一位老师在新建群里有任何发声与质疑。群主屏住呼吸,一杯香茗品文书,旅居遥远的精神的小屋,静待花开。

群名推荐演绎说

2020年3月24日上午7:39,采文老师以一半自信一半忐忑的状态,在群里发了下面一条消息:

【采文】各位亲爱的老师们:早安!你们准备好的1分钟演说语音推送分享准备好了吗?准备好的可以发送本群。今天完成就可以,晚一点推送也没关系,不求完美,直追热情!我上午有个视频会议,倾听你们的语音和回复时间要过午间12点以后。期待聆听:#美妙一分钟群名说#

是日,上午8:15—10:06时段,10位青年老师用自己清晰明亮的语音,将自己集前期智慧阅读并在五天里思考后的创意群名,一一分享到了群里。以下举几则自荐群名说——

◆(来自开明轩)潘庭 | 自荐群名:逢友书社

推荐理由:首先,我们建群是为了阅读这件事。因此我们群里的各位老师可以说是以书会友,我们相互结识、共事,共同成长。其次,国内外许多知名的思想家、作家,都曾经把书比作是益友。例如我国著名的诗人臧克家,曾经提到"读过一本好书,就像交了一个益友"。那我想阅读这个过程,就好像交朋友的过程一样,我希望我们群里的每位老师都可以带着一种愉快的心情参与到阅读中来,也参与到采文读书坊的成长中来。最后,作为一名教师,我想我们大家都抱着一种期望,期望通过不断提升个人能力,实现为学生带去正向的、积极的、有影响的效果,最终真正成为学生的良师益友。

◆(来自春之声)闵梦婷 | 自荐群名:书影生香

推荐理由:我给我们的读书群取了个名字叫"书影生香"。我记得三毛曾经说过,读书多了,容颜自然会改变。许多时候,我们以为读过的书都成过眼云烟,不复记忆。其实它们仍是潜在的,在气质里,在谈吐上,在胸襟的无涯中。那我为什么会想到用影子的影呢,原因就是希望我们读过的书能够像影子一样一直陪伴在我们的身边,时时刻刻散发出独特的香气。

◆(来自西柚味儿)仲徐珏 | 自荐群名:悦在路上

推荐理由:我给我们的读书群取名为"悦在路上",正如宫崎骏所说不管前方的路有多苦,只要走的方向正确,不管多么崎岖不平,都比站在原地更接近幸福。要么在旅行要么在读书,我们的身体和灵魂必须有一个在路上。活到老,学到老,阅读会伴随我们成长,所以我给我们群取名为悦在路上,希望能和各位老师一直阅读在路上,一同成长。

◆(来自溪君荟)赵馨雨 | 自荐群名:悦读者

推荐理由:著名主持人董卿有一档节目《朗读者》,由此我联想到了群名"悦读者"。我们是一群热爱阅读的人,其中的悦,我想我们是一群以读书为乐的人,所以是竖心旁的悦。把我们这群热爱读书的人聚集在一起,互相交流、分享感受、品读书籍是多么的愉悦!

◆(来自西柚味儿)孙婷 | 自荐群名:兰香屋

推荐理由:我给我们的读书群取的名字叫"兰香屋"。古人喜欢以花香喻书香,清代的醉月山人有一首诗中提到:"茶亦醉人何须酒,书自香我何须花。酒不醉人人自醉,花不迷人人自迷。"在这个春光灿烂的三月,家中的香雪兰悄悄开了,散发出浓郁的清香,就像是书香一样沁人心脾。关于兰香,孔子曰:"与善人居,如入芝兰之室,久而不闻其香。"苏东坡曰:"谷深不见兰生处,追逐微风偶得之。"我想我们的读书群就像开满兰花的屋子一样,室雅兰香,惠风和畅,久居于此,必有所得。

◆(来自溪君荟)张嘉丹 | 自荐群名:采微

推荐理由:首先,这与《诗经·小雅·采薇》谐音。我想我们很多人的微信里少不了买买群、吃吃喝喝群。那这个读书群对我们的不同的意义是告诉我们自己,我们还抱有对文化的追求,还有对诗和远方的追求。其次,有"相顾无相识,长歌怀采薇"这样的诗句,诗人在孤独无依的时候,依靠常吟采薇来寄托心意。那么我想,也许充分的交流,也能使我们在这里找到心灵的栖息地吧。第三,也许我们无法因为一个群而蜕变,但我们每天都能在这里采集些微收获,些微启迪,些微成长,便也是一件微小却幸福的事了。

……

推荐自己满意喜欢的群名,需要老师有知识、智慧、创意和想象力;后续推荐他人群名,需要推荐者有开明开放的姿态,仔细观察他人的智慧视角和理解力,以及有一种超然的儒雅和气量。甚至可以说,需要我们敞开一种见自己、见众生、见天地的大胸襟。需要学习力、专注力、观察力和理解力等一切技能涵养,诸如君子所需的阅读综合素养来提炼涌现才情。

几位老师的群名推荐中,"采微"最被看好。最终,采文老师由此综述了老师们的自我推荐和他人推荐的声音与文字信息,共鸣于"采微",并建议在"采微"前添加"墨香"一词,听取老师们的意见。群里的每一位老师一致同意"墨香采微"为本群名,人人试着去为其赋予更丰富的含义和读书成长的目标愿景。下面看看嘉丹老师是如何解读"墨香采微"群名所能赋予的含义的:

"墨香"无疑是为我们这个读书群高度立意了,墨香相伴,书卷气更重了,文化味儿更浓了,"采薇"源于《诗经》,意味着群里的每一位成员,在此诗意栖居。"微小"的"微",意味着我们珍视每一颗珍珠,每一滴露水,每一道明亮的微光,每一点一滴的收获。

墨香采微引发我们对本群的活动的无限遐想,无限期盼,这种期盼是具体而迫切的,也许是读书,也许是写字,也许是掩卷深思,也许是交流碰撞。同时,这种遐想又将绵延弥漫到我们生活的角角落落,细节之处,因为被墨香滋养的人必将在处事时更宁静淡泊,在举手投足间更有气质吧。

于是,"墨香采微"成了我们本组读书成员共同的名字,并且,我们愉快地完成了三月的阅读主题学习任务:群名群演说　阅读创意写。随后又携手因课题研究之需产生的群组"森林研习",不断地来往于其他各校群组之间,成为专名,与"听潮风""西柚味儿""春之声""溪君荟""开明轩"等专为读书坊学校读书社团取的名儿一同,川流不息,步履不停,渐入佳境开始了我们"墨香采微"群组跨校际青年读书的新的旅程。

原来,"简单"的微信群名可以如此"不简单";原来,"严肃"的演说可以这样"活泼";原来,需要凝思的写作可以变得轻松洒脱,将阅读变成悦读,始于一个快乐的开始。

问渠那得清如许

时逢第 25 个世界读书日到来前夕的 2020 年 4 月 22 日,墨香采微读书坊的老师们分线上线下两组小队,线下小队来到澧溪中学图书吧,线上小组成员按时钉钉视频连线,举行"万物有签名　阅读正当时"主题阅读行动读书会,成员老师分享了居家在线阅读的体悟和思考。本次活动内容是好书推荐,读书坊老师们依次推荐自己精心选读的阅读作品,从散文到小说,从生活随笔到处世哲学……本次墨香采微群组世界读书日的主题阅读活动,上海教育电视台教育新闻栏目于 4 月 23 日晚间进行了实时报道。

问渠那得清如许,为有源头活水来。

正值世界读书日,青年阅读正当时。正如采文读书坊主持人采文老师所说,读书坊已成为她的精神家园,是心中梦想的已知和未知的世界。读书坊的老师们也在自己成长道路上携手共读,共同守护这一片精神家园,并且一如既往,做阅读学习路上勇敢的攀登者。

以读促写,以写促读,读写结合的居家防疫齐悦读,让读书坊老师切磋交流共成长。青年老师共读于漪老师的《点亮生命的灯火》、吴非老师的《致青年教师》《用专业的心,让观察更有温度》等作品。老师们各自独立阅读,撰写读书学习故事,又在线上做共鸣交流,碰撞思想,用青春承载新时期理想,遇见更好的自己,用实际行动谱写青春乐章。

遇见微笑的力量

2020年5月,"遇见书中微笑的力量"成为"墨香采薇·采文读书坊"的阅读主题,群组成员在主持人采文老师的设计引导下,持续推进阅读分享活动。群组成员是来自"5+1"读书坊的老师。主题阅读活动主要包含"音频共享""读写互惠"及"评注互鉴"三个阶段的内容。自5月8日世界微笑日起,各位老师在群里认领阅读目标,开展自主阅读,共享主题阅读之乐,前后共持续两周时间,老师们从书中找寻让自己微笑、愉悦、欢畅、顿悟的文字,在线上与伙伴们共享自己录制的2分钟阅读收获音频。5月15日,每位老师又将自己"遇见书中微笑的力量"的阅读感知和领悟,编辑成文字推送,"读写互惠",来践行读者与作者的"读写关系"。5月20日,群组老师本着共享、共赏和互鉴的阅读原则,在线上进行选择性点评学习活动。

在"音频共享"阶段,"墨香采薇·采文读书坊"群组成员,以音频录制的方式分别为我们讲述了那些在阅读中曾让她们愉悦、欢畅并发自内心微笑的文字及作品,同时也表达了她们对这些文字及作品的理解与感悟。

当我们翻开一本心爱的书籍、品读其中一段段优美的文字时,阅读之乐让我们不禁扬起嘴角。"微笑的力量"源自书中的"快乐教育法"。孙婷老师(《爱和自由》)、石岚老师("罗森塔效应")和闵梦婷老师(《斯宾塞的快乐教育》)专注于教育工作,探究适合孩子身心成长的培养方式。无论是给予孩子自由之爱,还是快乐施教,或是建立孩子的信心,都让这三位老师感受到收获知识的喜悦。

"微笑的力量"还源自书中的趣味哲理。周佳怡老师(《你今天真好看》)和潘庭老师(《小林漫画:人间逍遥游》)不约而同地分享了图文并茂的漫画读物。在轻松自在的氛围中缓缓翻看一则则漫画,读到与自己人生际遇相仿的文字时,会心一笑,或释然一笑。

"微笑的力量"更源自书中那触动心弦的人生感悟。潘佳丽老师(《窗边的小豆豆》)联想起了自己那五彩缤纷的童年时光,那是成年后宝贵的财富;徐仲钰老师(《解忧杂货铺》)坚信人要带着善念摸索人生方向,而善良是照亮人生方向的亮光;施怡雯老师(《象厂喜剧》)享受着咖啡带来的温暖、醇香的同时,从容解读着纷繁的人生问题;曹菁老师(《盔甲骑士》)告诉我们要适时卸下"盔甲",真实做自己;赵馨雨老师(《傅雷家书》)感受着平平淡淡又略带烟火气的生活,用善于观察的眼光找到生活中的趣事儿;最后,张嘉丹老师(泰戈尔的诗句)用富有诗意的语句鼓舞我们用心感受生活、热爱生活。

继"音频共享"后,为进一步提升参与教师品读文字的能力,在采文老师指导老师们深入探索"笑对生活"的文化感悟,"墨香采薇·采文读书坊"的12位教师或延续音频共享阶段所分享内容,或选择了她们所喜爱书籍中的文字段落。参与的老师通过联系各自生活经验,从不同角度解读所选文字的内涵。这些丰富的解读,展现了老师们带着微笑面对生活的积极生活态度。最后,基于上述"读写互惠"内容分享,每位参与教师又分别从学习中挑选出三位老师的分享内容做评价点评。

本次活动通过这样一种音频到文字再到点评的方式,循序渐进,促使"墨香采薇·采文读书坊"的每一位老师均能够从读、说、写、评等层面全方位多维度培养良好的阅读习惯。一千个读者有一千个哈姆雷特,而阅读的方法也是多种多样。本次"遇到书中微笑的力量"主题阅读活动,不仅让我们感受到了"墨香采薇·采文读书坊"的老师们对文字中微笑力量的精彩捕捉与解读,还从另一个侧面让群组成员收获了不同形式的阅读方法。

听潮风·阅读弄潮儿

读书的人，可以看到更大的世界。

初识采文老师，是在 2019 年的 2 月，我和听潮风的一众青年，融入悦行|听潮风·采文读书坊，因为这样的机缘巧合，有幸认识了采文老师。

相　识

初见采文老师，是在听潮风所在园的二楼会议室。回想当时的场景，大家围坐在一起带着期盼又非常忐忑的心情，互动分享时不敢说、怕说错。听着园长姚老师介绍时，心中的不安又增加了些许，在一位教育编辑面前，我们肚中那一点点的笔墨简直就算不上什么。是"孩子王"的我们，感觉自己变得特别渺小而苍白。因此在探讨、分享自己的读书计划时，我们心中充满不安，被怯怯小小的声音出卖了表面看似平静没有波澜的我们。和采文老师对视后，我们都忍不住移开视线，避免被那智慧的双眼看透我们苍白而未被开垦的脑袋。

其实，想象中所要承受的种种负面、被否定、被质疑，并没有出现在我们身上。倾听时，采文老师的举手投足间都是笑意和耐心；分享时，她的一举一动都是自在风采。那柔和的注视也激励我们鼓起勇气。这一刻，我们都着迷了，我们明白阅读不只是知识，更是涵养和魔力。

进入读书坊并不是我们的本意，自相识采文老师后，我们心甘情愿地沉溺其中。不管是百度、豆瓣还是其他什么平台，我们都能够看到类似适合"年轻人必读的 100 本书"或者"年轻人一生中必读的 10 本书"。只是当下这快节奏的生活，令我们无法静下心从这眼花缭乱的书单中选择一本自己喜欢的书，倒不如身边的朋友以及智者的一次推荐。因此，采文读书坊的启动从开展"至今打动你的一本书"的分享阅读体验活动开始，自然而然形成了一系列浓缩的、精华的书单。这世界上本没有必须要去读的书，但是通过打动人的分享，不需要读的书变成了有兴趣的书，兴趣是一切活动开始的源头。这一刻，我们又着迷了，为她的智慧所吸引，印象中，她知道如何阅读，也知道如何带领着大家一起阅读。

相 熟

共 读

"在知识的熏陶中不断地修炼自己,远比拖着一身皮囊在颜值中盛衰起落的人更加具有魅力和洒脱。"于是,我们深深被采文老师身上带着的这股魅力所吸引,阅读的日子就在采文读书坊里不紧不慢地开始了。

如果你要了解某个人,你可以从他的文章中感知他的内心世界,感受他的喜怒哀乐。在读书坊相伴的日子,我们越来越靠近,她想懂我们,与我们精读本专业类的书籍《3—6岁儿童学习与发展指南》及解读;她让我们懂,走进她的内心世界,我们一起畅读《被讨厌的勇气》等。深深细品蔡老师推荐的《正是青年读书时》,各种复杂情绪油然而生,深深记得一句话:"做一个读书人最幸福的是,眼前的无尽的书籍世界,我们在其中能寻觅到、体验到通往更大世界的千万条路。"感谢相熟,让我们在共读中感受到采文老师对青年人阅读力的关注,"正是青年读书时!"有力量地敲击我们心头,带着对我们的期盼、鼓舞。在基础阅读、检视阅读、分析阅读和主题阅读的四个阅读层级认知中交替螺旋上升,每当我们读一本书时,都努力和这本书对话,也可以尝试用四个小问题和文本对话。

共 思

在读书坊的日子是充实的,每一阶段我们都有计划地进行阅读。一个人的阅读也许会是孤独的,但是一群人在一起就有着思想的碰撞、灵魂的交织。从线下构建书单,共读《3—6岁儿童学习与发展指南》解读、对话交流《被讨厌的勇气》,到因为疫情进行线上主题式的阅读,比如:在世界微笑日,读书坊会结合主题阅读,进行"遇见书中微笑的力量"相关阅读和思考,训练"读写互惠"技能,分享交流读书笔记,等等,我们一路走来,一路思考,一路颇为充实。

其实最幸运的是,在一路前行的过程中遇到有思想深度、独立思考的人。每每阅读采文老师所撰写的《我在读书 书在读我》,心中会多了些思考。其实我们都想读书,但是在读书的这条路上总是会有许多让我们停下的借口和理由。读书坊给了我们阅读的勇气、思考的动力。确实,我们共同呼吁的理由只有一种,那就是,如何让自己变得更加美好!更加具有对阅读的激情和活力!采文老师带给我们一种启示:因为我们身处的《世界是平的》21世纪,可我们仍要坚持做教育《麦田里的守望者》,"纵使身处黑暗,也要向自由的那方奔跑",在那里找到自己青春的痕迹,学做《追风筝的人》,冲破由爱、恐惧、愧疚等交织一起的层层叠叠的枷锁,让自己《步履不停》。

我们的思考不仅仅停留在阅读、停留在脑海中,加入读书坊后的我们越来越愿意去表达,去书写,去共享、共赏和共鉴。我们通过文字去找寻生命的力量,我们沉醉在同伴们的一字一句中。我想,聪明的我们,自然应该不放过每一天,用心感受生活,热爱生活,热爱纷纷扰扰的世界,热爱熙熙攘攘的人间。尽管无法喂马、劈柴、周游世界,但可以从明天起,或是精心挑选一束笑话,或是全情投入听一张唱片,认认真真对待一日三餐,郑重地把热爱生活当成是最重要的事,做一个幸福的人。

因书中的智慧,每一次活动的背后,会更加促使我们能够从读、说、写、评等不同层面多维度地培养青年教师们良好的阅读习惯,也在每一次的阅读、分享、交流的过程中不断吸收成长的智慧。

相 知

读书坊的成立才两年多,和采文老师的相遇时间也不长,但相处的时间中我们从相识、相熟到后来的相知,这一过程充满着难以言说的奇妙。读书的舞台可以很大,就像读书坊给我们搭建的平台;读书的舞台也可以很小,就像每天花一点点的时间去阅读。正因为有这样的大舞台,才能让我们每一个人的阅读得以被倾听和共鸣。从中,我们也慢慢找到了读书的魅力。

回想融入读书坊的点点滴滴,可以说,每一次的互动和体验都是触动心弦的。每一次的互动都让我们建立起情谊,让我们平凡的生活中捕捉到了可贵的乐趣。从阅读到聆听到撰写再到演说,从精读到勤写,我们共同的回忆随着每一次的积累都增加些许,无论是哪一个时段,都是读书坊对我们兴趣的触发、潜心打磨。

走过的这些日子,我们彼此越来越了解,也越来越懂彼此。我们懂主持人和姚老师牵手我们推行读书坊的初衷——"真正的读书,投入的读书,获得理解和成长的读书,是需要持久的激情和活力的。这里除了天性的喜欢之外,还需要磨炼自己坚如磐石的意志力。"

带着这份期望,我们必将坚持阅读!不管是以什么样的方式、选择什么类别、处在哪一个层次。读书坊,是我们一群年轻人,有着年轻的心,年轻的情,跟着智者的指引,实现成长和追求。感恩遇见彼此喜欢的人,感恩进入读书坊,在未来的岁月中,我们一定能够分享更多读书故事,了解更多有故事的人!

"疫"起"云"读

2020年的寒假,注定是一个不平凡的假期,一场突如其来的疫情给整座城市按下了暂停键。为阻断疫情向校园蔓延,确保师生生命安全和身体健康,教育部提出了"停课不停学"的号召!作为教师,我们积极响应号召,通过微信、钉钉等平台开展了线上教育教学活动。在"传道、授业、解惑"的同时,我们也不忘提升自身素质,通过钉钉平台,开展了"云"上读书会。

一、热火朝天的选书环节

开展"云"读书会的第一件事情便是选书。首先,我们每个人在读书坊的书单里进行了一次选书的理由说明。琳琅满目的书名让我眼花缭乱,要从一张有42本书目的书单里挑选出一本,对自己来说简直是一件无比为难的事情,三页的书单我是翻了又翻。就在我一筹莫展之时,脑子里突然闪过一个念头:你最需要的!带着这个想法我又打开了书单,一眼便看到了《用专业的心,让观察更有温度——幼儿园"学习故事"的本土化实践研究》这个书名。陶行知先生说过"教育为本,观察先行",可见"观察"的重要性。再联想到自身,作为新教师,"观察"这件事是一大难点,观察什么,如何观察,观察之后又要做些什么,为什么要观察……这些问题都等待被解答。虽然大家都说得有理有据,由于我的"落地"推荐之说法引起了大家的共鸣,都觉得这是最需要的,最终,《用专业的心,让观察更有温度——幼儿园"学习故事"的本土化实践研究》这本书,被选定作为我们听潮风2020年度共读的书。

二、共读书，齐分享

由于疫情我们无法统一购买，所以各自在网上买书。记得当时我是当月3号下的单，8号拿到的书。6天的等待，仿佛让我加深了对《用专业的心，让观察更有温度》这本书的情感需求，一拿到书就迫不及待地翻看起来。书房中、沙发上、阳台上等众多地方都有阅读的足迹，都留下了安然阅读的姿态。有时我还会时不时拿起笔做笔记，从"理性思考篇"到"故事分享篇"再到"心路历程篇"，对学习故事以及如何帮助教师提高观察能力有了更深的了解。3月26日，在大家都拿到书并且研读一番后，我们决定在钉钉上开展一个视频交流，围绕三大问题：1.什么是学习故事？它有什么作用？2.如何撰写学习故事？其框架与内容包含什么？3.读完书后，你的收获有哪些？对你的工作有何新的启发？我们展开了热烈的分享和讨论。我积极参与讨论并分享体会："读完这本书，认识到学习故事是一种学习评价模式，由注意、识别和回应三个部分构成，也知道了如何撰写一篇学习故事。读完本书让我对观察不再盲目，对幼儿的日常观察更具逻辑性和科学性。我们需要尊重幼儿发展规律和学习特点，关注幼儿身心健康全面发展，从专业的角度关注和剖析幼儿的各种行为，分析和理解幼儿的学习发展水平，诠释幼儿行为表现背后的意义，更好地读懂孩子，利用观察识别到的信息，来有效地计划和支持幼儿的进一步学习。作为一名幼儿园教师，观察聆听儿童是走进孩子的第一步。"

在以后的教育教学中，发现自己会更加注重教育理念的更新，会更科学地观察理解幼儿的思维和学习方式，对孩子的学习品质也会给予高度的关注。教育实践中我还尝试翻转视角，站在孩子的立场，关注孩子，用心倾听，理解孩子，耐心等待，支持和推动孩子成长，真正做到"让儿童站在教育的正中央"。

三、收获颇丰，执笔书写学习故事

阅读的收获颇丰，给日常工作带来了意想不到的灵感和帮助。有时会跃跃欲试，就之前工作中观察到的事情，也会尝试写写学习故事。令自己静下心来坐在书桌旁，翻看着"故事分享篇"中的学习故事，试图寻找灵感，当看到51页"紫希的午餐"时，就想到了我们班的吃饭困难户——宜宜。于是按照整个学习故事的框架开始了以下的回忆梳理。

吃饭困难户

故事时间： 2019年12月
故事地点： 小班教室外
故事作者： 上海市浦东新区听潮艺术幼儿园　陈佳雯
故事主人公： 宜宜（女，3岁半，小班）

故事背景：

宜宜是我们班月龄最小的妹妹，她活泼可爱，一点儿都不怕生，来园第一天就很快地适应了陌生的环境。但是，她的自控和生活自理能力比较薄弱，特别是在进餐方面。与其妈妈沟通下来了解到宜宜平常由奶奶带的比较多，由于奶奶在生活自理方面包办的较多，导致了她在进餐、如厕、穿或脱衣服方面能力都比较弱，她吃饭的时候静不下来，总爱乱跑，奶奶没办法只好趁机塞饭。在一日活动中，宜宜在每个环节基本上都是在教师的再三指导下完成的。她只吃饭，不爱吃菜、喝汤，饭菜经常洒出来，搞得一塌糊涂，吃饭坐不住，没吃几口就噔噔噔往外跑。

故事内容：

部分幼儿午餐已经快要吃完了，而你却仍在等待，拿着勺子坐在椅子上一动也不动。我叫你，你才拿勺子舀了几口饭，等到小朋友们都吃完的时候，你还有很多饭没有吃完。我对你说："宜宜加油吃，啊呜啊呜吃两口饭菜，吃完就可以敲印章，到教室里去玩啦。"见你迟迟不动，我便上前去喂了你几口，你也愿意张开嘴吃饭，等到你吃得差不多了。我又说："宜宜，把没吃完的饭吃完就好啦。"随后我便走开了，过了一会儿我回来看到你的饭还是没动。我问道："你怎么不吃饭啊？"你皱着眉看着我说："老师喂我吃。"

你一动不动地坐在小椅子上，呆呆地看着我。我让你自己拿着勺子吃饭，你看了看碗和盘子，没有动。我只好蹲下来，手把手地教你拿好勺子。过了一会儿，我发现你用小手拿着勺柄的外侧，将勺子一点点伸到碗里舀饭菜，没想到却把饭菜直接弄到了桌子上。我指了指你前面的萱萱的台子说："萱萱吃饭的本领很大，自己吃饭，没有把饭和菜弄出来，我要给萱萱奖励一个大印章！"你听到后立马说道："我也要！"我说："那你也要和萱萱一样棒棒的哦，把饭菜吃干净。""嗯！"你大声地回应道，说完便自己吃起饭，虽然还是会把饭菜洒出来，但是我看到了你的努力和进步。

● 回顾分析

你并不是完全不能自己好好吃饭,你是可以做到的,只是需要比别的小朋友多一点动力,当你听到我表扬并要奖励萱萱的时候,你马上表现出积极的态度和行为。

● 下一步计划

在进餐前,进行一场今天吃什么的交流会,激发你们吃饭的兴趣,并且讨论吃饭应该注意的一些问题。进餐时,及时鼓励和表扬表现好的幼儿以此来激励你,让你有榜样可以学习。对你的进步及时表扬鼓励,增强你的信心和兴趣。建议你的爸爸妈妈和奶奶一起帮助你培养吃饭的好习惯。

之前可能只是在脑中记录下这个故事,现在将这个故事写了下来并进行分析,拟订下一步计划。整个过程中,倾听孩子的心声,理解孩子的行为,发现孩子的优点,寻找孩子感兴趣的和能做的部分,继而给予孩子有效的回应,进一步支持孩子的持续学习,同时让我的观察更具有价值和意义。

"云"读书会,是听潮风读书坊青年教师一道别样的"阅读风景线"。在共享网络里共同分享这份阅读的美好,彼此启发深入阅读,一起陪伴度过这个不寻常的假期。阅读是一场心灵的旅行,也是一次思想的洗礼。特殊时期,读书坊青年教师共读不辍、交流不辍、思考不辍!

悦读,点亮未来
——我们的教育创新主题征文阅读

人民群众多读书,我们的民族精神就会厚重起来、深邃起来。——习近平

一、疑惑:教育创新是什么?

2020年6月16日中午,我接到"我们(我)的教育创新(创意)"主题征文活动的通知。我先是一头雾水,感觉完全无从下手。后来,反复阅读这个主题活动的内容,要围绕在推进浦东教育现代化、全面建设浦东教育强区和区域教育综合改革创新示范区过程中,我们以全面贯彻党的教育方针为根本方向,以培养德智体美劳全面发展的社会主义建设者和接班人为根本任务,在聚焦"五育并举"全面育人、创新人才培养、教师队伍建设和课堂教学等方面,展现我们(我)的创新创意设计,分享创意智慧,反

思实践策略。

可是对于踏入教师工作岗位的新教师来说,工作还处于不断地学习前人经验的基础阶段,更别提创新了。到底教育创新写什么呢,实在是令我困扰了很久,导致在接到这个活动的一周后,发现自己的征文页面仍然是一张白纸。

二、灵光闪现:疫情下幼儿的游戏

直到一天,那是经历了好不容易疫情稍微缓解、幼儿园终于复学后的第一个星期,在小朋友玩自主游戏的时候,我萌生了创意。

游戏开始,嘟嘟和涵涵在大桌子上玩娃娃家的游戏,他们去材料超市找来了纸杯、盘子、牙刷、碗等材料,布置着他们的家。嘟嘟:"妈妈,我起床了,我现在想要吃早饭了。"涵涵说:"好的,我们的早饭马上就要送到了,你先去刷牙好吗?"只见涵涵说完,拿出一块小小的KT板,像是在玩手机的样子,最后对着自己的脸扫了一下。然后远远地叫了早餐店的大宝:"大宝,我手机上点好早餐了。"

没过多久,大宝送来了早餐,放在了娃娃家的门口(并没有送到涵涵的手上),然后掏出小小的KT板装作打电话的样子,"是涵涵吗,你的外卖已经放在你的小区门口,你可以出来自己拿了。"涵涵说:"好的,我现在就出来。"然后涵涵从娃娃家门口拿出了外卖递给了嘟嘟,"我们吃饭咯!"

他们在自己的游戏中能结合假期中点外卖的生活经验,以及他们对游戏观察的体验,特别是外卖员将货放在小区门口的场景。疫情后的复课,能明显感受到幼儿的游戏随着自己的生活经验在不断地发生改变。

小朋友的游戏瞬间给了我灵感,是啊,这不就是创新吗?虽然我们幼儿园以艺术为特色,但是其他活动内容也都在一步一步创新,比如我们之前还开展过混班游戏等。通过幼儿的游戏,我明确了文章的主题,就是游戏中的创新。

三、阅读中的收获:游戏新评价

我将这次幼儿的游戏也写入我的文章中,作为小案例。当然幼儿游戏中的创新还不足以体现老师在教育中的创新。寒假期间,一场特殊的疫情向全国袭来。为阻断疫情向校园蔓延,确保师生生命安全和身体健康,教育部提出了"停课不停学"的要

求！为落实《浦东新区教育局关于做好新型冠状病毒性肺炎疫情防控期间中小学在线教学工作的实践方案》(浦教义〔2020〕3号)文件精神,我们悦行 | 听潮风·采文读书坊开展了"云"读书会。

我们在2020年共读了第一本书《用专业的心,让观察更有温度》,让读书坊的教师吸取先进的教育理念,更适宜地支持、指导幼儿的游戏与学习,提升教师撰写学习故事、观察记录的能力,更有效地将《指南》和《纲要》精神贯彻到教育实践中。读书坊的教师就此开启了共读模式。

在"云"读书会中,我们互相交流,还尝试将幼儿的游戏观察记录写成学习故事,这不就是游戏评价的创新吗？跟着这个思路,我一步一步将文章写完了。有了游戏中的发现和阅读的积累,之前止步不前的文档现在终于完成了。

四、阅读不停,创新不止

原本困扰了我一个星期的文章,最后我用了一个晚上就完成了。上传好这篇《游戏中追求不断创新》,我才真正明白了"读书破万卷,下笔如有神"之意。阅读,让我对游戏有了新的想法,并付诸实践,让我在确定角度以后,顺利地写下这篇文章。

在此之后,我就爱上了看这种专业类的书籍,例如《幼儿教师基本功——爱上音乐游戏》。这本书根据《3—6岁儿童学习与发展指南》,围绕艺术教育中对音乐目标的学习和解读进行探讨,书中的理论知识和实践案例都给了我很大的启发。有些课例我还尝试在班级中实施,都取得了很好的效果。还有《小脑袋,大问题——促进幼儿深度学习的高水平提问》,作为新教师,如何对幼儿进行提问和回应一直是我需改进的地方,这本书让我明白提问要与幼儿个体的年龄和发展阶段相适宜,我们的提问要鼓励幼儿拓展思维和看问题的视角。书里面还介绍了在教室不同区域如何使用的问题。有时候,遇到一本好书,读一遍都不够,我会将工作中实际遇到的问题,在书中寻找解决方法。反复阅读,书中已经全部都是我留下的笔记。专业类的书籍可以让我充实自己,提高自己的专业知识；思想类的书籍可以让我们缓解压力,丰富自己的精神世界,也可以更加理性地看待现实问题。

2020年12月4日,我听到我的征文获得了幼儿园组一等奖的好消息。2021年2月26日,我收到由获奖征文汇集成册的那本书。我忍不住发了一个朋友圈,感谢读书坊的活动,阅读让我不断成长,在书中收获知识,收获经验。

生活越是忙碌,越是紧张,我们更要让自己找到生活的本质,修身养性、淡泊从容,读书就是最简单、最有效的改变方式。从现在起,从坚持读一本好书开始,提升自己的专业素养,拓展自己的工作思路,培养自己淡泊宁静的心态,养成这个好的习惯,也将会是我们生活和工作成功的开始。

西柚味儿·西柚味里蕴书香

> 世间最雅致的情怀,莫过于一缕书香,让我们一起在书香中遇见更好的自己。
> ——采文读书坊

三月,春光明媚,滋润着万物生灵。

三月,书香幽幽,培育采文读书人。

在这美好的春光里,

在"西柚味儿"读书坊里,

大家你一言,我一语,思维碰撞,笑声朗朗,共研共讨,不负芳华,让我们一起走进西柚味儿读书坊的学习之路……

缘　起

时光回到2019年,我非常荣幸能在这一年正式加入悦行采文读书坊项目组。还记得那是一个下着小雨的下午,惠南西门幼儿园特邀采文老师来园,自此启动了悦行|西柚味儿·采文读书坊。说起"西柚味儿"这个名字,还真有一段小故事。我们幼儿园的全称是"惠南西门幼儿园",为了方便,大家通常都会简称为"西幼",这恰巧与水果"西柚"同音。借此灵感,我们的读书坊名字呼之欲出。西柚的味道是酸酸甜甜的,西幼的姑娘是活泼可爱的,为了凸显我们清新活力的感觉,那时,采文老师和张园长汲取老师们的智慧,在"西柚"后面加了一个"味"字,而再添一个"儿"话音,则是给读书坊社团增添了一丝书卷的情韵味儿。"西柚味儿"诞生了,大家的嘴里都在念叨着这个好听、好记又有意义的名字,对于群名的创意选取赞不绝口。

除了组建读书坊,我们还跟随采文读书坊领衔组办的联手"5+1"读书坊活动,共同打造教育青年人才创新培养实践项目,我们"西柚味儿"读书坊非常荣幸能成为其中的一员,让很多青年教师有机会参与此次活动,并能在学习、思辨、交流、互动的过程中快速成长。

一

学校的生命故事里,藏着教师的成长密码,那就是阅读。

定制书单　阅读成长

阅读,是长根的事业,要想成为一个卓越的教师,必须植根于深厚的阅读。于我个人来说,有幸加入采文读书坊,也让我遇到了生命中的贵人——采文老师。是她真正打开我的认知,让我深知,阅读收获的不仅是精神的愉悦,还有一份沉稳和自信。自从加入采文读书坊,我们便把读书作为重要的事情去做,大家在一起共同制订书单,制订目录,为成长中的每一位西幼人量身定制成长的路径,引领教师在书中思考和行走,然后看到更多的可能。

每一次读书活动,都会让我们对阅读有不一样的认识,每一次与书的邂逅,也会让我们进行书单的再一次更新。

2019年、2020年、2021年,每一年的书单都在变化,大家推荐的闲书越来越少了,关注的专业类书籍越来越多了,为了打发时间看书的想法越来越少了,提高自身素养的目的越来越明确了。

在这样一个过程中,我们发现,脚步无法丈量的地方,书籍可以。于是,在读书坊的牵引支持下,"西柚味儿"读书坊的所有老师们带着这份充满营养的书单,开始了快乐难忘的读书之旅,享受读书的乐趣,传递阅读所汲取的正能量和生命力。

二

不爱读书的我在起步阶段感到很枯燥很乏味,不过"西柚味儿"读书坊的购书之旅却让不喜欢看书的人爱上书店,进而爱上读书。

读你所读　享你所想

如果说,阅读是生活中无处不在的必需品,那么,走进书店,也是一种别样的阅读。

这两年,"西柚味儿"读书坊组织过多次购书活动,徐汇区的钟书阁、禹州广场的大众书局等,都成了我们饱览群书的好场所。通过挑书、购书,每一位老师都享受着翻书的乐趣,也感受到了阅读是生活中必不可少的部分,无论从专业学习、提升素养的角度,还是从丰富自我精神世界的角度,大家都觉得阅读是新时代教师生活的必需品。

1. 好书分享会

根据书单各自买回自己喜欢的书籍,之后每个人静静阅读,细细揣摩。为了能将看到的精彩片段和大家一起分享,我组织大家开展"好书分享会",和大家共同分享自己读书的感受,分享一个个小故事,大智慧,分享那些给他们心灵带来温暖、感动或是震撼的语言。

2. 校园朗读者

朗读美文,传递美好。

就像董卿《朗读者》第一期中的卷首语:朗读,是传播文字;人,则是展现生命,朗读者是将值得尊重的生命和值得关注的文字完美结合。

"校园朗读者"是为提升教师阅读素养搭建的又一平台,成为点亮教师专业成长的一盏明灯!校园朗读,属于每一位老师。每期精心策划,每期不同主题,每一次的朗读,都会让老师遇见不一样的自己,也会发现原来身边的人都关注着你,身边的事物也会因你变得更加绚丽多彩。

读你所读,享你所想,每次活动都会让老师们记忆颇深:

有的说:"阅读能让我从喧嚣的生活中暂时抽离,体味作者营造的'异'世界,此次购书活动,让我再次感受到'众里寻她千百度,那人却在灯火阑珊处'的惊喜。"

有的说:"作为一名青年教师,我们要时时抱有一颗学习的心。从古至今,人类创造了太多的文化,让我们慢慢去品味,去感受。"

有的说:"思随书动,灵随书行,买书、读书对我来说是一个幸福的过程,让我们共同感受至上的力量和高贵的心智。"

有的说:"伴随着周围的氛围,你会投入到书中的每一个场景,身临其境的感受,让我在书中畅游。"

有的说:"每次都能淘到自己梦寐以求的书,西柚味儿读书坊活动让我们思想营养丰富,充满 VC。"

有的说:"读到一本好书真的让我很兴奋、很快乐,似乎心中建造了一幢'黄金屋'。"

还有的说:"走进书籍,有种在穿越时光隧道的感觉,奇妙无穷。读书不仅能让我感受到那份来自书中的愉悦,更是一种多维度的视觉艺术享受。"

"腹有诗书气自华",要做一个自带光芒的教师,就要从"悦读"开始。

我们的青年教师也在一本本书中看清自己,看清过去和未来,并在不间断的思考中开发自己的潜能,在心中开启一扇扇智慧之窗,为步入幸福的殿堂开辟一条绿色通道。

于是,每一次的购书读书活动,幼儿园都用精神的力量更好地凝聚了教职工,激励全体教师,共建和谐家园。

三

今天,阅读已经成为老师们生活中不可或缺的一部分,读书更是成为老师们的一种习惯,书香传递在幼儿园的每一个角落!

都是共读途中的领读者

教师共读:你的分享,是一群人的成长。

时间流逝,一转眼读书坊进入第二个年头,我们先后共读了两本书。2019 年,我们共读了《儿童的一百种语言》,让老师们通过共读了解孩子的成长特点,也让我们看到了什么是对幼儿真正的尊重,同时也学会了平和用心地倾听,走进孩子的心灵世界,与孩子共成长。2020 年,为了解决大部分老师愿意看书,但害怕写作的困惑,我们一起共读了《让教师不再害怕写作》一书,引导老师知道,如何用心里流淌出来的文字,写自己做过的事,记录自己的教育得失、教学点滴、总结经验以及自己对教育的思考。2021 年,我们又一起选择并共读简·尼尔森之作《正面管教》,引导老师学会如何运用正面的引导,让孩子在自信、自立的环境下健康地成长。

作为西柚味儿读书坊的负责人,拿到书的那一刻我不再像第一次读专业书籍那么排斥,而是沉下心,静静地翻阅,细细地品读,深深地思考,在通读第一遍后引领读书坊成员进行章节遴选学习。疫情期间,我们也秉承着停课不停学的宗旨,组织各类形式的读书活动——专家引领、学习讨论、撰写修改等,和老师们一起看,一起读,一起写。一个学期后,看着读书坊成员一篇篇案例成果脱颖而出,我内心欣喜万分,原来,我在改变自己的同时也在影响着别人。

因为有了阅读,我开始喜欢思考,思考自己的价值,思考如何成为有价值的老师。短短两年来的读书坊活动中,我们每月针对一本书开展共读活动,边阅读、边思考、边实践。当阅读成为一种快乐,一种享受,就能带给我们不同的感受,共同的成长。

园长引读:从心出发,是一起同频共鸣。

2021年1月,新年的第一次读书坊活动,张珏园长对老师们的共读书籍《让教师不再害怕写作》进行了引读和评价,并从为什么要写,怎么写,如何写得好等几个方面出发,为所有青年教师进行了深入的解读和分析,让大家从中获益良多。

张园长告诉我们,不要害怕深度阅读,因为那是通往未知世界的路。我们一定要多读一些有精神涵养的书,读了这些书,就能拉大自己的格局,才能从"小我"当中跳出来。阅读,能让我们每一位教师持续地往前走。一个老师能不能冒出来,可能取决于你的灵气;能不能走得远,关键是靠我们的底气。而底气、底蕴,是靠书堆出来的。所以,我们一定要提醒自己,阅读要聚焦、聚焦、再聚焦,深度专注,就能成就自我。

活动后,教师们也发表了自己的感想:

读书坊的吴老师对《让教师不再害怕写作》这本书的最大的感想就是四个"多":多读、多观察、多写、多推敲。她觉得要写出好文章或者说写出好的内容,一定要爱读书,多读书,在不同的书中汲取养分,让我们的文章变得充实。吴老师喜欢看学前教育、教育期刊,以及一些幼儿的绘本。从儿童出发寻找素材,多观察,多留心身边的小故事,做个有心人,将自己所看到的及时记录下来,这样手上的素材就会变得很多,自然能写出不一样的文章。寻找到了写作的灵感和素材后,就要多练多写。吴老师针对自己的教学活动《可爱的小鸡》撰写了《做一名不断尝试、敢于创新的教师》,里面很多的素材都是她多次磨课中发生的点点滴滴,荣获"中国梦 全国优秀教育教学论文评选大赛"一等奖。2020年度浦东新区教育系统职工科技创新成果评选活动中,吴老师撰写的《创新幼儿美术教学,让幼儿美术课程别具一格》荣获区级科技创新奖。吴老师说她也不擅长写作,但是共读了《让教师不再害怕写作》这本书后让她更有信心,也相信自己的写作之路才刚刚开启,接下来会有更大的成长空间。

年初,西柚味儿的姐妹们拿到了《让教师不再害怕写作》并开始了共读。刚拿到这本书时,孙婷老师既兴奋又害怕。尤其是看着目录里那些专业的、有深度的名词,她有点畏难了。能啃下这本书吗?老师们问自己。现在老师们用行动回答自己"我可以"。大家不仅读完了整本书,还撰写出了教育案例《表扬还是批评》、教育随笔《信任》等文章,虽然还不太成熟,但却是在教育写作方向迈出的坚实而稳定的第一步。学习撰写教育案例,让老师们对于写作的目的有了新的认识。写作不单是为了完成一篇文章,而是为了解决问题而服务的。同一个案例可以写成不同的文体,主要就是要看它派什么用处。同时,教师自身的教育经验发展到哪个程度就写哪个程度的教育案例。这也打消了之前怕自己写不出优秀的教育案例的担忧,不同阶段的撰写,是为了更好的进步。至此,那个害怕写作的"我"已经转化成了愿意写作、喜欢写作的"我"。变得会主动观察、记录工作中的一些片段、场景,也会记录一些自己的行为、感想,这不仅是为了积累写作素材,更是对自己教育工作的反思。

从来学问欺浮华,好文章出自孤灯下。

我们发现,读书改变了老师们的学习思维,改变了他们对教育的认识,从最初的萌芽,到觉醒,再到升华。老师们正在用对教育的赤诚之心,深深体味学习力量,让"西柚味儿"读书坊充盈着浓浓的书香味!

四

有人坚持读书会得到生命的感悟,有人坚持读书会寻找到诗和远方。我们一起读书,更重要的是交流思想,启迪智慧,传递书香文化。

有声阅读 无声成长

2019年9月26日,采文读书坊组织的"共享阅读人生,献礼伟大祖国"演讲活动拉开序幕。西柚味儿孙婷老师、仲徐珏老师在这次活动中进行了朗诵展演,潘佳丽老师担任了活动主持。老师们真的很幸运,演讲活动前期,采文老师特地请来了浦东融媒体中心专业主持人蔡燕老师对参赛教师进行逐一指导,让老师们对演讲比赛充满信心。

演讲活动之日,老师们依次上台,通过PPT展示和个人演讲传达了他们的教育理念。有对学习方法的思考,有对青年教师的鼓励,还有对浦东改革开放30年变化的感慨等。每一位教师都展现出了他们独特的风采。而我作为学习者坐在下面,则能从他们身上看到自己的影子,也从中思考、发现问题。

比如演讲时的方式。演讲,除了讲,在它前面还有演。所以演讲时,不仅要关注所讲内容是否正确、连贯,有时还要把文字加以动作,演给观众看,才能更有感染力,切忌把演讲变成朗诵或者上课。

又比如演讲时的台风。演讲者可根据所讲内容,选择或端正或稍放松的姿态,但是切记不要身体摇摆,这样会让观众的注意力有所分散。

再比如演讲时的语速、语音、语调。演讲者必须做到普通话标准,不读错字。特别注意语速不能太快或者太慢,适当变化语速和音量大小,才能凸显出重点。

还比如演讲时的PPT。页数要适中,内容要有提纲挈领作用。如果需要插入图片,则也要注意播放图片时的速度,不宜太快。

此次活动,让我们有机会向两位演讲名家、主持人学到了许多"演讲"的技巧,还和许多其他学校读书坊的老师们分享了自己与书本的奇妙缘分。这样的经历可不是经常能有的,只有跟随着我们的大部队,跟随着我们的读书坊,跟随着各位读书大咖们,才能让我们的老师们在这么大的舞台上学习和展现自己。

活动后,我们的老师也获得了好评,各自荣获区优秀演讲与主持者荣誉证书。仲徐珏老师说,这就是人生的历练,让她享受到了其中的过程,特别是聆听了参会嘉宾和采文老师的感言,触动了她的心灵。孙婷老师说,阅读是一辈子的修行,会做一个真正的读书人。正如采文老师说的,读书坊已经成为我们共同的精神家园,我们每个人心中都有一座山,读书人的珠峰在书中,一起爱阅读乐阅读,一起在阅读中成长。

不积跬步,无以至千里;不积小流,无以成江海。读书如此、演讲如此、教育工作亦是如此。希望我们继续在阅读之路上守初心、争进步、继续成长。

五

"云"上相遇,是西柚味儿读书坊一道别样的风景线,在网络里共同分享这份美好,互相陪伴度过这个不寻常的假期。

阅读,从未停止……

2020年,因为疫情的缘故,很多线下活动都按下了暂停键。但是,我们的阅读却从未停止,悦行丨采文读书坊的主题活动、阅读活动也从未停止……

这一年,采文读书坊组织各类线上线下的活动,上半年主要有旗下5+1采文读书坊各自开展的居家在线阅读交流的共读活动,4月23日采文读书坊"墨香采微"群组还组织线上线下的"世界读书日:万物有签名"阅读互动,并接受上海教育电视台的教育实时新闻采访报道。下半年主要行动有区重点课题"基于青年教师阅读素养视角的教育服务推广研究"的开题会阅读指导活动,有5+1>6视频专题片《寻找生命的黄金屋》拍摄制作活动,也有"读书读人·人物专访创意采写"活动,还有读写互惠研讨活动等,内容丰富、形式多样,让读书坊的老师们像海绵一样不断地吸取,不断地充实,在学习、工作和生活中不断提升阅读素养,发展自身的读写阅读力……

云学习,是一种别样的体验,在这样的体验中,我们收获满满。

"西柚味儿"采文读书坊的成员们云共读学习了《让教师不再害怕写作》一书,在共读的过程中,我们许多老师都感触良多。当阅读这本书时,我才发现原来教育文体有这么多这么细的分类。老师们依据生命性、实践性和学术性等方面要求把教师写作分为八个种类,其中我最想了解的还是实践性的部分,即第四章"教育案例"和第五章"课例研究"。希望通过对这两章的深入学习,能够了解此类文体的大致框架、学会撰写的步骤和基本方法。

当然除了这两章外,其他的章节我也想认真学习一下,因为就像"习作""写作"与"创造"之间的关系一样,虽然对文章的文体有所分类,但是每个文体又不是孤立的。希望阅读本书,让自己能够更敢于动笔,提升自己的教育写作专业性。

作为一名青年教师,我急需专业知识的提升,而惠南西幼读书坊则给了我很大的帮助。在领头老师的推荐下,我们一起共读了《让教师不再害怕写作》一书,并且通过自己普读、微信分享、钉钉讨论、专家领读和思考修改等方式对这本书进行了深度的学习和理解。

在这个过程中,我也完成了自己的第一篇教育随笔和第一篇教育案例的撰写。虽然还略显生涩,但正如张娜博士所说,教师写作的目的不是为了完成一篇文章,而是为了解决问题而服务的。不同阶段的撰写，都是一笔财富。我们聚在一起共读，也正是为了获得更专业的与时俱进的理念为我们的教育教学工作而服务。

读书的生活是精彩的、幸福的。我也会继续把读书作为生活的一部分。

古人云："青衿之志，履践致远。"意在告诉我们只有打好根基，才能走得更远。显而易见，教师的根基是知识，而获取知识的路径便是读书，读书是致力于我们不断前行的动力源泉。读山读水，是心灵的愉悦；读书读人，是智慧的沉淀。

转眼间，来到惠南西门幼儿园已有两年的时间的金老师，跟随西柚味儿读书坊走过第二个春秋，见证了它从最初的设想到如今汇聚中青年教师的发展过程，它也见证了金老师：一位青涩稚嫩的见习教师的蜕变过程。

2020年3月20日是我们第一次因《让教师不再害怕写作》一书齐聚，教师们需在初读本书后，选择最感兴趣或最想深度学习的章节进行投票，确定共读章。我毫不犹豫地选择了第四章，因为我被其中的一句话深深吸引——"案例是浓缩版的教育随笔，精华版的教育叙事。"很幸运，第四章节成了教师们最想深度研究和学习的章节之一。

2020年4月14日，教师们在共读时谈到关于教育案例中的困惑，集中于两点，一是案例选择，二是如何撰写。于是在2020年4月17日，我们请到了浦东教发院张娜博士就教育案例开展微讲座。原来一篇优秀的教育案例＝鲜明主题＋生动故事＋精彩点评；在素材上：要有意义，有价值，具有独特性，有代表性的点；在反思上：学会寻找相关材料作理论补充。

学以致用，于是我对自己的案例做了如下修改：

① 注重细节的阐释

对时间轴进行梳理，区分拉开时间线，加入事件发生的背景，并对关键事件进行详细描述，如人物的动作、细微的神态、具体的时间等，在还原事件的基础上，使之更加生动。

如：小羿跑到我的面前（拉拉我的衣角）说……

又如：他低下头沉思了半分钟，随后（抬起头坚定地）跟我说……

② 理论与实际互佐

在原有基础上，进一步加入理论依据，使之与事件相互佐证，比如引用《纲要》《指南》为事件发生的背景做铺垫，又比如引入心理学理论，对幼儿进行观察研究与分析，为事件发生的缘由提供科学的理论依据。

如：引用著名教育学家陈鹤琴"活教育"理论："凡是幼儿自己能做的,应当让他自己做。本是幼儿自己能想的,应当让他自己想。"

③ 故事背后的思考

结合事件发生的经过及结果探究事件发生的原因,对事件中的教育过程和教育方法进行整合,并自我反思,对"奖惩机制在幼儿身心发展中的有效实施方法进行深入的思考"。

我的思考:奖惩无非是给幼儿心理以兴奋与抑制的强化刺激。奖惩机制在本质上没有错,但我忽视了幼儿对奖惩机制的依赖。未来我应当去学习如何做好这两者之间的平衡。

最终我的教育案例得到了领导的肯定,领导在评语中写道:案例中对眼神表情动作的描写很生动,让读者身临其境。结合指南对幼儿的行为进行教育,深度的思考值得鼓励。

我将初心如磐、博观约取,坚定读书的信念,在广博的知识海洋中取其精要,并将理论与实际结合,注重实践,知行合一,定能笃行致远,厚积薄发。

读书,是一种学习,更是对一个人的理解能力、思考能力的考验。为了延续2019年读书活动,以及以后采文读书坊活动的进一步推进,2020年3月19日,采文读书坊主持人把参加首场秀演讲活动和主持活动的几家学校的优秀演讲者与主持人,聚集在了一起,组成了一个全新的跨校际读书社团。

群组成员的第一个任务就是给群组取一个适合又好听的名字。大家群策群力,想出了一个个生动雅致的群名。最终,在推荐群名"采微"获得组内最多拥护者后,采文老师在"采微"之前添加"墨香"二字,把我们的群名晋级为"墨香采微"。墨香即书香,古人云:茶亦醉人何须酒,书自香我何须花。书香是我们最爱的一种香气。而"采"这个字,有两个意思,一是在向采文老师表达我们的喜爱、尊敬之情;二是"采"字是一种不断努力,动态的过程,采摘,踮起脚尖举起双手,努力够得果实。再来是"微"字,细微之处见真章,"不积跬步,无以至千里;不积小流,无以成江海",不论是千里还是江海,都是点滴积累而来。

看似简单的群名,实则蕴藏着深远的含义。在每一次小小的活动中,读书坊的老师们都尽力踮起脚尖,努力向高处向远处,不断前行。也因为有了一次次读书的积累,撰写的积累,老师们陆续有了自己颇为满意的文章……

例文：我和风琴的缘/丁芬芬

十一年前，当我怀着对梦想的憧憬踏进历史悠久的惠南西门幼儿园，看到陈旧的围墙、小小的教室、违章搭建的午睡室，还有那架让我意外的风琴……风琴是那个年代的"珍惜品"。我摸着古老的风琴，心中略有失望。与此同时，我又充满好奇，是什么让这所"破旧不堪"的幼儿园成为家门口人人称赞的好学校？

当我成为西幼人以后，看到前辈们每天带着孩子们一起快乐地学习、游戏、运动、生活，看到他们日复一日、年复一年，在这所小小的、旧旧的、破破的园所内，辛勤地工作，默默地付出，无论是区里署内的大活动，还是园内的各类迎新、半日开放活动，老师们都用自己认真的态度、一丝不苟的敬业精神完美地完成。记得有一次区内开放活动，姐妹园100多人来园参观，我们没有多功能厅，但也无妨，老师们一起腾出了三楼唯一一间还算大的教室，利用下班后的时间把教室布置成多功能厅。当天来参观的老师都感叹，第一次看到这样别出心裁的多功能厅，听到这样的评价我内心窃喜。纵使幼儿园没有多功能厅、没有会议室、没有专用活动室，每个教室没有独立的卫生间；纵使幼儿园是浦东新区硬件条件最差的单位之一，也阻挡不了西幼人的努力。我们曾有3位区级骨干教师，3位署级骨干教师，还有让人骄傲的市级课题，每一份成绩都足以证明硬件不硬，但软件不软，身处智慧与努力并存的团队里，我很幸运，不禁竖起大拇指为学校点赞。

当我成为西幼人以后，深刻感受到学校的事是就是自己的事。2009年，两区合并后，我园积极响应区教育局的号召主动下乡支教，派2名青年教师去彭镇支教，我就是其中之一。支教的那一年，我们每天五点多起床，6点必须出门，不然赶不上班车，晚上5点多回家，倒头就睡，很累，但第二天必须精力旺盛，因为我不仅仅是我，更是西幼人。支教的那一年是我工作的第二年，已经是"老师傅"了，搭班是一名刚毕业的新教师，我在自己不断摸索的同时还要牵着新教师一起走。有时会迷茫，好在西幼的领导和姐妹经常联系我，给我力量和指引，身在远方，却时刻感受到温暖。支教的那一年，我教的是托班，30个2岁的孩子，巨大的工作量使我每天忙得筋疲力尽，很辛苦，年轻的我回家后会偷偷流泪，但从未退缩，因为我身负重任。现在回首十年前的往事，不禁为自己点赞，更为西幼点赞，有了坚强的后盾，我才会义无反顾地付出。

当我成为西幼人以后，才明白什么是爱。西幼的办园理念是爱的融情教育，爱同伴爱自然爱社会。记得有一名大班孩子因为癌症而无力看病时，西幼第一时间组织募捐活动，从园长到老师，从保育员到保安，从家长到孩子，西幼的每一位都主动奉献自己的爱心。除了园内募捐,我们还通过社会的援助共筹得善款20万元,帮孩子暂时解决了缺钱看病的大难题。记得西幼盛老师的妈妈得重病后,她既想照顾妈妈,又不想耽误工作,影响幼儿园的正常活动,每天学校市区医院两边跑。大家得知情况后二话不说自己排班,每个人都利用空班时间帮盛老师进班,好让她安心照顾妈妈,有时老师们忙不过来,园长就来帮忙进班。虽然不是自己的妈妈生病,但大家都能感受到盛老师的心情和处境,每每盛老师说感谢的话时,大家只是轻描淡写地回应:都是姐妹,不必记在心上。记得老园所周围是老城区、老公寓,住着不少独居老人,党员教师经常抽空帮助孤老打扫房间,每年重阳节带着孩子们去看望敬老院的老人。这些看似微不足道的举动,却流露出西幼人深深的爱,爱的融情教育不是口号,是行动,是付出,是感同身受,我禁不住为西幼点赞,为爱点赞。

当我成为西幼人以后,第10年,我们迎来了期待已久的新园所。明亮的教室、宽敞的走廊、气派的多功能厅。从此,孩子们有了独立的卫生间,老师有了自己的办公室,保育员有了升降电梯搬运东西,别人看来多么普通的设施对我们而言是多么弥足珍贵。搬新园所的那一天就像自己家里搬新家一样,特别兴奋,特别幸福。有了新的园所,也要有更高的目标,新园长为西幼人搭建了更多更好的平台,如浦东教发院各位博士引领的课例简修坊,浦东教发院蔡文花老师引领的"西柚味儿"读书坊,冰厂田集团的各类培训,相信新领导会带领大家从原来的"硬件不硬,软件不软"努力成为以后的"硬件很硬,软件更硬"。我不禁再一次为西幼点赞,为新家点赞,为更高的奋斗目标点赞。

现在回首十一年前的自己,幸好当初没有被西幼的外表吓跑,我想说:西幼,你没有美丽的容貌,却有深厚的内涵;你没有示范园的等级,却有良好的口碑!相信以后的每一天,你会越来越好,越走越远,为你点赞,让我骄傲的学校。

例文:我为学校点赞/瞿梦婷

清晨的一缕阳光洒进校园,照在刚刚入园的孩子们身上,映出一个个小小的身影。伴着一声声元气满满的"早上好",孩子们的欢声笑语,唤醒了静谧的校园。

校园内,景色优美,一进门清澈见底的小水池,缓缓流动的水给校园带来生气,水池旁的绿化修剪得很整齐,旁边还有大屏幕,每天贴心地更换温馨提示、午点内容。从大门走进去,映入眼帘的是老师们精心布置的环境,这里每一次的更换,都是适时、适宜的,总能带给我们惊喜。旁边是西幼的园所文化、办园理念、发展以及培养目标,时刻提醒着我们要将爱融于教育。再往深处,便是一个开放的阅读室了,里面有许许多多有趣的、有教育意义的绘本,孩子们上学、放学时,总爱来这待上一会儿,挑上一本书,走进绘本的世界。如果孩子们特别感兴趣,想带回家看,旁边的"读书漂流柜"可以满足孩子们的需求。西幼的孩子们每人都有一张借书卡,借上一本有意思的书,带回家和爸爸妈妈一起阅读,该是多么有意义的一件事啊!再在校园里走一走,明亮的教室带给孩子良好的生活、学习环境,教室里的环境布置年龄段分明,温馨大方。各种专用活动室设计巧妙,材料齐全,环境温馨,给孩子们提供了探索、创作、表现、阅读、建构的机会。西幼贴心的配备、优美的环境,我为你点赞!

西幼的各项活动都非常具有意义。首先是老师们的活动,有读书会、课例简修坊、说课比赛、"三八"活动、趣味运动会、旗袍秀等。在读书会中,我们交流、分享自己喜欢的书,分享读书心得,养成读书的好习惯。我们阅读《儿童的一百种语言》,体会瑞吉欧的教育理念,分享收获,并思考如何将这些理念融于实际带班工作。我们还有机会体验购书的乐趣,"钟书阁"购书,使老师们纷纷感慨这久违的书香味,"钟书阁"优美、独特的环境也给我们留下了深刻的印象。在开展"课例简修坊"的活动中,专家与我们一起交流读书心得,给了我们很多建议。除此之外,我们一起研讨了一节活动,从前测、后测、跟踪观察全方位剖析这节活动。专家针对这节活动为我们讲述了观察的方法、如何聚焦、重点观察的对象,解读了什么是课堂观察,引导教师在听课评课过程中将关注点聚焦在幼儿的表现。这几次活动,提高了教师们的专业素养和能力。在学校组织的说课比赛中,教师们从活动目标、活动重点、活动过程等方面,全面讲述、展现了一节节活动课,给老师们提供了一次相互学习、共同提高的机会。其次,是孩子们的活动,早教活动、六一义卖、六一欢乐趴、敬老演出等。六一的义卖活动是基于西幼"爱的融情教育"这一特色,培养孩子们乐于助人、乐于奉献的品质,孩子们走进社区,为西幼所在社区中一户人家送去温暖,培养西幼有"爱"的孩子。六一欢乐趴活动,让孩子们尽情享受自然,在阳光、草地、有趣的户外与家长一起欢度六一,给孩子们一个美好的节日记忆!还有西幼的各种节日活动,中秋节的作品展示活动、重阳节的敬老表演……西幼的活动丰富、有趣、富有意义,我为你点赞!

西幼有着活泼、热情、能干、有爱心的教师们。每天早晨,老师们在教室门口用甜美的微笑热情地迎接孩子们,带给孩子们一天的好心情。户外活动时,老师们精神抖擞带领孩子们做早操、玩游戏。玩游戏时,老师们仿佛成了孩子们中的一员,师生们的笑声充满整个校园。布置校园环境时,老师们是画家、创意者,总能够把环境布置得色彩丰富、饱满,并富有创意。开展各种活动时,老师们可以是钢琴家、指挥家、舞蹈家……能干的老师们总能把活动开展得生动、有趣。西幼的老师们,可爱、热情、能干,我为你点赞!

西幼还有一群可爱、烂漫的孩子,他们有着天马行空的想象、能干灵巧的小手、鲜明独特的个性、甜美可爱的笑容,他们是西幼最美好的、最灵动的,西幼有了他们才闪耀。西幼的孩子,我为你们点赞!

惠南西门幼儿园是孩子们成长的乐园,它环境优美,配备贴心,活动丰富、多样富有意义,老师可爱、能干,孩子聪明、烂漫,我爱西幼,我为你点赞!

例文:基于儿童视角的自尊行为养成的案例研究/倪佳琳

"基于儿童视角"理念作为教育中的新研究取向应运而生。它强调在教育研究中凸显儿童在研究中的主体性地位,采用能发挥儿童优势的研究方法,使儿童表达自己对世界的体验、认知和理解。自尊是个体在社会化过程中所获得的有关自我价值的积极评价与体验。研究表明,3—8岁儿童的自尊存在显著的年龄差异,4岁和7岁可能是儿童自尊发展的转折年龄。这说明在幼儿阶段,幼儿园教师对于幼儿的评价也会影响幼儿自尊的获得。

自尊行为的养成是一个长期的过程,其培养需贯穿教学活动和幼儿的日常生活之中。因此,我结合我园的区级课题"幼儿自尊行为养成的案例研究",预设了此次基于儿童视角的小班艺术活动"小羊肖恩和朋友们"。在研究和探讨如何设计与实施基于儿童视角的集体教学活动的同时,使小班幼儿的自尊行为在集体教学活动中得到培养。

一、活动选材突出核心

基于儿童视角的集体教学活动内容选择一定要建立在幼儿已有的知识和经验之上,考虑"已知""未知"和"能知",从而精选内容、突出核心,发挥集体教学的价值。

小羊肖恩是幼儿喜欢的动画角色之一,也是幼儿熟悉的一种动物。为了引导幼儿感知动物形象是可爱的、有明显差异的,我结合小班"动物花花衣"这一主题设计了"小羊肖恩和朋友们"这一艺术领域的美术活动。幼儿可以在观察小羊、绘画小羊的过程中感知动物形象的明显差异,尝试运用拓印、添画的方式表现小羊的不同姿势,激发幼儿参与活动的热情。同时,也给予幼儿一个与同伴分享自己笔下的小羊肖恩和朋友们的展示平台。

二、目标设定要有依据

基于儿童视角的集体教学活动目标定位要以学科标准、教材重难点以及幼儿发展水平作为制定的依据。

我将本次活动的目标预设为：尝试运用拓印、添画的方式表现小羊的不同姿势；喜欢小羊，愿意与同伴分享小羊的不同姿势。并与同伴进行分享。由此，幼儿可以在自由表现小羊不同姿势的绘画过程中获得自我认同感。

三、活动环节层层递进

基于儿童视角的集体教学活动环节架构的有效性是根本，同时也是为目标的达成而服务的。在本次活动中，我设计了四大环节：

第一个环节：兴趣导入。在这一环节中，我通过播放 PPT 引出此次活动的主角——小羊肖恩，同时引导幼儿对小羊肖恩的样子进行仔细地观察，为后续表现小羊的不同姿势做铺垫。

第二个环节：观察发现。在这一环节中，我同样采用了播放 PPT 的形式，向幼儿呈现了正在跳舞的小羊肖恩。幼儿在观察画面的同时能够感知跳舞时小羊的不同姿势，如脑袋可以伸得直直的，也可以调皮地斜着，甚至可以把小脑袋埋在胖胖的身体中间；小手可以挥一挥，小脚可以跳一跳，还能与朋友一起牵牵手、抱一抱等。通过观察、表达与模仿，幼儿对于跳舞的小羊肖恩就产生了进一步的认识。

第三个环节：一起跳舞。通过前面两个环节的铺垫，幼儿进入绘画的部分。在开始创作前，我带着幼儿利用纸团和棉签共同尝试表现小羊。在幼儿创作时，我巡回指导，鼓励幼儿运用纸团拓印出小羊的身体。同时观察幼儿作画，引导幼儿画出小羊的不同动作姿势，并提醒幼儿可以画出更多的小羊肖恩和它的朋友们。

第四个环节：参加舞会。在这一环节中，我将幼儿的作品布置在了事先准备好的展板上，以便大家欣赏。同时提问幼儿"有这么多小羊在参加舞会，谁来说说你的小羊在舞会上是怎么跳舞的？"以此来鼓励幼儿大胆分享自己画笔下小羊肖恩跳舞时的不同姿势，从而获得自我胜任感。

四、师幼互动精心预设

基于儿童视角的集体教学活动提问设计能够帮助幼儿更好地理解教学内容，也能挑战、刺激幼儿的经验和智慧，更能帮助幼儿梳理、归纳以及分享更多的知识与经验。

围绕"小羊肖恩准备和它的朋友们一同参加舞会"这一话题，幼儿细心观察、乐于模仿。我从小羊肖恩的身体部位如脑袋、小手、小脚以及动作等方面入手，启发幼儿围绕跳舞的不同姿势进行表达与表现。

师："哪只小羊吸引了你呀？你还喜欢哪只跳舞的小羊呢？你能学一学吗？小羊是怎么和朋友一起跳舞的呢？"

幼1："我喜欢这只歪着脑袋的小羊，好像在摇头。"

幼2："我看到小羊踮着脚尖在转圈。"

幼3："这些小羊手拉手，就像好朋友一样！"

……

围绕"小羊肖恩和它的朋友们正在参加舞会"这一话题，幼儿与同伴分享着自己的作品，并大胆进行表述，获得了自我认同感与胜任感。

师："有这么多小羊在参加舞会，谁来说说你的小羊在舞会上是怎么跳舞的？"

幼1："我的小羊手叉着腰，在转圈。"

幼2："我的小羊会和好朋友一起点点头。"

幼3："我的小羊跳舞很厉害，能跳起来。"

……

在活动中，幼儿能够积极地与老师进行互动。对于老师提出的问题，他们能够积极思考，主动回答。这也是幼儿自尊行为的一种表现。

五、目标达成度落实体现

基于儿童视角的集体教学活动目标定位应在活动开展中落实和完成，以实现目标、内容、形式的一致性，体现目标的达成度。

此次活动是从幼儿熟悉的动画角色小羊肖恩出发，符合幼儿的生活经验。艺术领域重感受与欣赏、表现与创造，因此我将活动目标侧重于情感态度方面，引导幼儿在表达与表现中获得自我胜任感。

整个活动都能围绕着目标而有序进行，由兴趣导入——观察发现——一起跳舞——参加舞会，环节层层递进。幼儿在活动中借助纸团和棉签等材料，尝试运用拓印、添画的方式表现了小羊的不同姿势。他们喜欢小羊，也愿意与同伴分享小羊和同伴跳舞时的不同姿势。

综上所述，集体教学活动是幼儿自尊行为养成的一种重要载体。教师应站在儿童的视角，关注活动选材、目标设定、活动环节、师幼互动以及目标达成度等各个方面，综合考虑培养幼儿自尊行为的有效途径，使幼儿在集体教学活动中收获有意义的成长经验和经历，逐步养成自尊行为。

从最开始为微信读书群的群名进行自荐、他荐,到每个人对最终群名"墨香采微"采文读书坊名字的深度感悟解读,再有为了迎接世界读书日邀请名家和我们一起线上钉钉会议进行书籍推荐、为了响应世界微笑日分享让自己微笑、愉悦、欢畅的语言文字并进行读写互惠、共赏共建,还有以"我(们)的教育创新(创意)"为主题的征文活动。这一桩桩一件件的活动,无不体现了蔡老师对读书坊活动的用心。

六

阅读悦美,"西柚味儿"读书坊活动,以独有的情怀和文化底蕴,让文字和心灵有了一场美丽的相遇。

面馆铺里的书香人

2020年7月的酷暑季,墨香采微阅读行动又一次开始。在此次活动中,采文老师告诉我们今天我们将去一个特别的地方,名叫"八面玲珑"。我们都知道八面玲珑是一个成语,出自《赋得彭祖楼送杨宗德归徐州幕》,"四户八窗明,玲珑逼上清"。它的本意是指窗户明亮轩敞,后用来形容人处世圆滑,待人接物面面俱到。能叫这么一个名字的地方,是个什么神仙的咖啡店还是茶馆呢?带着小小疑惑,我们出发了。

直到与大家会合,我们才发现,我们进入的是一家小小门面的面馆。创意主题阅读选择这个地方的用意何在呢?

伴随着活动的推进,我最初的疑惑也随之解开。来到面馆,最先打动我的是一份小小的、接地气的"葱油拌面"。俗话说"民以食为天",体贴的采文老师早已为大家安排好午餐。绿色的小瓷碗里盛着一碗浓油赤酱的面,上面还点缀着几根炸过的小葱,吃进嘴里,果然不同凡响。吃完面,老板又适时地为大家送上香浓的奶茶,吃完面后喝一口,唇齿留香。此时,我可再也不敢小看这家店了,能把简单、常见的面条做成这么好吃,老板的手艺绝对厉害。由于大家的一致好评,采文老师马上邀请面馆的老板,与大家一起"聊一聊"。老板是个特别潮的大叔,穿着黑T,围着彩色印花的围脖,一身干练的样子。听到我们在讲logo创意,他也兴奋地介绍起"八面玲珑"这个店面的设计创意,从装潢、定价、口味、环境一直谈到他的品牌设计经历,我们一群人都被他吸引了。如此用心的一个老板,让我们不禁重新打量起了这家面馆,再也不敢小觑它。老板的分享,让我们本来略显严肃的交流活动充分活跃了起来。大家一边品尝着面点,一边畅所欲言。直到后来,我明白了这个看似不经意的"美食阅读"小环节,带给我们的大阅读生活之理念。

曾几何时有人把读书比作阳春白雪,把吃喝比作下里巴人。我们是一群渴望读书的人,不仅仅会读书,我们还会积极行动、认真生活。我们接触、体验、感悟着,我们成长着,也更欢乐地生活着。

七

我有一个梦想,借我们彼此的微光,照亮我们彼此的学校。

一个人读书&一群人读书

读书坊成立的最初目的,就是为了让我们在一起更好地读书。但现在又不仅仅是读书,我们在一起分享故事、分享美食、分享生活。相似的年龄、相似的生活环境,但是每个人都有她独特的故事和创意,每一次活动都有新的火花和碰撞。采文读书坊,像一束光,照亮了我的心。我不仅是在读书坊中品鉴到了老师们推荐的好书,更是与一群志同道合的朋友一起,在她们的身上,我看到了不同的闪光点,许是热情、许是坚持、许是智慧。"市井繁华噪声长,惊扰莘莘读书郎。欲求静土习诗文,学富五车美名扬。"如此这般,参与、交流、有所得。

一个人读书是幸福的,一群人读书是精彩的。

今天我们5+1成员单位的教师们,在主持人的带领下,一起陪伴、一起分享、一起聊天,我们是一群会阅读、会思考、会行动、会生活的书香人。

两年多的时间匆匆而过,西柚味儿读书坊就像一个港湾停留在那里,等待着我静静地靠岸。高尔基说过:"我扑在书籍上,就像饥饿的人扑在面包上。"书籍是知识的源头,是人类的精神食粮。书籍,是瞭望世界的窗口,改造灵魂的工具,打开知识宝库的钥匙。读书,能使人愉快,使人聪明,鼓舞人的思想感情。在读书坊的这两年时间里,我一开始是为了完成任务一样地去阅读,慢慢地却感受到了书籍的魅力所在。我羡慕于爱阅读者的"腹有诗书气自华",感叹书籍竟然是真正的不老仙丹,我也折服于同伴们的侃侃而谈,希望在未来的时间里有所沉淀。书是有价的,但又是无价的。世上的书那么多,价钱从几元到几千元,各不相同,可它们内存的知识是无价的。

曾经阅读对于我来说是生活中偶尔的调剂,但是从老师们的身上我明白了阅读是人生最重要的活动之一,它和我们的生命始终相伴,不管是愿意或者不愿意,我们都离不开阅读。采文老师说过要我们多读经典之作。我想经典之所以为经典,正因为其中的智慧思想是经过实践检验了的,是最值得后人学习与吸取的。知识会随着时间而不断更新,但思想、智慧,越经过时间的沉淀,越有学习的价值。经典要精读,这样才能吃透;但不必苦求强记,今日看几篇、明日看几篇,时间长了自然有益。读书要边读边写,把读书时的所感所想,或对书中的困惑,随手记下来。当你的个人学识修养,包括对社会的认识、人性的感悟积累到一定程度以后,你的气质自然和别人不一样。阅读可以为自己创造另一个不一样的世界。一个人有自己的事业不够,还要有自己的家庭、自己的爱好,如阅读、音乐、体育、收藏等,在你工作不顺心的时候,从阅读中得到温馨、得到慰藉、得到欣赏、陶醉和补偿。当你感到倦怠、不思进取时,读书会令你奋起;当你忘乎所以、傲慢自得时,读书会提醒你谦逊冷静;当你遭遇坎坷、举步维艰时,读书会指点你:"过了今天就是明天";当你面对诱惑时,读书会告诉你,无欲则刚,只有一身正气,方能固守清白!

西柚味儿读书坊带我们走过的那些地方——钟书阁、海沈村、大众书局等,都将是最美好的回忆,我们将坚持阅读,成为一个真正的读书人!

一个人可以走得很快,但一群人可以走得更远。

我们走在教育的漫长之路上,深深地明白,唯有用一颗爱阅读的心,静静地感受,不急不躁,不追不赶,站在离儿童最近的地方,做最熟悉的陪伴者,不惧风雨,不负韶华。青春,就是让每一个日子都熠熠发光!

尾　声

采文读书坊,一个有温度的学习社,
感谢每一次突如其来的惊喜,
感谢采文老师,
让我们实现自我认知的觉醒,

带给我们下一次崛起的力量。
透过阅读,
我们看到的是生命成长的鲜活场景,
我想,这就是教育要达到的目标。
于是,今天,明天,将来,
我们将继续,悦行,悦精彩。

溪君荟·跨界·破界

盛夏午后的烈日轻而易举劝退意欲出行的脚步,购书行动却总能吹响集结号。喜爱阅读的人大抵是难逃爱选书、藏书的习惯吧。近两小时的闲庭信步、精挑细选,感慨书店不大却依然不舍离开。无论书店还是图书馆,氤氲的书香气总让人沉醉。

在伙伴们的催促下,我只得在几分钟内速战速决,匆匆选定几本心头好结账,因为好戏在后头——赶赴一家精致的面馆交流分享——"墨香采微"小组活动总是有"彩蛋"的。如果说每次活动都会在自己心中留下一个主题词,那这一次,想是:跨界。

浦东与浦西,熠熠生辉

从浦东的书店驱车20公里到浦西的面馆,虽不解何必大费周章辗转两地,沿途确饱览风景。同行的小伙伴打趣道:"我们是在身体力行'读万卷书,行万里路'啊。"城市的快与慢、广阔与拔尖、热闹与静谧、历史感与新生力,都在眼前一一铺展成长长的画卷。曾经"宁要浦西一张床,不要浦东一间房"的观念早已成为过去,浦东浦西已然紧密相连。每一次注视壮阔的黄浦江,总有一种难以名状的感动。如巨龙般盘踞在黄浦江之上的大桥,不仅解决越江之难,更缩短了浦西人与浦东人心与心的距离。不必"翻山越岭""长途跋涉",轻踩油门,便已然位移。选择低碳出行的小伙伴,坐上如猎豹般穿梭的地铁,没有了寻找车位的烦扰,反而"捷足先登"了。

尽管跨越了地界,但感受到的魔都的温度与心跳是别无二致的。同样是高楼林立,同样是商业繁华,同样是一幢幢写字楼的快节奏,同样有一间间老上海的独特味道。海纳百川,有容乃大。浦东浦西,有"融"乃大。因为有差异,有碰撞,有磨合,有交融,有共生,这座城市才熠熠生辉。

而城市中的每一个个体,何曾不是目睹过差距、经历过差异,然后跨越千山万水走向新生呢?

习近平主席说:"'装点此关山,今朝更好看。'上海是一座光荣的城市,是一个不断见证奇迹的地方。我们完全有理由相信,在新时代中国发展的壮阔征程上,上海一定能展现出建设社会主义现代化国家的新气象！"

在黄浦江哺育下的我们，感受着荣光，奔赴在创造奇迹的路上。

美食与悦读，相映成趣

在面馆落座后，逐渐体会到了采文老师选择这样一个让人意外的地方的用心。坐落在河边，隐藏在桥下，小到几乎要被错过的门面，里面却是别有洞天。大到软装，小到摆件，无不透露着老板对于"人文情怀"的追求。一行人无不感到惊喜，有说小资，有称格调，有赞讲究。

葱油拌面甜咸适中，香气扑鼻；本帮酱鸭浓油赤酱，齿颊生香。餐桌收拾妥帖，再捧上一杯香茗，一解舌尖残留的丝丝油腻，茶叶的清香在谈笑间弥漫。阅读往往与咖啡、与清茶做伴，却是头一次专程在一家如此充满"烟火气"的地方聊"阅读"。如此新奇的体验竟让人觉得很不错。

美食与美文的跨界，古已有之。或许是因为，一个人的审美品位是内在基础，然后才有能力品美食、品美文。东坡先生不就是这样一个受人喜爱的文学家、美食家？读"长江绕郭知鱼美，好竹连山觉笋香"，好似品尝到鲜美的江鱼与香脆的竹笋；读"日啖荔枝三百颗，不辞长做岭南人"，实现"荔枝自由"的渴望于我心有戚戚焉；读"香雾噀人惊半破，清泉流齿怯初尝"，甘甜清新的橘汁从鼻尖漾至心田。

翻开汪曾祺先生的作品，其笔下的食物，更是让人垂涎三尺，食指大动。"冬天，生一个铜火盆，丢几个栗子在通红的炭火里，一会儿，砰的一声，蹦出一个裂了壳的熟栗子，抓起来，在手里来回倒，连连吹气使冷，剥壳入口，香甜无比，是雪天的乐事。不过烤栗子要小心，弄不好会炸伤眼睛。烤栗子外国也有，西方有'火中取栗'的寓言，这栗子大概是烤的。"纵是在火辣的七月，这样的文字也能让人立刻卸下浮躁，回想起寒冬时沐浴暖阳般的舒适。

美好的食物与美好的文字，都让人心生喜悦。这一趟美食与悦读的"跨界"，是餐桌上的饕餮，也是思想上的盛宴。

传统与潮流，如影随形

面馆老板是典型的上海"老克勒"，他将面馆的经营管理、陈列细节、菜品设计一一娓娓道来。素来安于三尺讲台的我们再一次被个中暗藏的玄机惊叹折服。

它可以"静如处子",白天,这是一家精致玲珑的面馆。它也可以"动如脱兔",夜晚,这是一间放松欢聚的小 bar。它供应充满老上海味道的面点,也供应年轻人珍爱的啤酒烧烤。这里可以消解一个人吃饭的孤单,也可以承接一群人的狂欢。

情不自禁地赞叹老板"真会做生意呀",竟如此巧妙地将看似相矛盾的"传统"与"时髦"糅合到一起,更佩服的是这样的"跨界"体现出的智慧与勇气。

而我们的阅读体验,何尝不正在经历"传统"与"潮流"的"跨界"合作呢?

点一盏明灯,捧一册书卷,或正襟危坐,或随意倚靠,尽情投入文字的世界,这是阅读者常常习惯的生活姿态。

手指在明亮的屏幕轻点速滑,以一目十行的效率迅速浏览,这也是阅读者的生活姿态。

在数字信息化的今天,传统的纸质阅读早已不再是唯一的阅读方式,我们开始依赖手机、平板、电子书。无论是否愿意承认,阅读媒介的变化影响了每个人。

我们应当有接受潮流的勇气与坚守传统的毅力。纸质书有翻阅的质感,这样的实感无可取替;电子书的便捷与环保也着实令人心动。阅读本来就是十分个性化的事,发生在不同的时间、不同的地点、不同的人身上,都可以有不同的形式,何必非黑即白、水火不容。

无论阅读的载体如何变化,热爱阅读的初心不变,那么享受阅读的过程总不乏精彩。

台上与台下,殊途同归

再一次与浦东融媒体中心主持人蔡燕老师面对面交流是又一乐事。

在此前几次活动中,她细致地指导我们演讲技巧、吐字发声,真诚地鼓励我们勇敢迈步、展现自己。自信、专业、谦和的她给我们留下极好的印象。从繁忙工作中风尘仆仆赶来的她从容落座,侃侃而谈。从读过的书到看过的风景,与我们一一分享。

我们生活在不同的领域,也生活在同一个世界。当她在电视台前幕后绽放异彩,我们也在讲台后书桌前点亮微光。当我们跨越行业,在阅读的世界相逢,遇见彼此有趣的灵魂,也会由衷感慨:原来你也在这里。

常有人说,爱笑的女孩运气不会太差。我说,爱阅读的人运气不会太差。你会在阅读中感知过去、当下、未来，也可以在阅读中体验不同的人生，还可以通过阅读找到自己。阅读是彷徨时的指南针，是迷惘时的强心剂，是低落时的开心果，是失意时的好伙伴。何况，当爱阅读的人走到一起，快乐元素、喜悦因子、暖心力量都是成倍增长的。

我们走在各自的人生轨迹，来自不同的环境、年纪，拥有不同的性格、经历，但是每一次的读书活动，在种种"跨界"碰撞后，我们总能在对话中获得共鸣。

蔡燕老师说，阅读不必是刻意的形式。阅读是十分私人的，很多时候我们借阅读跟自己对话。诚然如是。一千个读者眼中有一千个哈姆雷特。我们每个人的阅读体悟不尽相同，但可以确定的是，我们都离不开阅读。

我们都是那么渺小，小到太需要从书中汲取力量；我们都是那么强大，大到只需要一些文字就能拥有力量。

在这次读书活动中，我们冲破空间限制——在浦东浦西穿梭，突破活动内容——将阅读与美食结合，攻破思维定式——传统与潮流并不矛盾，打破行业壁障——"舞台"不同但志趣可以相投。在"跨界"中，我们感知差异，在"破界"中，我们寻求融合；在"跨界"中，我们发现美好，在"破界"中，我们积蓄力量；在"跨界"中，我们温情脉脉，在"破界"中，我们激情满满。在"跨界"与"破界"中涤荡灵魂。

我们从不同的起点出发，用力朝各自的目标不断奔跑，有幸在一次次阅读活动中同行，相较漫漫人生路或许微不足道，但每一次的点滴收获，在心湖激起的小小涟漪，都会化作养分，在此后的人生中有所裨益。读过的每一本经典好书，谈过的每一场精彩对话，终将成为我们人生的一席席"流动的盛宴"。

读书人的仪式感

阅读是随性而为的生活方式，不必拘泥于"形式感"。清晨的阳光悄悄透过窗户跃上你手中的诗集，一缕暖风轻轻吹起你额头的发丝，你的目光明亮、专注，在书页不急不缓地游走移动——阅读可以给你披上晨曦；迅疾的狂风在车厢外用力嘶吼，你在车厢内拣定一个座位，继续追昨天未读完的小说——阅读可以给你戴上耳机。

阅读是随时随地生发的乐趣，似乎也不必拘泥于"仪式感"——如果这种仪式感是对读书这件事时间、地点、姿态的规定的话。

可是,当阅读伴随另一种仪式感,满足自诩读书人的我们一点小小的文艺,会是一件很幸福的事。

"书单"就是伴随"读书人"的幸福的仪式感。

每年伊始,制定年度书单仿佛是播撒一颗颗种子,播撒希望,描摹自己希望长成的样子。每个人的书单中都藏着自己在这一年想要收获的美好品质。从勇敢坚毅到责任担当,从温柔细腻到拼搏敢闯,从惜时勤俭到豁达开朗……

挑选书目,列成书单,可以视作一个庄严而神圣的过程。翻开自己的记事本,那里有自己在一次次倾听中偷偷记下的书名;打开阅读软件、公众号,那里有一张张令人垂涎的精选书单。

回想过去一年的工作、生活,脑海里逐渐浮现一些亟须补充的"营养"书籍;展望全力以赴的激情未来,需要一些提供满满能量的随身伙伴。一股脑儿将书名全部写上,审视长长的书单,喜滋滋地想象尽收囊中的满足。然后是不得不面对的纠结、割爱的过程。与其列一张只有书目堆砌只重"量"而忽视实际阅读能力的书单,倒不如面对真实的自己,完成真实的阅读。事实上,这样一个筛选的过程,可以聆听更真实的内心,面对更真实的内心,让自己更了解自己。这是跟自己的对话——跟自己的阅历对话,跟自己的执行力对话,跟自己的追求对话。一次次举棋不定后的选择,一轮轮大浪淘沙般的甄选,看到那些被留下的,会恍悟:哦,原来这是我想要的。就好像完成了一份心理测试,答案却不需要心理学家解读。你会看到自己在这段时间,对哪个领域更感兴趣,对哪些人物更加膜拜,对哪种生活更为向往。

读万卷书,行万里路,都是决定我们眼界的人生乐事。眼界决定着我们的境界,境界作用于人生的格局,格局影响着我们的人生。

如果说拟定书单是专属一个人的快乐,那么,分享、交流书单称得上是一群人的狂欢了。

在文学天空翱翔的鸟儿,飞到了别人的哲学世界栖息;在历史的海洋徜徉的鱼儿,游进了他人的科学殿堂张望。在与他人的交流中,总是禁不住发出感慨"吾生也有涯,而知也无涯"。

书单分享又与好书推荐不同。"个人书单"似乎总带着一些公开的私密感;读他人的书单,有时竟带着些小心翼翼,就好像是他人将自己的心事分享与你,你需郑重收放,用心领会,妥帖珍藏。

分享书单,既是打开自己的视野,又是重新认识对方。

聚焦共同的领域,总能互相吸引。"育儿"总是老师们首选话题之一。我们活在不同轨迹,又走着那么类似的人生路径:我们担任的工作职责是教育孩子,我们承担的家庭角色也是教育孩子。我们不断在他人的书单中寻找更多有关教育孩子的书目,期望能学得更全面。无论是学校读书社团的书单共享,还是"5+1"读书坊的书单共享,果然总能有这一领域的全新收获。"育儿"的阅读与学习之路是漫长无止境的,我们作为父母、老师双重角色,也肩负着双倍乃至更多的学习任务,即便如此,我们也无法成为完美的父母、老师,但那一本本好书正是我们走过千山万水努力达到崭新高度的足迹。

也许你会通过一个人的谈吐判断一个人,但在他的书单中,又会有全新的认识。每个人对好书的定义与标准是不同的,想要得到的也不同。人们常说闻香可以识人,阅读书单则更能产生惊喜。曾经惊讶于素来雷厉风行、理性严谨的她的书单中,一半是风花雪月、花前月下的浪漫;看起来文质彬彬、温文尔雅的他的书单中,天马行空的科幻小说占了半壁江山。阅读书单,也是在阅读一个人。在一份份与已有认知形成"反差"的书单中,心与心走近了。书单似乎展示了隐藏在外表、个性、社交之外的"我",卸下防备、趋于真实的立体的"我"。

如果还要让这份幸福的"仪式感"更添一份隆重,非亲手书写下这份书单莫属。在精致的手账的某一页,用娟秀的小楷抄录自己一年的书单,自然是令人心生喜悦的。若是在一张氤氲着墨香的信笺细细誊录真好,哪怕是最简单干净的白纸黑字也很棒。亲手写下自己想要阅读的书籍,是对自己的一份期许,是对自己的一份约束,是对自己的一种承诺。

当青草钻出脑袋,与微风细语,当蒲公英轻轻掉落在松软的土地,当窗外又响起窸窸窣窣的春雨,拣一个温柔的春日,拟一份书单,作为给自己的第一份新年礼。

从"群聊"到"墨香采微"

读书是一件有趣的事。

一群人读书让趣味不断翻倍。

一群有着有趣灵魂的悦读者进行创意阅读活动,更是让乐趣指数级增长。

在主题为"共享阅读人生　献礼伟大祖国"——庆祝新中国成立70周年悦行|采文读书坊活动中,来自5家读书坊的青年教师们从各个校园聚到一起,有的主持,有的演讲,展示属于自己的风采。

为活动临时组建的微信群成为我们的"根据地"。起初仅仅是为了主持稿、演讲稿交流汇总，活动前在线连麦彩排，透过文字和语音，见字如面、闻声识人，渐渐从陌生到熟悉。于是，十多人的小群有了越来越多的"功能"，从日常问候关怀到好书推荐互惠，生活不觉多了一个"抱团"读书的方式。

杨柳依依芳草青，春天恰是读书时。在一个温暖的日子，创意十足的采文老师提议，不妨给我们的微信群起一个群名。这项创意小任务无疑受到了"群聊"成员的一致欢迎。

几乎是不假思索地，在看到小任务的那一刻，脑海里情不自禁蹦出"采微"二字。放下手机，信手翻阅家中的书籍，试图从书中寻找灵感，寻觅一个更好的答案，掩卷沉思，却更坚定了对"采微"一词的喜爱。

这份喜爱与坚持是为什么呢？

首先，"采微"与《诗经·小雅·采薇》谐音。对于《诗经》，内心始终存有一份敬畏。物质生活越来越丰富的日子里，我们的微信群里一定少不了购物群、吃喝群、闲聊群。那通过拟定这样一个诗意的群名，对我们的意义是，告诉自己，我们还抱有对文化的追求，还有对诗和远方的追求。其次，也不自觉想起"相顾无相识，长歌怀采薇"这样的诗句。诗人在孤独无依的时候，依靠常吟《采薇》来寄托心意。在这样充满阅读氛围的"读书群"，充分的交流，也能使我们在这里找到心灵的栖息地吧。第三，是欣赏"弱水三千，只取一瓢"的从容与知足。诚然，我们很可能无法因为一个群而实现蜕变，但我们每天都能在这里采集些微收获，些微启迪，些微成长，便也是一件微小却幸福的事了。

从没想过自己会为了起一个群名而陷入思考，却发现这样的"小题大做"是一件十分有趣的事。仿佛将当下与过去、思考与积累联结、贯通，任思维穿梭其中，当终于"自圆其说"的时候，如同任督二脉被打通，似乎自己的思维层级上升了。

在自荐交流中，听着一个个颇具匠心的群名，"醍醐灌顶"有时，"心有戚戚"有时。有提议拟定群名为"悦读者"，收获一片附和。我们在生活中扮演着多重角色，"悦读者"这个称呼提醒着我们都拥有热爱阅读的初心。我们常常将读书比作是自己的精神避难所，悦读，既是享受阅读，更是悦纳一个读书时的自己。这个群名不仅一目了然，而且看见这个词就能让人心生喜悦。也有提议将群名取作"兰香屋"。古人喜欢以花香喻书香，"茶亦醉人何须酒，书自香我何须花。酒不醉人人自醉，花不迷人人自迷。"关于兰香，孔子曰："与善人处，如入芝兰之室，久而不闻其香。"苏东坡曰："谷深不见兰生处,追逐微风偶得之。"室雅兰香,惠风和畅,听闻如此这番荐言,心生共鸣。还有提议为"书影生香"。读书多了,容颜自然会改变,也许我们会渐渐淡忘书中的内容,但是那一本本书却又潜藏在气质、谈吐、胸襟之中。当书籍与我们如影随形,便将自然而然散发迷人书香。

聆听着群组内凝聚着智慧的"语音方阵",如同与一位位老友面对面对话,听到的岂止是群名,更像是走近一个个有趣灵魂,走入她们耕耘的知识花园。

"采微"一名得到认可时,是志得意满,是自惭形秽,是受宠若惊。采文老师建议可以在"采微"前加上"墨香"二字。轻轻默念"墨——香——采——微",是一拍即合的妥帖,是恰如其分的适宜。原先的百感交集逐渐被一种踏实感代替。"墨香"既氤氲出书卷香气,又将"读"与"写"紧密联系,还象征着群里住着喜爱阅读、散发书香之人。

当"墨香"与"采微"组合,又将多重内涵叠加、深化,反复细品都是意味深长。

确定了群名,看着屏幕上方由"群聊"显示为"墨香采微·采文读书坊",似乎"找到组织"一般,内心顿生归属感。

"墨香采微·采文读书坊"引发我们对该群组活动的无限遐想,无限期盼。这种期盼是具体而迫切的,也许是读书,也许是写字,也许是掩卷深思,也许是交流碰撞。同时,这种遐想又将绵延弥漫到我们生活的角角落落,细节之处,因为被墨香滋养的人必将在处事时更宁静淡泊,在举手投足间更有气质吧。

遇见书中微笑的力量

采文读书坊的主持人采文老师,总有"魔法"让阅读、交流变得有意思。"遇见书中微笑的力量"主题阅读,正是格外令人心生欢喜的读书活动之一。

"找寻阅读的书中让你微笑、愉悦、欢畅的语言文字,表达感悟……"

喜欢这样的主题阅读活动,没有烦琐的要求与刻板的束缚,给自己足够的自由度却又有目标、有思考。

思绪翻飞,回到午后街角的咖啡店,回到泰戈尔诗集的某一页。

我们在热爱世界时便生活在这世界上。我们必须承认,有些语言真是可以穿越时空、跨越国界,直抵人心。

诚然如诗句所说,我们应该用心投入过好每一天,对这个世界充满向往、充满好奇、充满热爱,我们的生命才是有意义的。尤其是这近半年来,当我们拥有特殊的超长假期时,我们是否过着每天都重复的日子,是否庸庸碌碌,敷衍对待一个个平凡的日子?哲学家说:糊涂人的一生枯燥无味,躁动不安,却将全部希望寄托于来世。

　　我想,聪明的我们,自然应该不放过每一天,用心感受生活,热爱生活,热爱纷纷扰扰的世界,热爱熙熙攘攘的人间。尽管无法喂马劈柴周游世界,也可以从明天起,或是精心挑选一束小花,或是全情投入听一张唱片,认认真真对待一日三餐,郑重地把热爱生活当成是最重要的事,做一个幸福的人。

　　于是,又联想到汪国真的《热爱生命》。

我不去想是否能够成功
既然选择了远方
便只顾风雨兼程
我不去想能否赢得爱情
既然钟情于玫瑰
就勇敢地吐露真诚
我不去想身后会不会袭来寒风冷雨
既然目标是地平线
留给世界的只能是背影
我不去想未来是平坦还是泥泞
只要热爱生命
一切,都在意料之中

在"心灵鸡汤"日渐被用滥了的今天,这些诗句却依然能真真切切触动我们内心,每读一遍都不禁嘴角上扬。对生命的珍视与热爱,从来都是有血有肉充满温情的话题啊,自然能引起每一个赤子的共鸣。

　　每一个不曾起舞的日子,都是对生命的辜负。深以为然。
　　书中微笑的力量,是引起对生命的思考与珍重,重于泰山。
　　书中微笑的力量,也可以是感同身受的坦然与释怀,轻于鸿毛。
　　《随心随意去生活》中蔡澜先生记录过他一件趣事:记性不佳也有好处,我家天台一直漏水,装修过无数次,毛病依然发生,最后一次是一位亲友介绍的一个所谓专家,说绝对没问题,钱付了几十万元,他老兄的工程原来是最烂,漏水把我心爱的字画都浸坏,气得要杀死他。隔了几天,在停车场遇见,忘记了他是谁,还向他问好。

读完这段话,谁不曾想起自己的房间的漏水经历呢?每当酣然入梦时,耳边响起有规律的"嘀——嗒——嘀——嗒——",能冷静醒来已是幸运,吓出冷汗也是人之常情。如果垫一条毛巾可以暂时解决问题,便可以重新与周公相会;如果出动锅碗瓢盆,不妨享受一晚的"泉水叮咚"。生活中有太多烦恼的事情了,如果一件件都记在心里,那每一天都是很郁闷的。记性好的人有他们的优势,工作上一定更成功;但记性不好也不全是坏事,活得轻松、快乐。蔡澜先生忘记了把他气得不行的"专家",毕竟字画已经浸水了,是不可挽回的;如果每天他都沉浸在自己的怒火中,埋怨这埋怨那,他的字画就能回来么?当然不能!忘记也是对自己的一种释怀方式,人都是要向前看的。

遇见书中微笑的力量,还可以是一场心灵的修行。

分享各自从书中遇见的微笑力量时,有小伙伴重新回顾大学毕业刚刚踏上教师岗位时治愈内心的书籍。她说:"面临工作中不断出现的挑战,感到自我怀疑,曾迷茫过、焦虑过。除了不断努力和学习,这本书像一个默默为我加油鼓励的朋友,像一位指导我帮助我的导师。"

"遇见书中的微笑力量",这样的主题阅读的用意,不正如此吗?在亲身践行、交流分享后,似乎更加明白了这样的阅读行动的意义所在。说"遇见",其实不止于"遇见",更是吸收、内化,从而在阅读后成长、提升。

不断阅读,不断发现,不断遇见,书中微笑的力量让我们在心灵成长的路上拥有全新的进步,开始真正地关心自己,并且学会如何真正地关心自己。微笑着过好每一天,微笑着面对生活,面对身边的每一个人,微笑着面对成功也微笑着面对逆境!

遇见书中微笑的力量,是遇见让自己内心平和、愉悦的力量;遇见书中微笑的力量,是遇见让自己变得勇敢、坚强的力量;遇见书中微笑的力量,是遇见不曾开发的自己的力量;遇见书中微笑的力量,是遇见陪伴自己向前奔跑的力量……

心理学家说:心理暗示会影响人的情绪和意志,继而对人的机体产生作用。"遇见书中微笑的力量",积极的心理暗示能使人进入一种乐观状态,这种状态可以带来认知、情感以及行为的转变,不断发现自己的价值。

耕耘青春,静待花开

"教育是陶冶人之心灵的职业,它应当有比一般职业更多的快乐。"这是吴非先生在《致青年教师》自序中的话。我想青年教师,或许又有更多的快乐,那便是奋斗的过程。奋斗是青春的真谛。作为一名青年教师,无悔地付出、全情地投入、不懈地努力,一定会使这段宝贵时光成为人生财富。

以读促写 以写促读 读写结合 读书
居家防疫齐阅读 切磋交流共成长
——溪君荟·采文读书坊三月读书交流活动
上海市澧溪中学教工团支部
2020年3月27日

溪君荟·采文读书坊践行"以读书促进青年教师专业化成长,让读书成为一种习惯"的理念。正值世界读书日,读书坊发起共读共享阅读交流活动,组织青年教师重点共读共享了于漪老师的《点亮生命的灯火》和吴非先生的《致青年教师》两本著作。

优秀的教师应当是一盏不灭的灯,而那"开关"就在他自己的手里。他的"亮度"在于他个人的修炼;如果他有"电源",或是不断充电,他就能一直发光,一直照耀着学生面前的道路;教师的育德修业应当一直到教育生命的终止。

这段话诚挚、恳切、发人深省。

回顾踏上教师岗位的这最初几年,最煎熬的必然是连续准备公开课的日子,而无疑也是这些经历最催人成长,也许这才是痛并快乐着的含义吧。每一次开课都是自己成师之路上的一个印迹,每一次公开课之后都是一次涅槃重生。

如果说见习那一年的一次次公开课,使我们迅速完成角色的转变,尽可能迅速地褪去生涩、消除胆怯,让我们从理论走向实践;那么过去这一学期的几次公开课,不仅帮助我明白初三教学的设计,更教我学习在忙碌中规划时间、在压力下坦然承担。

我们常常对学生说:不逼自己一把,怎么知道自己能行?而公开课何尝不是如此？公开课不是短短的四十分钟,从课前的设计、磨课到课后的反思、总结,是一步一个脚印的成长经历。听课、指导、评课,再听课、再评课,看似反复、重复,实则是一次又一次的修炼,是在建议与肯定中不停摔打、摸索、前进的过程。

一个有学习意识的教师,到处都能看到值得学习的东西。生活中到处都有值得我们学习的东西,就看你持一种什么态度,就看我们有没有发现的智慧。在共读一本书活动中,青年教师们愈发意识到要珍惜每一次学习的机会。

吴非先生还在书中启发我们,做个有胸襟的教师。教学相长,与不同的学生打交道的过程,也是我们一次次成长的过程。也许我们确实是无怨无悔地、竭尽全力地以教好学生为己任,但我们都不完美,而我们的一言一行却实实在在地在潜移默化间影响着学生。我们的每一个学生,都是我们的一面镜子。透过镜子,我们看到自己的不足。

记得在学期末的一堂复习课上,当我刚站到讲台前,想到还未分析完的一份份几乎堆积如山的练习,深吸一口气,准备紧锣密鼓、争分夺秒、一鼓作气评讲时,一位学生站起身大声地说:老师,我没带这份练习纸!被打乱的节奏顿时化作升腾的怒火,我厉声呵斥:"你认为这是自豪的事吗?是值得大声炫耀的吗?"紧接着,不容分说,少不了的是持续10分钟以上的、面向全班的"思想教育"。课后,那名学生找到我,带着些委屈,"老师,我并不认为我没带作业是光荣,我只是因为你之前表扬我发言响亮,所以比较大声……"那一刻,我是羞愧的。我看到了自己的武断,看到了自己的急躁,看到了自诩长于耐心的自己还做得不够好。

以学生为鉴,从学生身上,我们及时看到自己的影子,了解自己的长短得失,然后去成为更好的自己,做更好的老师。

开展共读活动后,常有共鸣,常有碰撞。有的老师结合《致青年教师》一书的阅读感悟,诉说着这两年的教师生涯和读书体会:作为教师,身教最可贵,知行不可分。好的老师会懂得正确地爱学生。学生长大后也能懂得更爱己爱人、爱这个不完美的世界。感谢吴非老师的絮叨,不仅安抚了我的不安和焦虑,也让我更有信心面对可爱的孩子们。有的老师则感慨:教育不能只"育分",更要教学生学会做人,要教在今天,想在明天。向于漪老师学习走进学生的内心,点亮一盏明灯。教师的工作应该是"双重奏",不仅自己的人生要奏响中国特色教育的交响曲,还要引领学生走一条正确健康的人生路。

我相信,只要不断耕耘,孜孜以求,青春年华必将绽放成最美的花朵。

悦纳偶然

　　成为"共享阅读人生　献礼伟大祖国"——庆祝新中国成立70周年悦行·采文读书坊活动的主持人，现在想来，于我，是一个美丽的意外。

　　首次触电主持，一稿、两稿、三稿，一次次斟酌调整主持词；第一次经历微信连线彩排，一遍、两遍、三遍，一次次把握节奏建立默契。在采文老师的指导帮助下，素不相识的我们临时组成的主持团队，竟然能迅速进入状态，交出一份不算太糟的答卷。在心中的小小成就感面前，熬过的夜与倾注的心力或是其他任何曾经想见的困难，都变得不值一提。

　　感谢这一偶然，让我收获一段难忘的回忆、一次难得的成长。接到任务之初的心态真的并不坦然，心中暗暗犯嘀咕，我们学校那么多人美嗓音甜又有才华的小姐姐、小妹妹，怎么能轮到我出来丢人呢？在第一次培训后更在心中暗自佩服另外几位临时主持人，她们看起来就是主持经验丰富、身经百战、临阵不慌，我抱着一丝会被淘汰、事不关己的"侥幸"心理。

　　而这次活动给我最大的影响与改变，便是正视自己的不足：害怕尝试、遇事逃避、安于现状，其实就是一种不思进取。他人的优秀从来都不应该是自己懒散、懈怠的借口。我们总是对自己未知的领域感到害怕、束手无策，总是在不自觉中给自己设限，然后形成"不愿意做——做不到，做不到——不愿意做"的恶性循环。自我设限，只会让自己错过人生的各种可能。

　　享受偶然的挑战，会给我们带来惊喜。更多时候，还要学会享受偶然的出错。

　　当我们还不谙世事时，我们不知害怕、不懂丢脸、不惧尴尬。随着我们长大，懂得的越来越多，反而束手束脚，怕这怕那。我们总想要"控制"，无法接受失控。

　　是否，我们的心中住着许多条条框框，规定着我们的人生轨迹，不敢有一丝偏离，哪怕也许有更好的结果？

　　是否，我们给自己的人生预设了剧本，规定着每一步的走向，不敢做出新的决断，哪怕可能有更精彩的故事？

　　叩问自己的内心，如果面临中考、高考失利，我是否能接受这样的人生意外？如果我的孩子上学以后，并不出类拔萃，我是否能接受她"泯然众人"？如果我的学生在我们共同携手奋进后终究没有取得优异的成绩，我是否能接受命运的"不公"？生命中有许多偶然,有人选择勇于面对,有人选择沉默逃避,有人选择置之不理。"学会接纳"是我们一生的功课,而试着"悦纳"则是人生的境界。

在《终身成长》中的一些理论或许可以解释。人有两种思维模式:固定型与成长型。聪明人必定成功;失败的任务决定了失败者;非此即彼、非好即坏的观点……都是固定型思维模式者持有的。对于成长型思维模式而言,痛苦的失败并不能对一个人下定义,成功也并不与鲜花、荣耀捆绑。

悦纳偶然,正是成长型思维模式的表现。形成此种思维模式,仿佛是在生活这堵厚重的墙上凿出一道,让亮光照进来,充满明亮、包容、正能量。

还记得女儿1岁以后,我并没有因为她的伶牙俐齿而自豪,更多的是她学不会独自走路的焦虑。我不想接受各项成长指标向来出色的孩子在某一项表现中平庸甚至落后。多少个日日夜夜焦虑、气急败坏,当她终于在16个月16天稳当独走的时候,才发现一切只是杞人忧天。那些不安的时间,倒不如好好欣赏蹒跚的可爱。

悦纳偶然,无论是学校的孩子,还是家里的孩子,尊重他们,鼓励他们以自己的方式活得更好,而不是预设他们。

很多时候,我们只顾着行色匆匆地按习惯的路走,早已忘了自己出发时的梦想;其实偶尔走走不同的路,却也能收获风景独好。我想,从此以后,我愿悦纳每一次偶然。

在阅读中遇见更好的自己

当我们谈论阅读时,我们谈论的是什么?更多时候,或许是超越阅读本身的精神世界。普希金说:"人的影响短暂而微弱,书的影响则广泛而深远。"

在静水流深的阅读中,我们一次次与更好的自己不期而遇。

阅读的种子是何时埋下呢?或许是在每每回忆起来总令我父母不禁莞尔的那一幕吧。"那时候带着高烧又腹泻的你在医院等化验结果,就去旁边新华书店买了本小画册,没想到一岁的小娃娃竟看得津津有味,不吵也不闹了。"阅读可能是安抚情绪的镇静剂吧,我竟还记得那本治愈的小书叫作《贝贝的一天》。抑或是,阅读还有增强记忆的作用吗?

阅读的美好是怎样绽放的呢?或许是在咿呀学语的孩提时代,刚学会背《登鹳雀楼》便急着向外公外婆显摆,笑意偷偷爬上了老人家的眉梢;或许是在本该早早睡觉长个儿的夜晚,悄悄蒙在被窝里读《安徒生童话》,鼻梁上架起的"啤酒瓶底"日渐增厚;或许是在微风轻拂恰好清闲的素日,与好友品评黛玉与宝钗,从喋喋不休到一笑泯"恩仇"。

与阅读相伴的日子,是有趣的、充实的、幸福的。

只是在长成"大人"之后,在一个个忙碌琐碎的日子里,究竟是我抛弃了阅读,还是阅读抛弃了我?生活如流水般,时有烦闷、时有苦涩,而不读书的自己正走向"面目可憎"……

所幸,陪伴孩子阅读绘本的亲子时光不仅让我收获与孩子的亲密关系,更让我逐渐找回一颗爱阅读的初心。一起倚在温馨的沙发,或是轻轻靠在柔软的床头,甚至随意盘腿坐在地板,翻开绘本,有说有笑,又玩又闹。孩子的语言何尝不是一句句诗呢?

于是,也愈发理解:在忙得喘不过气的时候,正是需要靠书来透透气的时候。

阅读不会让我们立刻富有、马上容光焕发、一下子变得不一样。但是再平凡的人,也可以通过阅读找到一束光,得以看清这个世界的模样,获取努力生活的力量。

捷径是越走越窄的,唯有日积月累的付出,铺就通天大道,才会收获四平八稳的成功。

当读书灯熄灭,一身都是月。即便是吹灭了一盏书前灯又如何,读书人心中自有星辰月光——那些从读过的书中一点一滴积攒起来的光芒。

以读促写 以写促读 读写结合

深入阅读有共鸣
线下教学勤实践

上海市澧溪中学团支部
2020年5月29日

以君子之名，筑教师之梦

学校文化是学校的灵魂所系、生命所在，丰富、丰厚、丰润的学校文化，在潜移默化中滋养着校园中的每个人。

"溪君荟·采文读书坊"这一社团名，涵盖了澧溪校园的君子文化。想必，"溪君荟"的初衷一定是荟聚澧溪君子。因为，要培育君子，首先，教师本身应当为君子。

学校文化不仅仅影响着每一个学子，也激励每一名教师。在澧溪校园工作的我们，感受着学校文化对我们的滋养，当不断修炼自我，在为人、为师、为友的成长之路上，写好"君子"二字。

而"溪君荟·采文读书坊"确实荟聚着爱读书的君子。

故事的开头便是如此这般动人——

"让我们携手共进、将兴趣变成乐趣，将喜欢变成爱好，我们的读书会才会有温度，有高度。"

"书卷多情似故人，晨昏忧乐每相亲。"

"溪君荟·采文读书坊"启动仪式上，每位成员都携一本自己最喜爱的书，以讲故事的方式，娓娓道来。有直面向死而生的生命阅读话题，有阅不尽摘不完的经典《红楼梦》，有风起云涌的历史长河，有神奇有趣的科幻故事，有温润暖心的绘本……

尤其难忘，采文老师在启动仪式上传递的正能量：读书坊，是我们一群青年人，有着年轻的心，年轻的情，有着成长追求，喜欢读书、想读书、读好书的伙伴，分享传递共鸣或感同身受之需的一种交流平台，使我们持续不断迸发生命洪流里的激情与舒缓。

从《致青年教师》到《点亮生命的灯火》再到《教育的姿态》，"溪君荟·采文读书坊"的老师们始终在阅读中丰富、凝练、升华自己对君子的理解，在生活与教学中实践调整，在共读中切磋交流。"不管在奋笔疾书的寒冬清晨，还是在挑灯夜战的夏日夜晚，总有并肩作战的澧溪同仁，给予我作为一名合格教师前进的力量和归属感。""每个孩子都是艺术品，都是不一样的。"

以君子之名，做最好的自己。在淡泊中静心，在静心中不断学习。有人说，成了教师就别期待"鲜花和掌声"。可是，人民教师是光荣的园丁，是国家栋梁的培育者——还有什么比拥有如此崇高的使命更值得自豪吗？作为一名青年教师，一定要努力摆脱"浮躁"的标签，沉得下心。溪君荟·采文读书坊成员分享自己读《平凡的世界》时说:"这些平凡的人,他们的苦难,他们的奋斗激励着我。"

教师的成长之路必然离不开时时处处的学习。每个教师都应该喜欢读书。这不仅是出于爱好,更是出于教师自我提升的要求。苏霍姆林斯基曾说过:"哲言可以明理;历史可以明智;文学可以静心;法律可以维权。不同的书籍,不同的理念;不同的书籍,不同的享受。在学校中教师的阅读爱好决定一所学校的学风和校风。教师的读书风气能影响和带动学生的爱好乃至家长的爱好和社会的风尚。"我们总是在教育孩子们"书是人类进步的阶梯",而扪心自问,我们是否对读书充满期待、渴望、热爱?我们应不断读书以丰富自己的灵魂、以修炼自己的气质、以增长自己的智慧,用专业的知识武装自己,用丰富的技能充实自己,用严谨的态度检视自己,用奋进的信念鞭策自己。当自己知书达理、志存高远,才有底气、有能力培养知书达理、志存高远的学生。"问渠那得清如许,为有源头活水来。"为师之道,在不断学习、自我完善的过程中。梁启超先生曾写过《学问之趣味》,他提出"把做学问当作人生中的乐趣"的观点,我们快乐读书,所教的学生也将快乐学习。

以君子之名,做公正和善的老师。孔子说:有教无类。对于每一个学生,都应给予充分尊重;不忽视任何一个学生,更不放弃任何一个学生;不以成绩论学生,每个学生都是掌上明珠。仁者,爱人。对世界有爱,是身为君子的善意;对待每一个学生都充满爱,自然是做一个好老师的前提。教育,是充满爱的事业。没有爱,没有情感,也就没有教育。李镇西老师在《爱心与教育》中说,当一个老师最基本的条件是拥有一颗爱学生的心。家长总是感慨"现在的孩子越来越叛逆,越来越难管",对于中学生,有时候,我们真的难免为他们的调皮而烦躁,为他们的违纪而失态,为他们的不求进取而愠怒。校园君子文化时时处处熏陶着我们,使我们始终记得,我们的手中握着他们前进的方向,我们的脚步领着他们通往明天的道路,我们的内心深处守望着他们的梦想。要学会以柔克刚,修成不怒自威。多一些委婉、少一些"辛辣",多一些鼓励肯定、少一些正面批评,多一些悉心交流与理解、少一些不分青红皂白。在读书坊活动中,一位老师说:"我们作为教师,应在每个孩子的心田播种善意和美好的种子,假以时日,必定会萌发和生长。"

《好教师就是好教育》中程老师对"后进学生"所付出的爱是那么真诚,他既注重对后进生感情上的倾斜,想方设法唤起他们向上的信心,又讲究有效的方法,引导集体的舆论。浮躁的心、生硬的态度,永远也不可能换来心与心真诚的沟通。在读书分享活动中,我们读书坊的青年教师读到此处,纷纷表示以后的生活中也会多试着从孩子的角度考虑问题,用"学生的眼光"看待,用"学生的情感"体验,像程老师那样,用真心、爱心、诚心、耐心,换来孩子们纯真的笑容,赢得孩子们的尊敬和爱戴。

以君子之名,做值得尊重、团结助人的同事。美好的校园文化促使每个澧溪人情真意切地爱着这个大家庭,用行动诠释着"周而不比"。我们不是单打独斗的小兵,而是齐心协力的团队。享受团队的温暖,也要为团队毫无保留。无论哪一个人,为人在世必须要与别人和睦相处团结一致,才能如愿以偿地达到自己的目的和境界。君子因尊重他人而获得尊重。真诚融入团队,和谐共进的大家庭能输出满满正能量;真诚融入团队,和谐共进的大家庭是勤奋工作的动力;真诚融入团队,和谐共进的大家庭给我们带来精气神。

尽管我们的工作依然稚嫩,我们的资历依然单薄,我们还太年轻,但是,没理由不相信,在不断汲取学校文化养分之后,我们会离真正的"君子"越来越近,会离心中的理想越来越近。

教育的本质意味着"一棵树摇动另一棵树,一朵云推动另一朵云,一个灵魂唤醒另一个灵魂"。书籍正是灵魂最好滋养品,读书使人成长。"溪君荟·采文读书坊",从惠风和畅的春日到瑞雪纷飞的冬日,始终与书籍携手同行,开启教育生涯的心灵之旅。

希望我们的课堂充满智慧,希望我们的教育一路有书香,希望我们的生命因书籍而更加厚重。

春之声·春竹拔节　蓄势待发

初见悦行采文读书坊主持人采文老师时,我刚担任班主任不久并正经历学校督导。记得那天刚放学结束,完成和家长沟通后,我收到陈老师的召唤,一路小跑到园长办公室。忙碌、仓促是彼时我的状态标签……

那时的我每天着急于"成长""专业发展",特别是看到带教导师各方面优秀的业务能力,更不知自己该从何做起,是不断打磨集体教学活动?是研究个别化学习材料?还是紧跟大教研活动研究幼儿社会性发展?回想起来,那时我大多翻阅的都是与专业相关的工具书,或是在自己有限的专业知识、领域局限性思考,很少有新的想法和突破。参加采文读书坊两年多的时间里,采文老师亦师亦友,精心设计的读书坊各项创意阅读服务活动潜移默化地引导我转变思考角度,引领我成长……

多维专业成长

春之声读书坊成立初期,采文老师和浦东新区教育工会悦行读书社团负责人、浦东新区教育发展研究院学校发展中心主任、浦东新区首届最美书香人朱爱忠老师向我们介绍了开创读书社团的初衷——"悦行"。朱老师说:"人一定要在路上,或身体或心智。大多时候我们被很多事物牵绊,工作、生活多种因素,无法做到身体力行的行走。这时书能带我们前行,带我们看世界,让我们多维成长。"

起初我认为读书坊活动和青年教师专业发展紧密结合,老师就应该多读教育领域相关书籍,并没有真正理解"多维成长"。直到我们开展了读书坊首次活动——"我的推荐书目",形成2019年度春之声读书坊书单,我才颇有感悟。我推荐的是专业书籍《幼儿园课程》,与其余读书坊16位成员推荐的书目大相径庭,大家推荐的有心理学类、有文学类、历史类、科学类、艺术类、儿童读物类……确实一位老师是否优秀并不完全取决于与学校教学活动相关的能力。曾经一位对绘画很感兴趣的学生告诉我自己很喜欢保罗克利爷爷的作品,问我喜不喜欢。我只记得这位艺术家的名称却完全不了解其绘画风格和生活背景,只能敷衍地说:"喜欢。"便没有再探讨下去。《幼儿园课程》中提到"生成"课程的重要性,即好的教育者应当如蒙台梭利所描述的那样

"眼睛如同鹰眼般敏锐,探知到幼儿最殷切的需求,并支持他们具有意义的需求"。如果我阅读过保罗克利爷爷相关书籍,那我可以引导孩子做出更多的艺术表达与创作,或许孩子能因此对生活多一份热爱与追求。多维的成长,教师才有能力支持幼儿各不相同的个性化的殷切需求。这让我想到学前教育总目标:培养全面发展的社会人。我所做的教育不仅要提升幼儿某方面的能力,更应该着眼于幼儿全面发展,适应社会,与时代共成长才能找到属于自身的社会归属感。

内化自身成长

在读书坊老师们的引领下我深知全面的知识、多维的发展对教师的重要性,因此我开始阅读多种类书籍,不再拘泥于本专业领域。但是我的阅读并没有发生实质性的改变,依然是为了提升专业能力。一次春之声读书坊线下购书活动中的体验认知改变了我的看法。

成员邱老师购买分享了《遇见未知的自己》,台湾版书名为《爱上自己的不完美》。读完这本书,我认为《爱上自己的不完美》更切合这本书的内容。现实生活中,每个人都有优点也有缺点,有擅长的领域,也有毫不知晓的领域,面对日新月异的社会,如何认识自己,和社会每天纷杂的环境和平共处是每个人都必修的课程。在这本书中,张德芬以对话为主要写作形式,分析拆解若菱的生活困惑,其他人员用亲身经历对她困惑的指导,使她重新认识自己、回归真我,对自己的生活做出了重新的选择,对我们解决类似的生活困惑给了一定的启示。

邱老师说在阅读这本书之前,她常常和在上小学的儿子置气。因为过多的关注儿子的学习,忽略了自己的母亲和丈夫,当然最没有存在感的是自己,常常在忙碌一天后疲惫不堪却毫无成就感。阅读后她非常赞同作者的观点:每个人在生活中扮演多种角色,父母、孩子、朋友、老师、学生、同事……但是最应当做好的是自己。只有当自己是自己,自己一直在不断变好的过程中,才能身体力行地辐射周边人。

我的日常也有相似之处:我常建议学生多去图书角阅览,并制定了不少阅读规则,例如:安静阅读;阅读后做一些简单的回忆、记录……但是学生们往往无法达到我的要求。当我尝试"做自己"静心坐下阅读,不再疲于制定和维护阅读规则时,我发现学生们也能静下心来自主阅读。我应当聚焦于自身成长及综合素养的提升,而不是片面地理解专业的单线发展。

包容交互成长

很多事可以分类别为"个人的事"或是"非个人的事",例如:练习书法必须独自精心一遍遍地练习才得以精进,反之很难有成就。在进入读书坊之前我大多数的阅读成长都是独自进行的,但是创意阅读活动告诉我事实是截然相反的,阅读成长这件事儿并不是自己认真努力就能领悟得更好更快,很多时候接纳他人的观点能打开自己的思路。这和采文·开明轩读书坊成立的初衷不谋而合,在"特色取名群英智汇"活动中,开明轩读书坊主持人介绍道:开明轩的寓意为开放、开明的读书人精神。

一次"创意设计 logo 特色阅读"活动中,采文老师请我们阅读众多投稿的 logo,并从中选出三个欣赏、支持的 logo 并阐述自己的理由。那时我只选择了一个 logo,并非常坚持自己的观点,认为其他的 logo 不适合我们读书坊。那时采文老师告诉我:阅读的过程可以说是给自己矛盾和冲突的机会,是自己与自己思维的碰撞、与自己已有经验的对话,也就是包容、开放的过程;不是单纯的赞同与自己观点、审美相符的文字,把不赞同或不欣赏的文字拒于千里之外。当我尝试选择另外两个 logo 并阐述欣赏理由时,我站在不同角度思考的、收获的是一种崭新的思维和开放包容的心境。

创意阅读活动后我更乐意倾听与欣赏,选择的阅读内容更为广泛,可能是原本质疑的书籍;阅读形式更为多样,可能是原本不擅长的声乐图谱,也可能是一段特别的访谈……2020年跟随墨香采微读书坊创作组成员采访了浦东新区第三少年儿童体育学校高级教练——王三省。我们倾听王教练的育人训练生涯故事,让我们阅读到一位优秀教练的智慧——用智慧眼光,捕捉"灵性";用独特方法、尊重科学;启蒙训练夯实基础,浓缩探索过程……阅读王教练的人生经历让我们打开阅读和育人的视野,受益良多。

大视野成长

我有一个爱好,在闲暇之余喜欢打卡上海各式各样的图书馆,但是每每驻足书店我都有些迷茫,我应该选择怎样的书籍?是看热销榜单?还是名家名作?读书坊《寻找生命的黄金屋》专题视频拍摄活动中,蔡老师的一席话令我深受启迪:我们的生命中会遇到非常多的书,最基础的是一些工具书,帮助你习得一些技能。好的书不管什么类别,一定是能够帮助你心智获得成长的,耐人寻味值得反复阅读的。

2019年9月,"5+1"读书坊开展了"共享阅读人生 献礼伟大祖国"的演讲比赛。活动伊始,老师们对于演讲稿的书写着实困惑,是分享个人阅读经历?还是赞颂祖国?或是分享红色革命相关书籍?最后主持人帮助我们解读比赛要求:阅读人生是属于个体的,因为阅读经历不同,个体的成长肯定截然不同,但是成长和时代背景是密不可分的,例如:这个时代给了我们很多创造的机会,即"大视野,小切口"。听了这样的解读,我一直在思考……

在打卡朵云书店时,我遇见了《家国天下》一书,我想起了一些有趣的故事:小学三年级时,老师请我到科技馆主持一个活动。串词中有"祖国妈妈"四字,在练习串词时,老师至少让我说了50次"祖国妈妈",饱含深情的、铿锵有力的、轻声细语的……那时我非常困惑,祖国为什么要和妈妈连在一起?在很长的时间里我一直简单地认为,这是中国人独有的情怀。翻开这本书,我恍然大悟,这是受了中国传统礼乐制度的深远影响。我们个体的成长是镶嵌在国家中的。而我们的成长又是离不开书的。书与我,我与国家有着妙不可言的情谊。

小时候,我常喜欢做一些傻事,比如将毛巾毯扎在脖子上当披风,或是把五子棋当成盘缠要赶路。那时的我,总认为自己是金庸先生所描绘的"青衫磊落险峰行,玉璧月华明"那样的侠客。可是这些看似疯狂的想法和可笑的行为,从未遭到我父母的嫌弃,反而他们会加入我的门派,和我一起演一段仗剑走天涯。因为他们很爱《天龙八部》,也很爱用一支笔创造一整个江湖的金庸先生。后来我才知道,1981年,内地读者才第一次读到了金庸先生的正版《天龙八部》。可以说,从书的发展看到了祖国母亲走向现代化建设的缩影。

母亲总说我们这一代很幸福,特别是对读书的自由。记得我高中的时候喜欢上了历史,那时候特别喜欢读一些风趣幽默的历史解读。记得一次高三的历史课,我偷偷地读着这样的书,结果被历史老师逮了个正着。不用想,结果肯定是被历史老师狠狠地批评了。她说,这样的书是夸大局部,一味搞笑,极其片面的。老师就是严苛又关怀着学生,批评过后他又向我推荐了《全球通史》这本书,作者用全球视野看历史变迁,和习近平总书记提出的"全球发展观"不谋而合。

很多时候我们习惯于关注周遭的人事物,忘却了我们有看世界、与时代共发展的能力。我想,这便是当代中华儿女的当下和未来,我们正成为更好的自己,我们的国家也不断繁荣富强。最后,我想分享前不久在网易云评论看到的一段话:"如果你觉得你的祖国不好,你就去建设它;如果你觉得政府不好,你就去考公务员,做官;如果你觉得人民没素质,就从自己开始做一个高素质的公民;如果你觉得同胞愚昧无知,你就开始去学习,改变身边的人。"

历史思维成长

2020年在采文读书坊区级重点课题《基于青年教师阅读素养视角的教育服务推广研究》立项开题会上,我有幸聆听了特级教师兰保民的讲座《诗经离我们有多远》。兰老师从"今天,我们为什么还要读诗经?"这一问题开始,借用孔子在《论语》中的话,"《诗》可以兴,可以观,可以群,可以怨""迩之事父,远之事君""多识于鸟兽草木之名"。为我们解惑。确实这些理由放到今天也同样适用,但不同读者的理解不尽相同。仔细想来,我们现在读《诗经》也是为了寻找自己,知过往、知当下,明未来,我们才能有良好的历史思维品质,在飞速发展的今天才能不随波逐流,陷入迷茫。

思辨成长

2021年伊始,读书坊成员来到钟书阁开展"墨香采薇故事创作启动会",我遇见了《瓦尔登湖》,一本充满生活哲理的书。作者梭罗摆脱自身原本拥有的雍容华贵,摆脱人情世故的羁绊,居住在瓦尔登湖边的树林中开始清静的悠闲的生活。虽然是独自隐居于森林,但梭罗却在书中谱写出真正的生活。他觉得:"只有可以自由享受广阔的地平线的人,才是世界上最幸福的人。"他在享受的同时,又用心去感受生活,用心去规划生活,他用实际行动与收获告诉我们:"没有计划和计算的生活,那注定是一败涂地的了。"其次,梭罗在瓦尔登湖生活的日子里,把所有的心思都投入自然。用视觉体味春夏秋冬的大变化,去观察蚂蚁大战,小鱼儿游水。梭罗与康拉德·劳伦兹相同,真心喜爱动物,消除人与动物之间的隔膜。不仅如此,梭罗在与动物生活的日子里,精神愉悦。这是作者内心向往的、想要的生活,他的一句独白触动了我:"从今以后,别再过你应该过的人生,去过你想过的人生吧。"的确,再多的荣华富贵,也不过是为物质上的享受做加法罢了,精神、思想远远得不到愉悦的享受,反而可能会火上浇油。梭罗不断为我们的思想灌溉正能量,他向我们娓娓道来:"一个人越是能够放弃一些东西,越是富有。精神上的富有往往强于物质上的富有。"

记得大学一位深受同学们爱戴的导师有两句话令我至今印象深刻,一句是:"没有一个人的成长不伴随着痛苦与烦恼。"另一句是一个问题:"有没有一件事是你苦苦追寻花百倍、千倍努力也追寻不到的?如果有,你还愿意为之努力吗?"当下,我们常常在生活中为自己做加法,忘却了"放弃"也是一种智慧;生命会因"感悟"的过程得以成长……

"断舍离"中成长

在一系列创意阅读后,采文老师为读书坊的青年教师搭建了优质平台,老师们有机会将自己的阅读成长故事发表于"上海教育新闻网"。起初我想在表达自身阅读成长故事的同时,结合上海各有特色的书店,特别是有历史积淀、建筑风格特别的书店去写。但是想写的太多,受篇幅的限制,写得杂乱无章。

恰巧我遇见了《断舍离》一书,该书可以说是那时最火的书籍之一。"断舍离"的概念非常简单,"断":断绝想买回家但实际上并不需要的东西;"舍":舍弃家里的那些泛滥的破烂;"离":脱离对物品的执念,处在游刃有余的自在空间。书中写到三种扔不掉东西的人:一、逃避现实型。这类人太忙碌,几乎没时间待在家里,所以没办法收拾屋子。二、执着过去型。这类人即便是现在已经不会再用的过去的东西,也非得收着不可。三、担忧未来型。这类人致力于投资不知何时会发生的未来的不安要素。例如囤积纸巾等日用品,要是没了这些就会觉得困扰焦虑。综合来看,大部分人应该都算是这几种类型的混合。"断舍离"具体如何指导生活,作者一再强调"断舍离"的主角是自己而不是物品,核心是让人思考"物品和自己的关系",而时间轴永远是现在。这不单单是一种家居整理、收纳术,而是活在当下的人生整理观。通过学习和实践断舍离,人们将不断重新审视自己与物品的关系,致力于将身边所有"不需要、不适合、不舒服"的东西替换为"需要、适合、舒服"的东西,改变居住环境,改善生活面貌。断舍离的意义不单单在于此,它是一种健康的生活方式,一种独特的思考法则,甚至是一种心灵修行术。从关注物品转换为关注自我,通过物品来认识、发现、肯定自我,重新认识这个世界,改变肉眼看得见的世界,从而改善看不见的精神世界,让人从外在到内在,都彻底焕然一新。

阅读过后我对自己的文章也进行了断舍离。

由梦走近，进而思维

"读书有为、创意写作"读书主题活动，让我走进了徐汇绿地缤纷钟书阁。读书坊为完成《墨香采微》签约书稿，邀请几位创作组成员合著，以此新路径持续阅读成长，本书作者的"福利待遇"：可以自选几本心仪之书，作为激励创意写作的灵丹妙药。钟书阁暖色调的灯光洒在每一本书上，科学类的《身体秘密冷知识》着实有趣；历史类的《故宫》可以弥补一下因为疫情取消的"听北京小哥讲述回忆城故事之行"的遗憾；游记《只有时间知道》讲述了作者在独自一人的行程中整理生活变故和思绪的心理过程……我一时不知如何抉择。

与"梦"结缘

路过心理学类书籍区域时，我遇见了《梦的解析》。首次听到这本书还是在大学时期学习学前儿童心理学，老师提到弗洛伊德之"心理动力论"并简要提到其代表作《梦的解析》是精神分析学说三大理论支柱之一，是了解精神分析学说不可不读的一本书。那时我便有一个疑问：梦也可以从科学的角度论述吗？因为只是简要地了解便也没有再研读。

此次与它的巧遇让我想起四年前的一个学生。学生家长很担心地告诉我，孩子在家连续几天说梦话，并且梦话的内容大致相同："不要抢我的东西。"随即会哭醒。家长问我在学校是否观察到这样的情况，我很肯定没有。那时我只是简单反馈家长孩子可能因为不适应初入校园的生活。此次再见，我想从大家的学术理论中尝试走近学生的"梦"，解读学生现实生活中的心理活动。两次与《梦的解析》结缘，我便带回了它。

知"梦"理论

弗洛伊德精神分析发现有：梦是潜意识欲望和儿时欲望伪装的满足。梦的解析方法是将梦分割，从每一个细节中推断其所代表的含义，然后将形形色色的含义总结起来，得出做梦者的真实意图。

例：一个女人自述梦境："我看见卡尔（其侄子）死在我的面前，他躺在小棺材里，双手交叉地放在面前,他周围点着蜡烛。这情景就和小奥托(卡尔的哥哥)死时一样,他的死对我来说真的是当头棒喝。"

背景:此女人自小丧失父母,由其姐姐抚养长大,后来她爱上了姐姐的一个教授朋友,但因姐姐的反对不能与之携手。小奥托死后不久,即离开姐姐独立生活。她心中牵挂那位教授,因姐姐的反对没有与他再接近过。

解梦:奥托丧礼那天此女人又见到了那位教授,如果现在卡尔死去,此女会回到姐姐身边,教授也会去姐姐处奔丧,就可以看到教授了。

解释:女人所希望的并非卡尔的死去,而是重见教授。梦的情节一般是对过去事实(特别是重要的,令人感触很深的事实经历)的改造,不是凭空臆想的。故而女人梦中情节选取了侄子丧礼这一事件,达成与教授的重见。

弗洛伊德认为:以理性意识为中心的精神生活图画是自欺欺人,心理的基本部分和基本力量来自鲜为人知的潜意识领域。心理过程主要是潜意识的,意识的心理过程仅仅是整个心灵的分离部分和动作。潜意识不仅是一个心理过程,而且是一个具有自己的愿望冲动、表现方式、运作机制的精神领域,它像一双看不见的手操纵和支配着人的思想和行为,任何意识起作用的地方都暗自受到潜意识的缠绕。精神分析的目的及成就,仅在于发现心灵内的潜意识;对于潜意识心理过程的承认,是对人类和科学别开生面的新观点的一个决定性步骤。

走近"梦境"

初读《梦的解析》后我尝试借鉴弗洛伊德对梦的分析方法对学生的噩梦进行分析,得到了不同的结论。

背景:该学生是入学不久的新生,性格内向,父母皆是理科生,不善社会交往,学生入学后没有主动与同学交往的行为,对一位能力特别强的邻居同学A很依赖,常常会站在其身后看着其他同学交谈。

解梦:学生表述梦中有同学绕过邻居同学A抢自己手中的物品,自己不知如何解决就哭了,这时候会有其他人来帮忙,自己就不担心了。

解释:学生看似是害怕与同伴交往,其实特别向往能够融入集体,能够和大家有良好的沟通,开展有效的社会交往。其他同学来"抢东西"其实是主动与自己交往,有人来帮忙其实是学生想模仿和习得一些社会交往的策略。所以该学生不是受到同学的欺负,而是向往与他人交往、成为朋友。

进而思维

每一个成长过程中的个体在进入新集体时总会有类似的感受——想找到自己的归属感,但忐忑或不知所措不可避免地给自己带来些许焦虑感。这种焦虑感或显性自知或隐藏在潜意识中,回想自身的成长过程亦是如此,但是我常常能很快过渡这样的不良情绪,这和思维方式密不可分。记得小时候放学回家后,我经常会告诉妈妈今天在学校很生气,妈妈每次都在听我说完后问同样的问题:"为什么呀?"我有时因为旁边的男生拿我东西生气;有时因为老师错误的批评感到生气;有时因为没有得到一份奖励生气……每次妈妈又会接着问:"为什么因为……你会生气呢?"时间长了我慢慢发现一个接着一个、没完没了的"为什么"好像总能排解我的情绪。

长大后遇到了不少与思维有关的书籍,广义的思维包括我们头脑里有过的任何想法,任何随心的遐想、零碎的回忆或一掠而过的感触。这些书籍从低幼阶段的《生气也没关系》到杜威的"青年必读书"《我们如何思维》,我理性地意识到:从思维角度解决各种问题是有效、良好的方式。

今天由学生的梦引发的思考让我再次翻开这本书,又有了不同理解……杜威先生在书中阐述道:"教育是人类生活所必需的,而思想和学习是人用来适应生活要求的工具,人为了生活而思考,所以哲学也是一种生活工具。"

以前总认为思考是个人的行为,例如我通过思考知道自己为什么在学校生气,从而平复了自己的情绪。杜威先生将思考、哲学具象为一种工具,工具是可以使用的,我可以用在自己身上也可以用在他人(学生)身上。或许我无法将自己的思考给他人(学生),但是我可以通过思考给他人(学生)搭建一个平台,他们通过这样一个平台更好地适应当下的生活。这或许就是教育所要做的事情。掌握生活工具要通过教育,教育好像是实验室。哲学的种种理论可以在其中经过一番试验,使之成为具体的操作。

合上书本,拉回思绪,我想:如果四年前我为这名学生搭建了一个符合其社会领域最近发展区的平台,引导她通过思维的方式解决社会交往的问题,习得融入集体生活的能力,今天的她是否会更加从容自信、收获更多快乐?每当有一些收获和成就感时,我就会对以往的学生感到深深的歉意:如果今天的我遇见那时的你,一切会更好。记得以前学习乐器时老师常说:"音乐是时间的艺术",当一个琴键落下时,乐曲便和时间交织，或完美或遗憾。我想：教育更是一门时间的艺术，只是这门艺术离不开遗憾，并且修行的时间越长可能发现的遗憾越多。但是我们依然愿意并努力在阅读中修行，希望在修行中能够少一些遗憾吧……

读华夏经典，研传统教育

读书坊活动像是繁忙工作中的一片精神栖息地，虽然参与者需要写稿、思考，但是老师们逐渐爱上了这个平台。在活动交流中老师们一致认为：阅读是对自身的刷新，阅读可以让我们暂时脱离日常烦琐的杂物，见识到比眼前世界更深邃更辽阔的另一个世界。

2020上半年受疫情影响很多活动按下了暂停键，但是春之声·采文读书坊以提升教师阅读能力为目的，严格按照活动计划安排，有序开展了各项线上活动月度推进。

年初，我们围绕2019年总结会上商量预设的"传统教育"的主线开展线上讨论，为后续开展传统教育做铺垫，思考中国传统启蒙教育的优势、必要性及教育过程中的想法。此外，我们通过自主报名、成员及领导讨论，确定"5+1"采文读书坊人员，通过"森林研习"读书群，和不同学科学段的老师——中学、大学、博士专家等共同学习成长。

三月，我们线上交流中国传统启蒙教育的优势、必要性，以及阅读后对自身教育行为的启发，并形成文章。促进教师将阅读内容结合自身专业知识转化为有价值的教育行为。四月，我们以线上图文形式交流班级特色传统教育活动。五月、六月老师们尝试撰写一篇专业文章。

2020年上半年，春之声·采文读书坊活动有序扎实，成员参与度高；阅读书目经典专业，由兴趣向经典转变；阅读能力稳步提升，由泛读向应用过渡。

二月，春之声·采文读书坊还开展线上讨论：作为当代学前教育工作者的我们，应该阅读怎样的书籍？有怎样的文化自信？如何影响我们的学生？

一位老师的分享让在座的老师们深思：一位外籍的转学生家长想让孩子回国学习中国传统的礼仪和文化，但是大部分幼儿园的课程都是以国外教育家的教育理论为依据开展。一线的学前教育专业的教师也都深受皮亚杰、维果茨基教育家的影响，很少有幼儿园、幼儿园教师开展传统教育。

今天,我们的国家、城市开放、包容,但中国人传统的文化自信不能丢失,所以我们一致认为应该阅读传统教育系列书籍,并确定了"2020年度春之声·采文读书坊书单"。

为什么今天我们还要读《三字经》?

在确定共读书前,春之声·采文读书坊的老师们在各班级中做了关于《三字经》的访问。被访问的家长中大部分都只知道"人之初,性本善",少部分家长也只能说到"性相近,习相远"。孩子的父母往往不能背,再反观我们的老师也是如此,也许他们还是认为《三字经》只是小儿科,给孩子们玩的,他们不用读,他们的孩子读就可以了,《三字经》很好读吗?直到我们读了钱文忠先生解读的三字经。

钱文忠生在《钱文忠解读〈三字经〉》的序中说道:"我原先在讲《三字经》之前,我也这样认为,我能倒背,因为'文革'当中,我的奶奶就一直教我。我想讲《三字经》对我算是手到擒来。但是准备讲稿,第一句话就把我难倒了。首先我得告诉大家,'人之初,性本善'出自哪里?'性相近,习相远'是孔子讲的吗?这一句是《三字经》的作者讲的,孔子不讲这些。孟子讲,人性有向善的可能性,荀子讲的是人性基本为恶,拿一个人的人生经历来讲,谁敢说,人性是善的。孩子生下来要吃奶,有哪个孩子管妈妈累不累。既然'人之初,性本善',怎么会'性相近',应该是'性相同'。这第一句话就难倒我了,不知怎么讲。既然人性本善,大家都是好人,则以教育为主,让座、礼貌等一切应该是水到渠成,不该有监督、不该权力分散,应找一个人,将所有权力交与他,办事快、效率高,我们要什么法制,好人需要什么监督?今天我们仍在找好制度。西方认为每个人都有毛病,认为需要契约规定,要权力分散、制度规定。东西方呈现两种方式,这对一个民族进程有很大影响。《三字经》的翻译应为:每个人出生时应该都是善良的吧,应该表达的是一种希望、一种期盼、一种向往,表达的不是一种事实吧,而不该翻译成肯定的。所以说,《三字经》不好懂。"

没有一本比《三字经》更基础的读物适合我们的孩子和父母、老师,我们今天更加应该踏踏实实、冷冷静静地读读《三字经》,从《三字经》开始,打好传统经典文化的基础。传统礼仪、传统优秀文化应该渗透进我国学龄前幼儿的生活,成为中国人的文化自信,而不是孩子们长大后在书本中学习的"历史"。

开展渗透性传统教育

阅读《钱文忠解读〈三字经〉》后老师们深刻理解到不仅孩子需要读,父母亦然。所以春之声·采文读书坊老师们在各班中开展班级特色活动:共学《三字经》。每天由老师告诉幼儿今天的学习内容,幼儿和父母共同学习、探讨,学习过后再由一名幼儿线上讲解句子本意和其中典故。今天,一线的教育工作者,是华夏文明的传承者,也是阅读推广者;我们必须有文化自信,必须始终阅读!

阅读的最终目的是应用、内化良好的行为,在家长的支持下各班开展渗透性传统教育。在学习交流过程中我发现参与其中的成人并不比孩子收获的少,或者说教师、家长比幼儿学习体悟的更多。

开明轩·从刻意练习到阅读审美

2021年1月底,寒假的某天晚上,正当我身在厨房与锅碗瓢盆做斗争的时候,忽闻一阵手机铃声……我很好奇,假期里这个点,会是谁的来电。拿起手机便看到汤明飞校长的名字显示在手机屏上,莫名地有点紧张,也不由得产生疑问,到底是有什么事情呢?

放下手机,才知晓事情的始末。原来,负责读书坊的胡春丽老师,由于身体原因,暂时无法完成眼下比较着急的墨香采薇·读书坊创意写作的工作。因而,学校领导们在综合各方因素考虑下希望由我来承担这项工作,以避免耽误最终创作成果的发布。

得知这个消息时,我内心十分犹豫,想着还是拒绝吧!因为这活儿在我看来,接与不接好像都挺不合适的。细数正式加入上海开放大学浦东南校的日子,只有半年左右的时间。在开明轩·读书坊这个社团中,我也仅仅是个新成员,对读书坊组建、成立与发展的了解,很多时候都只停留在耳闻阶段,更别说有什么深刻的感想与体会了,可墨香采微·读书坊创意写作又恰恰需要丰富的阅读故事及感想。此外,这项工作本身时间紧、任务重,一旦完成不好就会影响整个墨香采微·创作组的写作进度。一瞬间思绪万千,脑海中有对自身能力是否胜任的质疑,也有对任务本身难度的顾虑。想到这些,就足以让我在心里打起退堂鼓。加之,读书坊前期组织开展的许多内容丰富形式多样的阅读活动,全部都是在开明轩读书坊原负责人胡春丽老师的策划参与下圆满完成的。如果贸然接下这个工作,我也担心无法将读书坊的精彩阅读故事真实还原出来,而辜负了胡老师前期所有的辛苦付出。

诸多想法,后来在与倪美华书记、采文老师的沟通交流中都有提及,她们都让我不要有太多担忧。在她们的鼓励与支持下,我最终理清思绪,扫除心中的忧虑,下定决心直面这个挑战。距离抉择至今,已过去多时多月,墨香采微·读书坊创意写作也正顺利进行着。此时此刻,每每回想起当初的情境,心中的顾虑与质疑早已消失殆尽,转而充盈着的是满满的感恩和创作过程中的收获。回看这一行行文字、一个个阅读故事、一字一句阅读感悟,离不开当初校长、书记及采文老师对我这名新教师的信任。当然也十分感谢学校给了我这样一个可以参与撰写的成长机会。

墨香采微·采文读书坊创意写作对我来说是挑战亦是机遇。这个意外任务的降临，让我领悟了一个道理：我们或许应该相信自己有能力克服工作中的种种困难。面对困难与挑战，我们也要相信我们不是一个人，环顾四周，我们会发现身边有很多人，他们在默默地给予支持和鼓励。

阅读不易：教师与阅读

教师们在其职业生涯中，常常扮演着学习者和劝学者的双重角色。教师职业本身具备教书育人的属性，因而经常被外界视作读书的"典范"、行走的阅读"书库"。诚然，教师角色为倡导读书学习创造了十分有利的条件。每当周遭谈及读书、阅读等相关事宜时，我们总被冠以专业人士的 Title。可也正因如此，我们却很少成为阅读活动中被关心的对象。

可作为教师，阅读之于我们这一群体来说，无疑是工作、生活的重要组成部分。或为提高专业知识技能、提升教育教学水平，抑或为培养个人素养、增添生活情趣，这都需要我们从阅读中源源不断地汲取"养分"。阅读既是教师群体赖以谋生、不可或缺的工具，亦是让生命愈加丰富多彩的途径。

年少时读韩愈的《师说》，文中曾提到"古之学者必有师，师者，所以传道授业解惑也"。距韩愈撰写下《师说》至今，虽已历经千年，可"传道授业解惑"已然成为教师的标志性日常。短短六字，蕴含着教师职业的崇高追求，也对身为教师的我们提出了严格要求。教师，尤其是青年教师，更应成为阅读活动中的重点关注对象。

有人说，人生的分水岭，前半生是读书，后半生是阅读。这里的阅读与我们大家常说的读书有些许不同。平时，被大家经常挂在嘴边的读书大多是为升学、考核而做。生活中随处可见，老师、家长们时不时提醒孩子要"好好读书，将来考取一个好的大学"。读书往往是带有较强的目的性。踏上三尺讲台的每位教师，都可以被视为是读书的既得利益者，是因读书而被筛选出的佼佼者。我们中的绝大部分人历经了九年制义务教育、三年高中、四年本科，甚至更漫长的研究生学习生涯，这些时间加起来，大约是人生的四分之一那么长。我们或被动或主动地投入到读书这件事，从而拿到了从象牙塔步入社会的第一块"敲门砖"——知识、技能、学历等一系列能力的总和。如果说前半生的寒窗苦读是为生存，那后半生的阅读，确实让人觉得多了几分闲暇与自由。

我想，真正意义上的阅读，应该是包含为升学、考核等目的，但又不局限于此的更广泛层面的读书。读书重结果，阅读则重过程。阅读是一个主动的过程，是由阅读者们结合自身不同目的加以调节、控制的，包含有理解、领悟、吸收、鉴赏、评价和探究文章的思维过程（出自百度百科对"阅读"一词的解释）。这一过程带给我们的不仅有知识，还有思想及认知的改变。读书是死的，阅读是活的。读书时，处处有考量，最常见的标准就是成绩，合格与否一目了然。而阅读，几乎不设置什么硬性指标。如果一定要说出个标准来，那或许是我们个人在阅读过程中的收获，是肉眼不可见的软性指标。我们从阅读中收获的均是独一无二的、与个人人生经历产生碰撞后的思想结晶。

　　阅读，说起来悠闲自得，可真要实践起来，却是件有难度的事。王国维先生在《人间词话》一书中提出"读书三境界"（"读书三境界"亦被当作"人生三境界"。按我的理解，这里的"读书"和"阅读"同意）："古今之成大事业、大学问者，必经过三种之境界：'昨夜西风凋碧树，独上高楼，望尽天涯路'，此第一境也。'衣带渐宽终不悔，为伊消得人憔悴'，此第二境也。'众里寻他千百度，蓦然回首，那人却在灯火阑珊处'，此第三境也。"第一重境界告诉我们，读书本身就是一件困难的事情，是一条没有止境的道路，在这条道路上要明确自己的方向与目标。第二境界则是告诉我们，当明确了方向与目标后，就需要不断求索。这个不断求索的过程并非轻而易举，必定是要有坚定不移的信念，历经一番废寝忘食、辛勤劳作，哪怕衣带渐宽也不后悔。第三境界讲述的则是，读书积累到一定程度的融会贯通。当我们借助阅读积累一定的知识，将读书所学融会于自己的生命中，终将达到厚积薄发、学以致用的效果。可见，阅读是一个既要有明确目标，又艰苦漫长的求索过程。其间各类艰难困苦、辛勤滋味，唯阅读者亲身经历才能体会。阅读究竟是闲暇自由，还是艰难困苦，竟也一时难以分辨清了。

　　阅读不易，可困难远不止于阅读本身。如今，广大青年教师们，既要担负起教育教学工作，还要承担各自的家庭分工，这在一定程度上也阻碍了我们投入阅读。一边是个人的工作、家庭，另一边是阅读，两者皆重要。教师们对待阅读的态度，往往是有心无力的。内心迫切想要全身心读一本好书，从繁重的工作和生活琐事中解脱片刻，可现实是我们总被外界干扰着。其二，随着网络时代的到来，碎片化阅读仿佛已成为现代人阅读的流行趋势。从官方媒体的新闻，到公众号上各类推送，无不选择精炼的文字、短小的篇幅配合以生动鲜明的图片。这样的精简设计，满足了人们快速获取信息的需求，可也暴露出许多问题。其中最主要的一个问题在于，比起对一本完整书籍的阅读，碎片化阅读难以帮助阅读者建立起属于自己的知识与思想体系。

在上述大环境下,教师如何培养阅读习惯、如何选择阅读书目、如何进行阅读,变成值得我们深入探究的问题。为此,我们以组建悦行丨开明轩·采文读书坊的方式,为教师阅读搭建平台,让阅读真正融于教师的职业与日常,成为生命中不可或缺的一部分。

开明轩·采文读书坊组建至今已有约两年多的时间,在区教育发展研究院采文老师的指导下,在上海开放大学浦东南校汤明飞校长、倪美华书记的大力支持下,在学校全体教师的积极参与下,读书坊在探索发现中走出了一条适用于青年教师们的创新阅读之路。

写下此文,以记录开明轩·读书坊中那些因阅读而生的故事及思考。

教师专业阅读能力的培养

正如王国维先生在其《人间词话》中提到的"三境界"的第一重所讲,读书和生活中许多其他的事情一样,是需要先确立目标的。开明轩·采文读书坊作为悦行·采文读书坊中的读书推广合作团队之一,是为培养教师阅读、践行阅读理念而孕育产生。从这一点来看,开明轩·采文读书坊的根本目标还是落在培养教师专业阅读上,使教师具备专业的阅读能力,从而变成真正热爱阅读的教育服务引领者。

众所周知,阅读是教师成长的重要路径,坚持培养阅读习惯,提升阅读品质,对塑造优秀教师有着重要意义。然而,现代教师在进行专业阅读时存在着各种各样的问题,例如受客观工作生活影响而缺乏充足的阅读时间、对于阅读什么感到盲目、看不到明显的阅读收获,等等。这导致许多教师在正式担任教师角色后反而对阅读望而却步,专业阅读的能力逐渐减弱。根据上述问题,我们不难发现,培养教师专业阅读能力需要对症下药,可以从阅读价值、阅读内容、阅读方法、阅读效果等方面入手,并且需要强调坚持阅读的重要性。

对教师专业阅读能力的培养,首先要拓宽阅读的边界,提升阅读广度。现阶段,教师们的阅读总会限于一隅,常见的有紧紧围绕着教材、教案、与所教专业相关的参考资料、教育学、心理学等内容的阅读。这大概已经成为大部分教师职业生涯的真实写照了。可随着时代变迁,如今的教育教学特点、学生学习特征早已不是以往被动接受教师传授的模式,各类教学机构的兴起,也足以让我们了解到教师单一的阅读已经无法满足教育发展的需求了,严重的甚至会阻碍教师的职业发展。为此,教师首先要做的就是从解放思想入手,去积极拓宽自己的阅读边界,进行广泛的阅读活动。

进行广泛的阅读,不是说抛弃之前围绕教育教学需要而读的内容,而是主动迈出一步去寻找其他领域的专业书籍来读。要知道,每门课程的内容并非是百分之一百独立的,很多时候课程与课程之间存在着千丝万缕的关系,我们对阅读的广泛涉猎可以帮助我们开阔眼界,从更多角度理解自己的专业。此外,在信息快速更迭的今天,我们既要选择新时代的书籍,也要选择那些古今中外的经典著作进行阅读。

其次,教师专业阅读离不开学会思考。为什么很多教师觉得自己好像阅读了很多书籍,但真正回想,却没有留下太多的痕迹,这可能就是源于读而不思的结果。思考可以被视为阅读的核心,我们在阅读过程中就是通过自己的思考,进而将书中的作者的知识、观点、思想内化为自己的知识和思想。在脑海中思考后,还需要配合一定量的书写。这和我们从小到大经历的摘抄经典字词句段有点异曲同工的意思。当然,作为教师,我们在写上还要做更进一步的训练,在整体阅读的基础上撰写读后感。写文章是最能锻炼人的思维品质的活动,因而在培养教师专业阅读能力时,可以采用写作训练的方法促使教师学会思考。

说完读、思、写,最终还是要将阅读落到实处,也就是我们常说的学以致用。前面提到的读、思、写都是在强调我们要怎么去阅读,但如何提升阅读效率,却要从有没有学以致用上来考查。我们一直强调,建立读书坊是为培养教师专业阅读能力,使教师们最终热爱阅读,可读书坊作为教育研究院精心打造的教育服务品牌,其实质还是要回归到教育上。教师参与读书坊阅读活动是为了什么?我想不单纯是为了使教师自身的品质素养得以提升,更是为了使其成为一名优秀教师,以言传身教的形式将好的阅读理念、阅读方法带到学生中去,将读书中获得的好的方法技巧、宝贵品质、经验感悟等真正与日常教学育人连接,使阅读与教学结合,做到真正地将读转化为用。

我想,无论是阅读思考、写作训练还是学以致用,大家很容易就能够理解其中深刻含义并且着手尝试,这些对大家来说都不是什么难事,实际上,阅读之所以难是难在坚持二字。养成阅读能力并非一件容易、快速的事情。相反,阅读能力的培养是需要长期积淀、在日积月累中形成的。教师参与阅读并不困难,困难的是长期阅读,保持一种长期的对阅读的热爱和动力。回归现实生活中的场景,那一本本书被翻开到三分之一就被丢到一边的情境随处可见。面对此类阅读中广泛存在的虎头蛇尾的问题,我们可以变换思路,将网络媒体运用到阅读活动中,充分利用流行的各类电子阅读App,让阅读在新媒体网络的帮助下突破时间空间的限制,充分利用教师课余、业余时间进行阅读,使保持阅读得以实现。

正是抱着让教师们真正热爱阅读,成为具备专业阅读能力的人的初心与目标,开明轩·采文读书坊在上海开放大学浦东南校正式组建而成。虽然读书坊成立至今时间较短,成员人数也只有十几名,但早已在组建之初就一直将阅读放在首位,将培养教师阅读能力当成读书坊存在的使命。回首过去组织开展的各类线上线下阅读活动,无一不是从内容上激励着教师广泛阅读,从形式上鼓励着教师们纸质版、电子版相结合读,很好地践行着原本的初心与目标。我相信,在未来漫长的日子里,开明轩·读书坊依旧能够不忘初心,牢记培养教师阅读之使命,为打造成熟、专业、优质的教师阅读孵化器献出自己的一份力。

万事开头难,以命名为先

常言道,万事开头难,初入读书坊这个大家庭,首次面临的任务就是为它取一个名字。这是读书坊全体成员第一次聚集在一起实现共同的目标,也是我第一次感受到在读书坊大家庭中的每位老师都有着极其丰富的学识和细腻的情感。我们在这一方小小天地间相遇,进行着思想与思想碰撞、声音与声音的交汇。我们,或隔着屏幕语音交流,或面对面讲述着自己的想法。就这样,身处不同年龄段、有着各色经历的我们开启了属于我们每个人的独特阅读之旅……

"开明轩"这一名字的由来,是在读书坊每位老师的集思广益下共同得出的。回想起来,从一开始的头脑风暴到最终确定,共花费了约两三周的时间。首先,发布取名任务,由读书坊中十几位老师分别为读书坊取一个名字,并说明所取名字的理由及名字的含义。我们对所有名字及介绍进行汇总整理,形成了一张创意取名列表。正当我们纠结于选择哪个名字时,我们想到了采文老师,在她的建议下,我们从三位老师所取名字中各选择一个字凝练成了现在的"开明轩"。

读书坊的命名过程真正描写起来只有寥寥数笔,看似简单、轻松,可其过程中那份不知如何抉择、难以割舍的心情只有我们每一位参与其中的教师才能真实体会。当初有数十个同样蕴含深刻寓意的命名摆在我们眼前,舍弃哪一个都会带点不舍。最终,我们从众多名字中各取所长,得出了"开明轩"这一社团名称。回想起当时每个人都认真投入的模样,足以让人们感受到"开明轩"这三个字凝聚了上海开放大学浦东南校一众教师对属于我们自己的读书坊的美好祝愿和期待。名如其人,人如其名,读书坊的命名就好比是在给一个刚出生的婴儿命名一样。如果将开明轩·采文读书坊名字的确立比作新生儿的诞生,那么我们参与其中的每位教师都见证了读书坊这个小"婴儿"在我们共同经营下诞生的全过程。

开明轩,蕴含着上海开放大学浦东南校以及校内全体读书坊成员对教师阅读的美好期盼,其本身寄托着教师们对古时候人们热爱阅读的一种崇尚情怀。《说文解字》一书中写道:"轩,曲辀藩车。"轩是一种前顶较高而有着帷幕的车子,后被古人用来指代有窗的廊子或小屋子。古时候,比较著名的以"轩"字命名的书屋有曾巩的"南轩",以及黄庭坚的"滴翠轩"等。更甚者,如辛弃疾在其晚年间给自己的书房取名"稼轩",还以稼轩居士自称。可见,古人对书屋的命名表达了他们对于读书的重视和推崇,认为读书是件非常崇高的事。在古人心中,读书需要仪式感,往往要"沐浴焚香、净手煮茶",然后挑选一个宁静舒适,有着明亮的光线的通透空间进行。"轩"字之所以从众多指代书房的字词中脱颖而出,寓意着我们对阅读的重视。我们也想回归到古时候,能够像那时候的辛弃疾、苏轼等人一样,打造一个可以让我们全身心投入、躲避凡尘俗事的清净之地。

"开明"二字,一是源自上海开放大学浦东南校"为了一切学习者,一切为了学习者"的办学宗旨。一直以来,开大南校就是以开放包容的姿态面对一切求学者。不分男女老少,只要对学习有着一颗追求与向往的心,就能够在学校就学。故而"开明"二字源于学校自建校以来对学习者的态度。开放包容不单单是对外的态度,也是对全体教师的明确要求。身为开大南校的教师,我们不论是对学生还是对学习本身要抱有一种开放包容的胸怀。大学之兴需要开放包容,以抗战时期组成的西南联大为例,其本身由北大、清华和南开大学三所学校组成,却做到了"同无妨异,异不害同,五色交辉,相得益彰"。以开明轩命名读书坊,意味着我们首先要以开放包容的态度看待阅读,不能将自己局限于原有的阅读模式里,要走出符合教师群体实质需求,又能真正满足培养教师阅读能力的创新之路。

"开明"还具备思想上的求新、求变的寓意,是我们对一切未知事物保有的好奇心。开明的原义是从野蛮进化到文明,被用作指代通达事理、思想不守旧的意思。这里我们将开明的含义与阅读最终能够带给我们的思想变化联系在一起。阅读能让人保持思想的活力,正如钱穆先生曾说,读书一是可以培养情趣,二是提高境界。这提高境界就是阅读在帮助我们不断形成属于自己的思想,并不断更新思想的过程。在这个过程中,我们学会了质疑与反驳,有了自己的独到见解,而不再全盘接纳他人的观点。当我们眼前的世界不再局限于我们原本所闻、所见的那样,我们内心深处的好奇心也就会被激发。开明实则更蕴含着我们对未知的好奇心,而阅读正好能够帮助我们满足这种好奇心。欲知天下事,全靠见与闻,阅读是我们看见和听到这个世界的另一个窗口。

古人云:"万般皆下品,唯有读书高。""立身以立学为先,立学以读书为本。""腹有诗书气自华,读书万卷始通神。"在正式开启读书坊的阅读之旅前,我们确实需要先花一点时间,仔细斟酌读书坊的命名,为它赋予我们每位成员以美好期盼。其间虽有过迷茫、纠结、不舍,可"开明轩"的确立让我们从中收获了满满成就感和归属感。看见集我们众人之力选出的读书坊名称——"开明轩",仿佛能够预见未来读书坊的阅读之旅也可以像古人对待读书那般,唯日孜孜,无敢逸豫,行远字迩,笃行不怠。

以赛促读+ 读写互惠多元模式促阅读

2019年9月26日,悦·行|开明轩·采文读书坊启动仪式在上海开放大学浦东南校顺利举行。本次启动仪式是由浦东新区教育工会、浦东教育发展研究院和浦东新区教育工会悦·行|读书社团联合承办,并在上海开放大学浦东南校的协办下完成。参与本次启动仪式的有来自上海开放大学浦东南校、上海市澧溪中学、浦东新区听潮艺术幼儿园、浦东新区惠南西门幼儿园、浦东新区春之声幼儿园、上海教育报社及浦东新区广播电视中心等多家单位的领导及80多名教师。伴随着读书坊启动仪式的圆满结束,开明轩·读书坊正式成立。

当天,我们趁热打铁,同时组织了由五家读书坊(开明轩/溪君荟/听潮风/西柚味儿/春之声)共计10名教师参与的主题为"共享阅读人生 献礼伟大祖国——庆祝新中国成立70周年"的演讲比赛。

开明轩·读书坊的首次活动就这样以演讲比赛的形式在大家眼前亮相。犹记得那天各位老师们主动上台讲述自己阅读故事的风采,或充满情感,或富有内涵,感染了台下所有观众。比赛最后,每位参赛老师都向大家推荐了自己心仪的书籍。经整理汇总,我们得到了读书坊初建时极具纪念意义的第一份阅读书单。

2019年10月开明轩成员读书目录清单

序号	姓名	书籍名	作者
1	汤明飞	《平凡的世界》	路遥
2	倪美华	《人生很短,你要做个聪明人》	雾满拦江
3	范新龙	《你若安好便是晴天:林徽因传》	白落梅
4	周晨光	《未来二十年,经济大趋势》	时寒冰说
5	王刚	《史部要籍解题》	王树民
6	唐丽英	《我们仨》	杨绛
7	卢丽芳	《人间有味是清欢》	林清玄
8	姚玮	《时光映画》	林帝浣
9	顾美红	《教师的幸福与专业成长》	肖川
10	胡春丽	《狼图腾》	姜戎
11	周耀英	《理想丰满》	冯仑
12	康玮懿	《人性的弱点》	卡耐基
13	施雨	《中国近代史》	蒋廷黻
14	王娟	《当我遇见一个人》	李雪
15	邱冰	《青铜时代》	王小波
16	蔡勇	《宽容》	房龙
17	黄华	《拆掉思维里的墙》	古典
18	陈松	《三体》	刘慈欣
19	张燕华	《四时之诗:蒙曼品最美唐诗》	蒙曼

以赛促读,突破了传统意义上的阅读形式。读书坊的组建被视为促进教师阅读的平台,然而应该以何种形式灵活组织阅读活动,是我们长久思考的事情。在如何促进青年教师阅读上,我们尝试了许多方法,包含传统的共读一本书、读书交流会等。以往传统的读书坊活动,想必大家并不陌生。例如,被大家所熟知的樊登读书会,大都是由参与其中的成员们自发参与阅读同一本书籍,结合邀请重要嘉宾(如作者本人、读书会组建者等)参与组织线下交流的模式。这种传统阅读模式对于刚刚组建的学校读书坊来说,不论是规模,还是可获得的资源支持,都存在一定的局限性。处于

初建阶段,且依托于学校教师的读书坊,不能完全照搬专业读书会的模式运作,还需要寻找适合读书坊成员职业特征及个性需要的阅读模式。此次演讲比赛正好让处于迷蒙中的我们发现了促使教师们深入阅读的另一种可能性。

阅读与演讲,一个是输入,一个是输出,两者相辅相成。平日里,大家总认为教师站上三尺讲台授课教学已经是对演讲能力的训练了,可真正的演讲和教学讲课还是有很大的区别。单从内容来看,授课时我们会将重点放在专业知识上,首要展现的是与学情相匹配的教育教学功底与知识本身。在演讲时,我们却可以暂时从教师角色中剥离,单纯做一名说话的人,去诉说内心的真情实感,去分享对于生活、对于人生的态度与认识。演讲的形式,契合了教师锻炼口才的需求,进而也将教师从较为单一的专业知识阅读的现状中暂时抽离出来,无形中为教师阅读拓宽了边界。

当然,演讲只是众多知识输出活动中的一种。与演讲类似的,且能同步促进阅读的还有写作。叶圣陶先生说过:"阅读是吸收,好像每天吃饭,吸收营养一样,阅读就是吸收精神上的营养。写作是表达,把脑子里的东西拿出来让大家知道。阅读和写作就是吸收和表达的关系,吸收越充分,表达就越贴切、详尽。"写作,是锻炼逻辑思维最直接的一种方式。后期在采文老师的引领下,开明轩·采文读书坊也开始尝试读写互惠模式促进教师阅读。

从事教师职业,免不了要提笔写作。日常行政工作、科研申报、职称评定考核等,写作无疑是教师职业道路上的必备技能。唐朝诗人杜甫曾说:"读书破万卷,下笔如有神。"我想,这句话很好地为我们解释了阅读与写作的关系。除去人生阅历的积累、行万里路时的耳闻目见,唯有阅读可以让人体验不同人生、汲取他人智慧。不少老师或许都有过与我相同的体验,每当面临撰写各类文章时,就会感慨自己积累太少,别说"下笔如有神"了,写时不像挤牙膏一样,就觉得很满足了。再审视产出的文章,要么是各种写作技巧套路的堆积,要么就是缺乏真情实感及切身体会,有假大空之嫌。之所以会有这样的情况,无外乎是因为现有的生活、工作没有提供给我们足够的独特生活体验,因而限制了我们的写作空间。

要训练写作技能,归根结底离不开阅读。开明轩·采文读书坊在2020年寒、暑假期间,曾先后组织读书坊成员们参与题为"讴歌身边的英雄""在抗击疫情的日子里""漫谈后疫情时代网络思政工作"等阅读写作训练。在读写互惠阅读模式的初步探索中,我们主要选择布置主题鲜明,且与时代背景、个人生活、工作息息相关的题目作为训练任务。

经一两次尝试,读书坊成员们对于读写互惠阅读模式的态度也发生了一系列转变。一开始面对额外增加的写作训练,大家都将其当成工作一样去完成,甚至抱着随便写写,早完工早交差的心态。但当我们将读写互惠的阅读写作训练逐渐常态化后,通过阅读各位成员的文章,不难发现,大家其实都非常认真地去思考如何撰写,且阅读了许多资料、书籍。有的教师撰写的是疫情期间阅读书目的读书感想,有的教师则将书中所读结合自身经验发表了深刻的体会。

开明轩·采文读书坊发展至今,我们对"读写互惠"也有了一定的认识,当然对该模式也会存在一定的困惑。之前读写互惠模式训练中,虽明确了主题,但有些主题可能会带有较多的教育教学性质。那么不由得引发我们对读写互惠的进一步思考,读写互惠除却通过阅读提升写作水平这一明确目标外,在内容上是否有其明确的指向性呢?我们在实际开展读写互惠训练时,该如何选择训练的内容?我们在发布读写互惠任务时,是提前明确主题,还是将选择权交给一众参与读书坊的教师,让其结合自身的兴趣点自行选择?我想这些问题,是未来读书坊发展进程中需要集各位成员之力,去思考和解答的问题。

无论是以赛促读,还是读写互惠,多元阅读模式的探索实践都源自对阅读本身的热爱与追求。开明轩·读书坊在促进教师阅读上,借鉴墨香采微·采文读书坊群组曾使用过的有效阅读形式,开展既契合教师职业特性,又能够满足教师个性需求的阅读活动,使得全体读书坊成员们都在阅读活动中有所收获。阅读带给我们的不仅仅是知识,还有不畏艰险的勇气和战胜困难的力量。在繁重的教育教学工作之余,阅读帮助我们祛除内心的浮躁,让内心世界归于宁静,带给心灵以慰藉和滋润。通过阅读,我们不再畏惧孤独与空虚,因为我们清楚地知道,我们有书为伴。

一个人? 一群人?

聊到阅读,我想每位老师都有着属于自己的独特经验和体会。我们经常将阅读看作消除孤独感的神兵利器。因为有阅读的陪伴,生命中那些一个人的时光也依旧能熠熠生辉。回想起那些在阅读的陪伴中度过的日子,我们好像总是一个人静静地度过。

的确,阅读是与他人无关的、属于一个人的事情,也是我们独自就可以完成的过程。由于工作、生活等种种现实原因的制约,步入社会后我们大都是一个人进行阅读活动。有时候一个人任凭喜好挑选和购买几本书,最后在某个无人打搅的午后、抑或夜深人静的夜晚慢慢阅读。享受着当下片刻的宁静,内心对所读书籍生发出许多感悟、共鸣,但也仅仅是一个人去细细品味。我们通过阅读,与书籍背后的作者进行着无声的交流。可唯一遗憾的是,读到动情处、疑惑处,无人能给予回应和解答。

我们不否认阅读是一个人的事情,但我们也必须明白,阅读有时又不仅仅是一个人的事情。组建读书坊后,我们将对阅读有着共同追求与热爱的伙伴们聚集到一起。通过读书坊微信群进行线上交流,定期在群内发布如"推荐自己认为值得一读的书籍""共读一本书"等小任务,以此为群内各成员整理出属于我们自己的阅读书单。由此,我们对阅读有了更全面、深入的认识。莎士比亚曾说:"一千个观众眼中有一千个哈姆雷特。"阅读亦是如此,一千个读者心中有一千种理解与想法。哪怕大家一起共同阅读同一本书籍,读完之后对书籍的理解、感悟也是完全不同的。这样一种推荐书单的活动形式,让我们发现大家的阅读选择各不相同,也让我们深刻感受到了不同个体间的思想差异。读书坊成员们由于自己个人经历的不同,喜爱的书籍类型亦不同。这种差异,丰富了读书坊的年度书单。我们的阅读方向不再局限于教育教学,而是拓宽到了更加多元的层面,如经典名著、小说、诗歌、散文、人物传记等。如果没有伙伴们的分享和推荐,或许我们仍旧会一直按照往常的阅读习惯,对书籍的选择也会局限于曾经涉猎过的相似主题。仅凭个人阅读,而不与他人交流,很难自行打破逐渐固化的阅读边界,拓宽阅读范围,从而了解更多未知领域的内容。当有了一个可以分享、交流的阅读平台,这就不仅仅为阅读增添了活力,还进一步帮助我们培养良好的阅读习惯。

如果我们长时间都处于一个人读书的状态,却没有交流,那么阅读会慢慢变成一件特别乏味的事情。为此,依托于读书坊,我们将阅读从一个人的活动变成一群人的活动。开大南校的教师们聚集在读书坊这一方天地内,以群体的力量激活着阅读的力量。群体观点的碰撞,让阅读的幸福感持续保鲜。而像教师这样一个具有同质性的群体,对某一本书籍,我们或许也会产生相似的观点。这些观点在阅读中被大家相互认可,并坚定地相信着。我们从阅读中得到的还有外界对自身的肯定,长此以往,以教师为主要参与对象的读书坊,或许最终可以构建起一个属于教师群体的阅读共同体。那么,阅读究竟是一个人的事情,还是一群人的事情呢?在读书坊阅读活动的探索中,我们逐渐找到了答案:阅读是一个人的事,亦是一群人的事。

一遍过？ 反复读？

  加入读书坊至今,曾发生过最令人印象最深刻的事情之一,是在某次读书分享交流会上采文老师的某段话语。那天恰逢大家分享和推荐《你当像鸟飞往你的山》这本书,然后采文老师就着推荐给了这样的阅读建议,她大概是这样说的:"一本书,可以反复进行阅读,这样才会有更加深刻的印象,通过每次阅读也会收获不同的感受。如果只是看一遍就过了,那么这种阅读方式或阅读物其实对提升我们的阅读能力的帮助非常有限。"

  这话之所以能留下如此深刻的印象,源于其背后蕴含着读书坊对阅读的根本要求之一——要对一本书反复阅读。我想不少老师的阅读可能和我有相似之处,很多时候确实是"走马观花"式的。抛开为考试而读,很少有一本书是让我们完整地反复读上两三遍的。

  当然,现有的读书坊阅读书目中,有一部分属于偏小说性质的书籍,导致我们读一遍、了解了故事的情节后,就很难再拾起,可采文老师所提到的反复阅读的方法确实是一种值得学习和培养的阅读方法。与之前提到的读写互惠模式一样,反复阅读同样是强调了深入阅读这一目标。

  古人云:"书读百遍,其义自见。"阅读一本书,就好比结交一位朋友,每次"会面"都能刷新我们对他的认识,从而收获不一样的感受。读书坊的建立初衷是促进教师阅读,那么同样也包含了教师阅读的有效性这一点。只有保证了阅读的有效性,才能从真正意义上促进教师阅读。而反复阅读的方式,恰好能够帮助教师理解书中的深刻含义。我想,在未来读书坊的阅读活动中,遇到某些值得反复品味的经典书籍时,可以挑选能够引发自己共鸣的段落、句子,进行圈画、摘抄,加之将阅读这些段落时的内心感受立即记录下来,以此加深记忆,还能够将某些阅读时一闪而过的观点记录下来,以便于我们日后回过头来进行思考。

  当然,这里说的反复阅读,也可以是带着时间间隔的从头到尾的重读。我们常常会听年长一些的人提起,随着个人生活阅历的增长,对某一件事情的看法也会产生变化,这一观点放在阅读上亦是如此。就拿四大名著之一的《红楼梦》来说,网上曾有读者将其在不同年龄段阅读该书的个人感受——罗列了出来,他是这样写的:"十岁爱读红楼,爱极黛玉;二十读红楼,恨极宝钗;三十读红楼,觉得黛玉幸福,宝钗可怜;四十读红楼,悟人生之不如意者十之八九;五十读红楼,知放下怨念,方得解脱。宝玉之出家,谓此也。"上述这段文字,清楚地记录着一名读者在不同人生阶段品读经典的不同感悟。我们在读书坊阅读活动中,如遇到同样被称为经典的著作时,一样可以采用在不同时间反复阅读的方式来读。

阅读之外的收获

在历经了读书坊线上线下的多次活动后,我越发觉得读书坊之于我们每位成员就好比港湾之于小船,读书坊是能够让我们在阅读这条道路上时不时停靠一下的地方。除开在读书坊阅读活动中结识的伙伴,除开从阅读不同书籍中获得的知识、感悟,我们还得到了阅读以外的收获,那就是重新审视阅读、重新审视读书坊的机会。

在阅读这件事上,我们每个人看似都是"成功者",可实则在如何阅读上却依旧是个"新人"。我们因自身受到过很好的教育,故而不自觉地认为已经具备良好的阅读水平,这就造成了我们对阅读的看法始终停留在"心中明白阅读的重要性,实际却缺少阅读行动"的状况中。阅读这事儿说来也挺奇妙的,当我们坚持阅读的时候,我们很难感知到自身的阅读能力是否真的进步;可一旦远离,缺少阅读而引发的各种问题就逐渐暴露出来。读书坊的阅读活动,在不断促使教师读的过程中,反而让我们意识到了阅读是需要伴随终生的。阅读就像是人类获取精神食粮的过程,缺了之后,或快或慢,必定导致精神上的营养不良。读书坊就是这样扮演着补给站的角色,为给教师群体输送精神食粮创建了很好的平台。

此外,借由读书坊这一阅读平台,也让我们发现了自己在阅读上的不足之处。我们往往是带着很浮躁的心态去阅读,就好像完成一个工作、完成一项任务一般,一本书从头到尾阅读一遍就将其彻底束之高阁的情况极其普遍。往往书中真正的内涵还没有被全部领悟,我们就丧失了再次翻开的耐心。当然,也就很难从阅读完一本书中获得成就感。我想,这并非一个合格读者的心态。

阅读是需要参与其中的人静下心来、细细品味和咀嚼文字的活动。而静下心来,却和我们如何看待阅读有着十分密切的关系。这就需要我们在开始阅读前,先认真审视自己是如何看待阅读的,又将阅读放在什么样的位置。正如之前所提到的,阅读是长年累月才能看到效果的,一旦我们仅仅将阅读当成一种工具,将阅读看作为达到某种利益的途径,那么确实很难做到静心而读。反之,如果我们暂时抛开能否获取利益,单纯只是享受整个阅读过程,那么静下心来就不再是难事,我们也能更加投入到整个阅读活动当中去。

阅读从选购一本好书开始

  2020年初,突如其来的新冠肺炎疫情打乱了全国人民喜迎春节的节奏,大家纷纷响应政府号召,自行在家实施居家隔离。全国人民都在家通过网络媒体密切关注湖北省武汉市疫情的最新进展。一时间,大家迅速调整生活方式,从原本的走出家门一览大好河山之美,转变为宅在家用手机、电脑等语音、视频的方式与外界沟通交流。

  居家隔离,为读书坊组织各类青年教师阅读活动提供了更多时间。转变了工作形式、变换了生活方式,反而让我们回归安安静静的纸质书阅读。遭遇着百年难得一见的新冠疫情,面对着瞬息万变又充满未知的今天,我们反倒更加珍惜此刻的阅读时光。

  在新冠疫情这样的时代背景下,在实行居家隔离后的第7个月,读书坊终于迎来了2020年来的第一次线下活动——实体书店购书。出于对疫情的考虑,本次线下购书活动采取分批次进行。读书坊一部分成员参与了位于张江长泰广场言几又书店的购书活动,而另一部分成员则参与了位于徐家汇的钟书阁购书活动,活动共分成两天进行。长期在家宅着的读书坊成员们,早在听到将要组织本次购书活动时就对活动充满了期待。购书活动当天,还记得是个阳光明媚的上午,教发院采文老师带领我们在书店里漫步着,边走边选,书店里散落着悠扬而轻快的音乐,经过一个小时左右的选购,最终我们每个人都选到了自己心仪的书籍。

  回忆起那天站在书架前,目光掠过一排排书架,纵使环境怡人、时间也算宽裕,可面对那么多形形色色的待选项(书籍),我们不由得开始纠结起来,到底选择哪本书好呢? 自己主动走进书店选书、买书,大概是从大学那会儿才开始的,哪怕到现在线下线上购书已历经许多回,每每选书的时候还是会经历与本次线下购书活动时的同款纠结。

  阅读,本质上是从选择一本好书作为开端的。可以说,选择了一本好书,阅读活动也就成功了一半。这种成功是不带功利性质的,更多讲的是阅读后能够在思想上、精神上有所得。我想,读书坊组织集体购书活动的初衷便在于此。通过带领大家一起选书、购书,促使大家认真体会自己挑选书籍的全过程,思考自己到底是如何挑选出最喜欢的那些书籍。不难察觉,选书时我们会下意识地结合自己当下兴趣爱好及现实需求(如育儿、儿童教育等)。除却刚才所说的挑选依据,伴随着现代各类网络媒体阅读推荐类信息的增多,我们还会参考网络推荐书单去选择购买书籍。这当然为我们在书店购书节省了许多挑选的时间,但随之而来的弊端也显现出来:我们是在市场影响下做出购书选择,这些书很多时候只是发挥着杀时间的功能,而并不能真正充实我们的精神世界。正如作家冯唐说过的那样:"一年至少要读四本严肃书籍。"对严肃书籍的定义,是指通常在机场买不到的,并非近五年出版的,也不是让人看了不犯困的书。那我们在进行书籍选购的时候,可以参考冯唐所说的那样,有意识地选择那些可以归类为严肃书籍的书进行阅读。

此外,阅读其实是需要一定知识背景的。这里的知识背景是指在阅读之初我们就要有对某些领域的基本认识,具备相应的认知能力后,才能顺利看懂某些特定领域的书籍内容。这就和处在普教阶段的学生很难理解本科、研究生学段的教材内容是一个道理。因此,当我们选择书籍时,还可以从书籍简介入手,整体把握全书的基本内容,从而判断其中的内容是否真的与我们的知识背景相匹配。

我们在过去必定阅读过无数本书,那一本本的书,有的读起来轻松愉悦,有的读起来很是费劲,而有的书最终半途而废。一本好书,其中的字词句进入脑海,精髓便化作了"三观",影响到我们一辈子为人处事的态度和方法。阅读也是我们认识世界的方式之一。选择什么样的书籍阅读,就会潜移默化地形成什么样的阅读口味,也意味着我们将来会以何种视野去感知这个世界。

经由本次线下购书活动,我们收获的不单单是对如何选择一本好书的思考。由此,我们还认识到培养个人独立思想的重要性。人生中任何一个选择,都源自我们个人独立的思考。读哪一本书的选择更应该是要源自内心所需所想才可以。然而,身处大数据时代,我们总是在各类繁杂的信息中沉浮着,被市场左右、被外界信息干扰是常有的事,随波逐流和跟风也变成当今社会上极其常见的现象,且在各个领域都屡见不鲜。可阅读不是时尚,不是我们一味地跟上大部队,就能够不俗。书籍也不是那些个网红店铺,市场热捧什么,什么就最有价值。

我们要凭借着自己的独立思想去建立一个相对稳定的价值标准,去衡量、判断一本书的好坏,这极其重要。这里我想借用作家冰心在她的《忆读书》中提到的她认为的好书的标准,作为我们确定一本书好坏的标准。她认为"能感染人、陶冶人,有助于提高人的品质修养,有助于扩大知识面,有助于写作的书才能算好书"。我们大可以站在巨人的肩膀上看世界,借鉴冰心女士对好书的判断,从而逐渐形成属于自己的对书籍好坏的更细致的衡量和判别。

对美好事物的追求是人类的本能,对一本好书的追求亦是阅读者的本能。当然,因为人与人之间的思想差异,我们对何谓好书最终仍旧是难以得出一个统一的标准。对这一点,我倒是并没有太多担忧。相信那些对于真正热爱阅读的人来说,最重要的是通过阅读寻找属于各自的精神世界,而非达成阅读内容上的统一。

《刻意练习:如何从新手到大师》的写作训练

2020年,开明轩·采文读书坊开始尝试进行读写互惠的阅读写作训练。为了让参与其中的教师成员们能够有效地提升写作能力,我们在共同阅读《刻意练习:如何从新手到大师》一书后,参照书中总结的一些方法进行了尝试。

《刻意练习:如何从新手到大师》是由美国心理学家安德斯·艾利克森撰写,在2016年11月正式在中国出版的图书。我们所有人都认为杰出源自天赋,而天才本人却说成就源自正确的练习。作者艾利克森想要借由本书向我们揭示一个有效的练习方法:我们生活中所看到的专家级的水平是逐渐练习出来的,而真正起到重要作用的关键因素在于找到一系列小任务让受训者按照一定顺序完成。这些小任务必须是受训者恰好不会去做的,却又正好能够学习掌握的。受训者在完成这些小任务时,必须思想高度集中,这区别于那些例行公事性质的任务或带有娱乐性质的练习。

对该书的整体阅读可知,要在某一领域变成杰出人才并非是一种天赋,而是每个人都能够通过训练获得的技能,其关键在于刻意练习。这和之前被大家所熟知的一万小时定律有一些共通之处。但不同的地方在于各行各业要脱颖而出成为杰出所需要花费的时间、精力是不同的,如果我们没有参照一定的方法、技巧,哪怕我们花费了一万个小时,甚至花费超过一万个小时的时间,也不一定能真正有所成就。因此,我们在正式开始写作训练之前,要区分这两者之间的不同,而非盲目地投入时间。

通常我们在生活中要进行刻意练习需要实现四个步骤,分别是产生兴趣、变得认真、全心投入、开拓创新。这里的练习,之所以前面加上刻意二字是作者想要和我们强调专门去做的状态,这是带有一定的目的性的动作。而开明轩·采文读书坊的教师们也是在该书中提及的"产生兴趣、变得认真、全心投入、开拓创新"四个步骤下各自尝试写作训练。

让教师们进行写作训练,无疑需要激发兴趣。开明轩·采文读书坊的教师们在开启读写互惠的写作训练之前,都已经参与过几次阅读活动,如共读一本书、推荐书目等。我们对阅读书籍的兴趣也正是在不断参与读书坊各类线上、线下活动的过程中慢慢培养起来。诚然,写作与阅读是不同的思维过程,随着阅读量的增多、阅读素材的积累,加之现实中客观的写作需要以及教师角色本身具有一定的写作能力,兴趣也随之渐渐生出。人们常说我们感兴趣的事情往往是我们比较擅长的事情,这里教师们对于写作的兴趣点也源自平时工作、生活中对写作的不断尝试。其后要让教师认真对待写作。在开明轩·采文读书坊的教师们尝试写作训练的过程中,这一点才是最难做到的。平日里,我们写作一般都是为了完成教育教学或行政工作,总之这类写作带有一种例行公事的意味。突然,当写作不再被定义为一项工作,我们该如何对待这样的写作呢?反而是让人迷惑了。在这里我们依靠读书坊这一团队的力量,所有成员相互监督,完成每一次的写作训练,以此促使我们每位教师都认真对待写作。全心投入意味着教师们在完成写作训练时,要排除工作中、生活中的种种干扰,在进行写作训练时心无杂念,最后实现写作能力突破。在前期不断撰写的基础上,我们会累积相应的写作经验,积累到一定程度便会升华。

经验道理看似简单,真正实践起来却是非常有难度的。教师们在进行写作训练时,首先遇到的困难就是缺乏时间。受到教师客观工作的影响,我们都只能将写作放到工作之余、生活琐事之余,挤出时间去完成。其次是对如何训练的探索。虽然大家都认真阅读了《刻意练习》这本书,可每位教师对于该书内容的感悟是不同的,我们每个人对于刻意练习的理解也不同。那么在具体发布一系列小的练习任务时,就需要考虑从最基本的写作技巧训练做起。当然,完成前面所说的一切后,很重要的是进行反馈交流。为此,读书坊的成员们在每次完成写作练习后,开展面对面的写作感想交流,将自己在完成撰写时遇到的难点、收获与大家分享。

共读《刻意练习:如何从新手到大师》的过程中,我们边读边实践着其中的练习技巧。当我们进行写作训练时,我们收获的不单单是写作技巧、写作素材和写作能力,还明白了一个重要道理——走出舒适区比有目的的练习更加重要。正如该书中所说的那样,"业余钢琴爱好者在十几岁就开始上钢琴课,等到30年过去了,他还在以相同的方式弹奏着那些同样的歌曲",只有我们敢于迈出第一步突破原本的写作方法、写作风格,我们才不至于一直"啃老本"。

此外,舒适区外的世界或许比我们想象的要大得多。我们都曾经看过的那一篇篇文字隽永、语言流畅、情感饱满的文章,带给我们难以言说的愉悦体验。我想,那就是我们进行写作训练的根本目标——提升个人的写作能力,从而用文字将真、善、美的思想传递给外界。或许,打破差不多快要定型的写作模式和写作风格对每位青年老师来说都是一项充满挑战的任务,可进行写作训练的我们也深知唯有不断重复的有效练习才能最终实现对大脑和身体的适应性的突破,摆脱懒惰,突破瓶颈。

"领读者"的初尝试

说起领读,或许会让大家的思绪回到教室里,想起老师在讲台上领读,学生在台下跟读的场景。那是我们每个人孩童时代的记忆,可当我们日渐长大,领读仿佛离我们的生活越来越远了。之所以重新提起领读,是源于前段时间由央视推出的名为《朗读者》的节目。该节目由董卿担任主持人与制作人,以个人成长、情感体验、背景故事与传世佳作相结合的方式,选用精美的文字,用最平实的情感读出文字背后的价值。正是由这个感人至深、与阅读有关的节目,让我联想到了领读人这个词。

在开明轩·采文读书坊参与阅读活动的这些日子里,我们很好地实践着教师角色到阅读者角色的转变。受工作性质的影响,我们更容易投入阅读活动中,而阅读活动也确实能够直接对个人生活及教育教学产生积极影响。朱熹的诗句"问渠那得清如许,为有源头活水来"就明确表明了阅读是教师职业生涯的必需品,那么阅读者的角色就可以被视为与教师角色紧紧捆绑在一起的第二身份。"不怕先生嗔,但怕后生笑",身处当今时代,面对着纷繁复杂、快速发展的社会进程,脱离阅读,不主动汲取新知识就意味着要担负起被我们所教学生赶超的风险。可教师在做一名阅读者的同时,又不能遗忘教师的本职工作。当我们自己在体验阅读、不断提升阅读能力的时候,依旧要秉持着将自己所学所获传授给学生的教育初心。基于上面所提到的教师坚守阅读者和教育者的双重角色的需要,开明轩·采文读书坊依托学校特色的学习小组模式提出了教师领读者的概念。

学习小组合作学习模式是我校三年来教育教学工作的一个重点抓手,已经取得了一些经验,学习的共同体、助学的好载体初见成效。受新冠疫情影响,2020年春季学期以来,上海开放大学教育教学工作全面启动了"线上为主、线下为辅"的应急模式,网络空间里教和学的往来交互,到处萦绕着"教与教合作的和声"和"学与学互助的旋律"。学生个人自主学习之外的小组合作学习活动较以往彰显了更多"互信融合、团队发展"的重要作用。其中,教师的灵活指导、学生的积极参与,给学习小组活动平添了丰富内涵和靓丽色彩。

而教师领读者小组就是开明轩·采文读书坊对于教师阅读的一种新的探索和实践路径。2020年受疫情影响,学生的学习被全面搬到了网上,原本实践了三年之久的学习小组合作学习模式也被迫从线下转到线上。在这样一个大背景下,我们由读书坊教师成员个人担任小组带教老师,带领了一个学习小组作为教师领读者的阅读探索小组。为了试着发现教师领读者小组的有效性,同时也怀揣着对推广阅读,让更多人学会阅读、擅长阅读、热爱阅读的初衷,读书坊教师将这一学习小组的学习任务定位在了拓展阅读上。该小组中加上领读老师一共有8人,属于小规模的阅读小组。为了便于领读者小组开展阅读活动,也考虑到小组成员们基本都是在职的情况,我们选择微信的方式线上开展阅读活动。小组组成至今,教师领读者小组共组织了三次线上阅读活动,活动内容主要以师生交流阅读日常、教师领读为主。

教师领读者小组虽怀揣着一颗对推广阅读的赤诚之心,但在活动实际开展时依旧面对着许多的挑战。当教师领读者小组组成后,遇到的第一个问题就是如何清楚知晓组员们的日常阅读习惯。教师领读者小组的一切阅读活动本应围绕组员对阅读的真实需求来开展,而并非全权由领读教师去指引大家的阅读方向。教师作为领读者的角色,不单单是带着大家阅读一本书,更应该是扮演阅读引领的角色。阅读引领者需要充分发挥自己累积的阅读经验、阅读记忆,而后高屋建瓴地为组员们推荐他们喜欢的书籍,并带着他们一同读。因此,阅读小组开展的第一次活动,就是组织大家一同分享自己最喜欢的书籍,以及自己目前感兴趣的书籍类型。或许是隔着屏幕的原因,每位组员都分享了曾经读过的最喜欢的书籍,并简单介绍了自己现阶段感兴趣的书籍类型。

当然,除了对组员们的阅读需求的把握外,随着教师领读活动的逐渐深入,身为领读人的教师也开始显现出小问题。现在的教师领读小组是由一名读书坊的教师担任指导教师,教师自身会受到所学专业的限制,从而导致有时候我们在推荐书籍时带有一定的倾向性和个人习惯。领读活动之初,可能凭借领读教师以往累积的阅读经验可以胜任领读者这一角色,一旦小组长期发展下去,便会产生领读教师无法带给组员更好书目的情况。针对这一情况,后期,我们或可借鉴朗读者中每一期节目更换不同主题和嘉宾的形式,在每一阶段更换带领小组的领读教师,使组员们能够在有更广泛阅读的同时,也确保教师领读小组的阅读质量。

教师领读者这一想法的实践，我们尚处于刚刚开始探索尝试的阶段。未来，开大南校是否能够实现开明轩·采文读书坊与教师领读者小组之间的相互协同成长，仍需要我们读书坊的每位教师去尝试、发现。或许，实现从教师阅读转变为教师推广阅读的道路依旧漫长，但我相信有了对教师领读者这一小组阅读模式的初步尝试，可以为教师如何推广成人阅读提供新思路。

阅读最终的落脚点或是审美

开明轩·采文读书坊成立以来，已开展了一系列如演讲比赛、共读一本书、读写互惠写作训练、年度个人书单分享、线下书店购书活动等阅读活动，后续还会有更多围绕阅读的活动等着我们用善于发现、创造的目光不断探索。

过去一年多的时间，我们也已然在富有特色的阅读活动中收获满满。有些曾经只是出现在网络中的畅销书目，终于被我们拿在手中细细品读；有些原本已经被品读过一遍的书，我们有机会再次翻看；而有些曾经读到一半却没看到结尾的书，在这里被我们坚持着全部"啃"完……指尖触碰着一本本薄厚不一的书，看着一页页排版精美的页面，仿佛能从字里行间飘散出一股子书的墨香气味。这是多么令人神往的一幅读书画卷呀，这又是多么美的一副阅读景象。这一帧帧美好的画面，让我不禁想，或许阅读的本质就是一种审美呀！

过去我们谈审美，好像总是停留在事物的客观外在，例如高、矮、胖、瘦、色彩、触感、气味等。生活中，自然风景是美，历史悠久的画作是美，现在受到广大青年们追捧的时尚潮流也是美的一种。可我们往往忽略了，审美的实质是经过我们大脑思考的行为。正如大家常说的那句，世界上缺乏的不是美，而是发现美的眼睛。审美是先于美的事物而存在的，只有当我们在生活中不断进行思考，乐于欣赏周遭事物，敢于自信表达自己的观点，勇于探索更加广阔的世界，才能发现更多的美，才能正确地审美。

阅读与审美一样都是不断思考的过程，只不过阅读是发现书籍这项作品的美。每一本好书的背后，都有着一个杰出的思想家——作者，他们将思想注入书本中，一行行、一页页都填满了真、善、美。当我们翻开一篇佳作，其中隽永的文字、精彩的修辞、严密的逻辑，这一切组合而成所营造的意境、故事、主人公的命运沉浮，都能够让我们深刻体会到文字的美、思想的美以及生命的美。这些美将我们从喧嚣浮躁的快节奏生活中解救出来，让我们感受到了真正的愉快和欣喜。我想这种对美的体验与感悟便是审美。

开明轩·采文读书坊的一系列阅读故事写到这里,一路回忆起来,有过迷茫、有过付出、有过困惑,当然也有过收获与喜悦。阅读这一悠长旅途中,一切都要归于对美的追求,即一切都要落到审美上。对美好事物的追求,本质上是人最根本的追求之一。我们之所以需要审美,实质上是为了不断完善自己。而凭借阅读,我们可以明白其实生活与世界可以变成更美好的样子。阅读是一个纯粹的欣赏过程,而这个过程就是一个不断提升自己、美化自己的过程。翻开书本,沉浸到文字的海洋里,从中接受书籍带给我们的正能量,实现洗涤心灵、洁净灵魂的效果,我们的生活变得更加充实,对自己和世界的认识与理解也变得更加深刻。

阅读最终的落脚点是审美,还源于阅读过程就如审美一样,带给我们一种全新的情感体验。在读到一本全新的作品时,我们会不自觉地投入情感,去想象如果换作自己是主人公时会怎么做,从而产生许多不同于我们自己人生经验的情感波动。阅读时,我们会把自己和书中的主人公紧紧联系在一起,随着主人公的遭遇和经历一同感受喜怒哀乐的变化。就好像读书坊阅读《你当像鸟飞往你的山》一书时,被女主人公塔拉的童年遭遇所触动,担忧她未来该何去何从,可后来当她在求学时做出了坚持自己的人生抉择时,又深深佩服她克服恐惧的坚忍品质。每个人或多或少遭遇过童年原生家庭的不幸,且受限制于悲惨遭遇带来的伤痛感受,可最终她凭借自己的不懈努力终究是实现了自己的求学梦,去到了顶尖的学府。看到某些有共鸣的段落,种种情感在心中交织在一起,久久不能平静,这种情感上的契合与汇集,就是从阅读中来的不可替代的审美体验。

作为审美的阅读,是跳脱出物质功利性目的的,我们平时为了应付考试、升学、考证、职称而读书的经历算不上是为审美而读,因而也很难产生美感。很多时候,那些不走心的、走马观花式的阅读,读完之后就随着时间消散了,无论是在我们的记忆中还是在我们的情感体验中都难以留下太多印记,更别提由此引发更多的思考和再创造了。古人云,惟书有色,艳于西子;惟书有华,秀于百卉。阅读,不仅带给我们深刻的美感和持久的愉悦,还可以提升我们的审美品位,让我们真正懂得什么是美。阅读,可以增强我们对生活的洞察能力,使我们变得更加敏锐,并更善于观察,发现生活中多姿多彩的细节,发现与感受到不一样的美丽与愉悦。

落笔至此,开明轩·采文读书坊曾经留下的点滴阅读故事及体验几乎都已和大家分享了,可读书坊的各类阅读活动却依旧在进行着,我们从未停下脚步……阅读即审美，人们对美的追求是一种持续的需要，它帮助我们提升审美能力，从而去感知这个世界精彩纷呈的那一面。在书籍这款艺术品里，我们实现了与其中作者在思想上的对话，完善和充实着属于我们自己的思考。最后，心中实则尚有许多有关阅读的、想说而未说的话语。不管我们每个人是如何定义阅读、如何看待阅读、如何实践阅读活动，归根到底只要我们有一颗热爱阅读的赤诚之心，那么一切的形式只是为了将阅读衬托得更加有吸引力罢了。

森林研习·单丝不成线　独木不成林

阅读，是我们每个人生活中不可缺少的部分，博览群书，积极阅读，是个人成长的必经之路。悦行｜森林研习·采文读书坊群组的建立，是为了吸引和组织各群组青年主持人齐聚阅读研究，学会阅读，从而更好地提升自己，继而带动学校读书坊阅读学习的研究推进。

2020年4月15日下午，"森林研习"群组全体成员通过钉钉软件进行了第一次视频阅读如何学习与研究读书会，同时也邀请了浦东教育工会悦行社团负责人朱爱忠老师和浦东教育发展研究院郑新华博士参与在线指导。读书会上，群组成员浦东新区听潮艺术幼儿园"听潮风·采文读书坊"主持人金玲老师，对承担课题项目"基于青年教师阅读素养视角的教育服务推广研究"申请拟定的方案进行了全面的解说，她从为什么做这个课题、做些什么、具体怎么做等三方面进行演说。全体成员听后对课题研究的价值有了许多新的认识和思考，也达成了关于"阅读素养""教育服务"等概念的基本认同。其他群组成员对自己在课题开展中所要承担负责的内容进行了初期的演说，希望能通过齐心合力助推课题的顺利开展与申报。

溪君荟采文读书坊首位负责人臧延长老师说道：森林研习这个读书坊群名，让他想到一句俗语：单丝不成线，独木不成林。个体的力量终归是有限的，而群体的力量是无穷尽的。因此，我们只有将个人融入集体，共同学习，博采众长，才能让自己大开眼界，增长见识，不断提升内涵修养。如今，读书坊里群英荟萃，贤才云集，学段不同，各有专长，如同植被繁盛物种丰富的森林，必将会有百花齐放、百家争鸣的美好前景。

课题是一项专业的研究项目，需要专业的指导，浦东教发院的郑新华博士对本次课题进行了专业、翔实的指导，他从关键词阅读推广、青年教师素养、教育服务等概念界定、核心文献的选择、推广的途径等方面给予许多建设性的建议，肯定了本课题的创新性、可操作性和价值性，表示能指导这样的课题是一件很有意义的事。

本次读书会聚焦科研，专家对话。除了博士的专业指导，浦东教发院原工会主席朱爱忠指出，悦行｜采文读书坊"5+1"团队以阅读研究的角度组建"森林研习"群组，以科研的手段来推进阅读工作，是非常可喜的。在阅读学习中需要以课题研究的严谨，结合科学的方法，有效推进课题的实践研究。同时他对采文读书坊的读书实践研

究活动给予了高度的肯定和期望,祝愿大家在此研究过程中有所收获,有所成长。最后,悦行|采文读书坊主持人、浦东教发院蔡文花老师进行了总结,"森林研习"群组社团尝试通过课题研究的方式开展读书阅读活动,对每一位成员来说是一次新的考验和成长,需要大家付出热情,群策群力,以开明开放的自主积极阅读姿态,共享阅读体验和智慧,一定会有收获,并实现超出预期的阅读心智成长目标。

悦行|采文读书坊 5+1>6 "森林研习"立项课题组成员名单

序号	成员	性别	职称	读书坊	研究专长	分工
1	蔡文花	女	中学高级	采文读书坊	教育研究	课题负责人
2	金 玲	女	中学高级	听潮风	实践研究	子课题负责人
3	李淑雯	女	二级教师	听潮风	实践研究	
4	丁芬芬	女	小幼高级	西柚味儿	实践研究	子课题负责人
5	瞿梦婷	女	小幼二级	西柚味儿	实践研究	
6	王 洁	女	二级教师	春之声	学前教育	子课题负责人
7	薛 婷	女	三级教师	春之声	学前教育	
8	臧延长	男	中学一级	溪君荟	教育教学	子课题负责人
9	潘樊洁	女	中学一级	溪君荟	语文教学	
10	胡春丽	女	讲师	开明轩	物流	子课题负责人
11	卢丽芹	女	讲师	开明轩	法学	
12	赵馨雨	女	中学一级	溪君荟	数学教学	子课题负责人

(说明:以上表单成员是以课题组申报成功为准,后序略有微调)

赋能开题会

森林研习·采文读书坊,主要目标是以课题研究的方式开展阅读学习。

农历十月,秋高气和,金风送爽。秋季也是读书坊老师们最喜欢的季节。为正式启动5+1采文读书坊的区级重点课题项目,并进一步推进后续相关研究,也为真正提高浦东悦行│采文读书访青年教师的阅读素养,加强相关课题学校成员之间的读书经验交流和学习,提升教育服务推广的创意成效与影响力,2020A13课题组于2020年11月4日成功举办"基于青年教师阅读素养视角的教育服务推广研究"项目开题会,整个报告会由浦东悦·行│采文读书坊主持人、总课题负责人蔡文花老师主持,上海开放大学浦东南校开明轩读书坊子课题负责人胡春丽老师主持开题活动,浦东教育工会、浦东教发院以及相关受邀专家与领导们莅临指导,5+1采文读书坊核心群组"森林研习""墨香采微"全体成员以及周浦育才学校"立学魔剑"读书社团的教师代表全程参与,聆听学习,交流分享。

序　曲

书香润心灵,悦读促成长。开题会开始部分,全体与会者观看读书坊专题片《寻找生命的黄金屋》,共享采文读书坊前期主题行动计划推进中"5+1＞6"的阅读学习成长故事。

展示·汇报

专题片之后,听潮艺术幼儿园保教主任、听潮风读书坊负责人金玲老师代表课题组总课题做开题报告。金老师从开题活动简况、开题报告要点(核心概念、研究目标、研究内容、研究方法、研究过程与分工推进、研究基础成效、拟解决的关键问题和特色创新之处、预期成果)等方面汇报了目前课题的进展情况,并附上了各家读书坊的五项子课题。紧接着,春之声幼儿园王洁老师就子课题做了开题汇报,惠南西门幼儿园张珏园长代表子课题领导发言。三位老师的发言向大家展示了课题组前期精心、翔实的准备工作,以及"5+1"读书坊背后的学校等各方的支持与保障。

点拨·指路

浦东教发院学校发展中心副主任王丽琴博士在听取开题汇报后,提出联合申报的形式很独特,由于各个读书坊拧成了一根绳,将课题染上了浓浓的书香色彩,不再体制化,充分肯定选题既特别又富有意义。同时也提出了建议:需要对课题题目中的每一个词进行"咂摸",找到破题的内容即最重要的"点"和百花齐放的"连接点"。需要去进一步梳理青年教师的阅读素养现状,更要去搞清"服务推广"的意义,并将"服务"分出层次,对"服务"的过程、方法进行梳理,对如何提供"服务"进行思考。最终让教师通过书写心智成长轨迹,记录自身读书素养的提升工程。上海市语文特级教师、正高级教师、浦东教发院教师发展中心副主任兰保民老师也为课题组指出了重要的思考与研究点:"阅读素养"的内涵到底是什么。建议需要对此更细化、明晰化的解读,为后续通过哪些平台、活动去撬动、推动它做更好的准备。

交流·互动

课题负责人蔡文花老师首先提出:5+1采文读书坊以课题项目方式开展读书行动,目的想要让阅读行动更科学、更规范乃至更有效地提升青年教师阅读素养,在后期课题研究实践推进中,她提出"五个"坚持:将坚持高质量阅读素养视角的教育服务行动;坚持构建读书坊内部循环,包括5+1>6外部循环;坚持基于本课题研究成效去影响辐射周边更多的学校;坚持阅读素养的系统思维方式以及整体发展观念;坚持建立故事化和数字化阅读素养的原创新资源成长案例库,最终能够共享阅读学习教育资源。

周浦育才学校党支部周学兵书记、春之声幼儿园陈爱娟园长、上海开放大学浦东南校工会主席王刚老师等纷纷表态全力支持读书坊的课题研究,并积极去学习,去融入,去研究,通过阅读不断进取,做更好的自己。

经典照亮

阅读启迪智慧,经典照亮人生。语文专家兰保民老师45分钟《诗经离我们有多远》的讲座不知不觉间悄然而过,讲座内容不仅有鲜活有趣的生动事例,也有条分缕析的讲解示范;不仅有专业理论的渗透,也有实践举措的指引。加之兰老师深入浅出的演说风格,在场的老师们都不约而同为之击掌点赞。通过兰老师的讲座,教师们对《诗经》平添了一份亲近感,也对唤醒心中沉睡着的那部《诗经》充满了兴趣与信心。依托专家智慧沟通方式的引领,教师们的阅读热情得到显著提升,也为本次开题报告会赋能更富足的阅读素养元素与诗意气息。

总结·新出发

浦东悦行读书社团负责人、2020浦东首届最美书香人、浦东教发院原工会主席朱爱忠老师对开题会进行了总结:首先,悦行读书社团将读书作为课题延续是一种新的模式,提高了读书活动的接受度,未来将通过工会助力推动读书坊的发展。其次,肯定蔡老师提出的"五个"坚持非常重要,既回应了课题指导专家的问题,又使大家在读书活动过程中能进行整体系统思考,分步落实,相互促进。

最后,朱爱忠老师提出:阅读教育应该从书籍教育开始,要热爱书籍、敬畏书籍;书籍教育要实现日常化;要结合工作去读书。书籍教育是一种审美教育,读书更是一种美的享受。

本场课题开题报告会,内容丰富充实,成员间的交流沟通和专家的前瞻性建议为课题研究的发展指明了方向,理清了思路,明确了重点,坚定了目标。成员们对课题建构框架越发清晰,对课程内涵理解愈发深刻,相信在经过内化之后,会将其转化到课题研究的后续推进中去。我们说,凡事预则立,有了如此高屋建瓴的指导启发和开放融洽的交流分享,"基于青年教师阅读素养视角的教育服务推广研究"课题定能拨云见日,云散月明,迎接成功的熹微之光!

2020悦行｜采文读书坊5＋1课题项目申报内容

序号	总(子)课题名称	负责人
1	基于青年教师阅读素养视角的教育服务推广研究	蔡文花(采文读书坊)
2	整合碎片化阅读与完整阅读方式,优化青年教师教学行为研究(子课题)	胡 尧(溪君荟读书坊)
3	从阅读素养看青年教师开展传统教育课程(子课题)	王 洁(春之声读书坊)
4	以西柚味儿读书坊为载体助推青年教师阅读素养的实践与研究(子课题)	丁芬芬(西柚味儿读书坊)
5	关于提升青年教师阅读素养的现状分析与研究对策(子课题)	胡春丽(开明轩读书坊)
6	基于听潮风读书坊青年教师阅读素养提升的案例研究(子课题)	金 玲(听潮风读书坊)

第四部分：
阅读经典

阅读习惯

其实,就某些方面来说,我们都是阅读达人,因为每天看一堆电子邮件、回复工作微信、阅读教育教学文件与案例,或者焦躁不安地阅读产品说明书,包括看微波食品包装上的成分表、广告或招牌上的文字,等等。从广义阅读的理解上,这是可以归属于实用书一类的阅读。从《如何阅读一本书》得知:实用书有两种类型。其中一种,基本上都是说明规则的,无论其中谈论到什么问题,都是为了说明规则而来。另一类书主要是阐述形成规则的原理,许多伟大的经济、政治、道德巨著就属于这一类。当然,这样的区分并不是绝对的,如亚当·斯密的《国富论》《道德情操论》堪称这一类书中的伟大巨著。说实话,这样的巨著,世界上的经典之作,凭借自己目前的阅读积累和认知水平,至今是无法一时从根本上读懂弄通的,需要完备一系列的相关知识架构与系统思维的思考与阅读习惯,等等。

对于《道德情操论》这本书,苏格兰哲学家杜格尔德·斯图尔特评论道:"它是一本具有创造性和独创性的巨著。书中包含了许多重要的真理,其优点是引导哲学家们注意到以前在很大程度上没有被他们注意到的对人性的看法。毫无疑问,古代的近代的著作,都没能在我们的道德观念方面给予如此完整的指引,而这门科学的伟大目标,就是要指出这些事实的一般规律。这些事实,以最愉悦、最美丽的光彩呈现出来,当主题引导他触及想象力和心灵时,例证的多样性、雄辩的丰富性和流畅性,赢得了读者的注意,激发了读者的热情,这使得亚当·斯密在英国的哲学家中独树一帜。"在这里提及本书,主要是推荐给有能力有兴趣的阅读者尝试着去阅读,挑战高质量的经典之作作为阅读之旅的勇敢开启。

作为热爱阅读之人,总要勇于挑战你未知的领域,获得理解提升阅读素养的心智,成长才有可能实现。这就需要我们从阅读中学会遵守思维的礼节,对书、对人、对事不妄加评论,或者道德绑架,真正做一个开明开放、有着自我要求的阅读者。我们可以从自己的阅读习惯中日清日新,梳理阅读认知,包括坚持每天晨练或晚习语言文字功夫。

保持日清日新

爱阅读的我,阅读的热情和勇气始终保持着,但在阅读口味和层级上难免过于感性和接地气。非常认同《阅读蒙田,是为了生活》一书的作者为其书取的名。有一天晨读时,读到《人性的弱点》一书中《平安快乐的要诀》篇章,卡耐基关于改变不良工作习惯的观点,目的是要获得平安快乐的要诀。文中罗列了四种不良习惯:一、办公桌上乱七八糟;二、做事不分轻重缓急;三、将问题搁置一旁,而不是马上解决或做出决定;四、不会组织、授权与督导。作为喜欢阅读的穿越时空之人,如何读出对上述四种不良习惯罗列文字里的言外之意?

从标题表述内容文字看,其一,说的是办公桌"物",实指出乱的背后引发的"秩序",糟,自然是指人的心情。虽然文句简单明了,其实内涵丰富。有思考有思想的人用心读,才会读出言外之意,还会对标自己的行为思考进行改良与调整。诗人波普说:"秩序是天国的第一要素。"秩序也应是生活、工作的第一要律。日常的办公桌,如果不是每天清理,定会堆积各种物品,加之不给物品以序位(顺序位置),自然会影响找物的时间和心情。不积压物品(信件、事件等),每日每时每刻需要及时处理,减少或者没有待办或无用之物。用不积压原则,改变办公桌上的乱七八糟。日清日新,改变烦忧心情。也有依据调查分析得出:高血压、心脏病和胃溃疡都与"乱七八糟"的物象有关。

启思:我们如何与物和谐相处?是学问,读书也在对标读生活,还可获得平安快乐的要诀。从读卡耐基金言"改变不良的工作习惯",由此想到的是,从改变自己一些不良的阅读习惯开始。

走进文字的童话世界

一个临近儿童节的周六早晨,按照日常的起床节奏,梳洗,清理垃圾,准备早餐,8:30前赶点归类投放前一天家庭产出的生活垃圾,安顿好自己和家人的早餐茶水,发现已是上午9点,习惯性地泡上一壶茶,随着茉莉花香泡溢出来的醇香,让自己从生活的匆忙进入惬意状态,安抚自己,找寻宁静而又内需的成长世界。顺手便翻阅起转眼瞥见的泰戈尔的《新月集》,专心地阅读起郑振铎的"译者自序":

"……我喜欢《新月集》,如我之喜欢安徒生的童话。安徒生的文字美丽而富有诗趣,他有一种不可测的魔力,能把我们从忙扰的人世间带到美丽和平的花的世界、虫的世界、人鱼的世界里去;能使我们忘了一切艰苦的境遇,随了他走进有静的方池的绿水,有美的挂在黄昏的天空的雨后孤虹等的天国里去。《新月集》也具有这种不可测的魔力。它把我们从怀疑贪婪的成人的世界，带到稚嫩天真的儿童的新月之国里去。我们忙着费时间在计算数字，它却能使我们重又回到坐在泥土里以枯枝断梗为戏的时代；我们忙着入海采珠、掘山寻金，它却能使我们在心里重温着在海滨以贝壳为餐具，以落叶为舟，以绿草的晨露为圆珠的儿童的梦。……"

读着这样的文字，让人心生魔术的翼膀，仿佛飞翔到美丽天真的儿童国里去了。记得之前不曾一次地读过这本书，却一点儿也不记得其中要旨和美妙的文字，遗忘真的是件可怕之事。为了鼓励和安慰自己，故作理由说给自己听：你读过的书，见过的人，走过的路，都在你的气质里。偶尔装一下，也情有可原。但话语还是转换到，译者郑振铎还把《新月集》的文字跟安徒生童话的文字魅力等同认可与评价，他说两者文字美丽而富有诗趣，均有一种如上述提到的不可预测的魔力。在译者自序里译者还表明了一种观点：《新月集》诗作并非为儿童而作，而是一部叙述儿童心理、儿童生活的最好的诗歌集。正如许多民众小说并不是为民众而作，而是写民众生活的作品那样。

上述这个观点让《墨香采微》作者幡然醒悟：前期一直无法厘清的墨香采微故事如何转变成成果集？我们的故事立足于青年教师的阅读生活、阅读状态、阅读进取，并向着高质量阅读目标和素养提升前进。文字的魅力还在于令人忘却时间的行走，读完郑振铎的"译者自序"，停不下悦行的节奏和脚步，《新月集》的首章节"家庭"内容情不自禁地被框入眼帘：

"我独自在横跨过田地的路上走着。夕阳像一个守财奴似的，正藏起它的最后的金子。

白昼更加深沉地投入黑暗之中。那已经收割了的孤寂的田地，默默地躺在那里。

天空里突然升起了一个男孩子的尖锐的歌声。他穿过看不见的黑暗，留下他的歌声的辙痕跨过黄昏的静谧。"

……

如此美丽灵动的文字令人思绪万千，也激励自己每天梳理文字的理性逻辑与灵性审美之间的独立与关联，力求每日阅读，让自己的思维状态和精神风貌日清日新。

阅读是一生的旅伴

读书者，就是攀登者。

读书人的珠峰在书中。

读书,去往你我精神世界。

传统认知上,我把阅读要素理解为四项:书籍、阅读者、资源和读书人精神。这里分享一下读《一生的旅程》的心得与要素。

其一,阅读简单而丰富的书名与目录页。

教师节购书活动之际,我购买了作者罗伯特·艾格自述式非虚构作品《一生的旅程》这本书。向我推荐这本书的读者,是家族里年轻帅气的"后浪"小辈,一位职场精英人士,曾做过高级市场营销官的弓一先生。当日进书店之时,因为有推荐,我跑进书店省掉了选书的时间,一问营业员,不到十秒钟就帮忙将此书找出来了。打开本书,第一印象就感觉是喜欢的书,一本好书。习惯于购书时读目录结构的我,发现扉页和目录的设计有种温暖的故事感,目录内容简单有力量,只分两部分:学习和领导。

其二,检视阅读序言部分就已经足够吸引我往下读。

吸引要素主要有:

1. 作者18年里来访中国40次以上。

2. 作者罗伯特·艾格在同一家公司工作了整整45个年头。

3. 前进的一套原则是:培养优势,管理劣势,并如何知行合一。

4. 作者一直置身于传媒和娱乐行业之中。

5. 置身行业的多元理念:鼓励冒险和培养创造力;搭建彼此信赖的文化环境;推动自身深刻而持久的好奇心并激发周围人的好奇;接受和拥抱变化;永远带着正直和诚实在世上前行。

6. 职业生涯中意义重大的故事和实例。

7. 共经历20种职位和14位老板。

8. 10条领导力原则:乐观、勇气、专注、果断、好奇、公正、慎思、真诚、追求极致、追求完美、诚信。

其三,学习从零开始。

1. 父亲对其影响,包括心理健康问题带给他职业生涯助益的特质。

2. 梦想成为一名电视新闻主播。

3. 从事"摄影棚打光测试"养成每天4:15起床的习惯。

4. 几乎每天腾出时间"思考、阅读和锻炼"。

5. ABC职业生涯遇见严格的完美主义者鲁尼。完美便是将一切微小细节做好的结果。

6. 用非常清晰的语言表达问题所在。

7. 当启发所带来的利益要远远超出不满情绪带来的弊端。

8. 为了更好,不惜一切。

9. 周一早会:会看报道与后续计划。

10. 将注意力放在努力工作上。"我为自己的努力而感到自豪,尤其是在一个身边很多人的教育背景和见识都胜我一筹的环境中时。"

可见,每个人的阅读习惯和喜好都是独一无二的,是个性的、也是多元的。因此,每个人刻意或喜欢选读任何作品,与他人无关。回想有记忆以来的阅读生活,从没有选择、有什么书读什么书的状态,到应该选择、喜欢选择的状态,无论是"任务驱动",还是"喜好认同"的阅读书籍的选取,现在看来,都是一种有价值的读书氛围和吸收重要精神食粮的成长路径。读书读作品,去往你我精神世界。何谓"作品"?这里索引据百度百科对书籍作品的释义:作品是指在文学和科学领域内,具有独创性并能以某种有形形式复制的智力创作成果。根据大多数国家的版权法(见著作权)和主要国际版权公约的规定,可以受版权保护的作品包括小说、诗词、散文、论文、速记记录、数字游戏等文字作品;讲课、演说、布道等口语作品;配词或未配词的音乐作品;戏剧或音乐戏剧作品;哑剧和舞蹈艺术作品;绘画、书法、版画、雕塑、雕刻等美术作品;实用美术作品;建筑艺术作品;摄影艺术作品;电影作品;游戏作品;与地理、地形、建筑、科学技术有关的示意图、地图、设计图、草图和立体作品。

在书海广博之中如何选读作品?在丰富自己心灵藏书的过程中,根据个人有些狭隘的经验所得,非常认同一种对经典阅读的选择观点,因为在有限的时间里选读经典著作的作用,是其他作品取代不了的;就像对阅读经典的认同,在读书坊里也无人质疑。

我们与文学经典的距离

任何一门学科都有其必须研读的经典,作为该学科全部知识的精华,它凝聚着历代人不间断的持续思考和深入探索。阅读经典,我们从来不缺理由,缺的是方法。知识是有系统的,书籍同样是有关联度的。美国学者丹尼尔·贝尔认为,没有一本书能孤立存在,它只是一场与它们的前辈们连续不断的对话的一部分。而且,千万记住,经典著作不能只读一次。

修大学科目时,本人选了汉语言文学这门学科,这门学科自然也有自己的经典或原典。读书坊成员是来自不同学段、不同学科、面对不同学生的青年教师,我们只是希望由这种"回到读书时"状态的提倡,去理解经典作品。最初,墨香采微阅读故事的引入和创意导向阅读习惯培育,我们想进而引导老师们"回到感性",在经典阅读中丰富对人类情感与生存智慧的体验和把握,最终再"回到理性""回到审美",这样养成开明开放又严谨缜密的思辨能力,以及关心人类精神出路和人类共同命运的宽广胸怀,养成审美眼光和能力,让老师们由此去成就事业,创造幸福人生。

我们相信一种观点:真实的生命体验才是必备的文学要素。一个亲近文学的人,应该是热爱生活的。阅读那些经典文学,能得到诸多真知灼见,慢慢地,阅读就会使我们有了格调,有了不平庸的眼睛。就我们"墨香采微"群组名里"采微"一词,最初的创意就源自《诗经·小雅·采薇》。如果说《楚辞》是我国浪漫主义诗歌的滥觞,那么《诗经》是我国现实主义诗歌的源头。源于读书坊立项课题《基于青年教师阅读素养视角的服务推广研究》的开题会上,读书坊老师们认真聆听过语文特级教师兰保民老师深情的专业的微讲座《〈诗经〉离我们有多远》,这次课题阅读开题会,打开了青年老师们阅读《诗经》别样的新视角和青春情趣。

力求读懂经典

微信公众号"语文如兰"里说:《诗经》离我们有多远。

2020年11月4日,采文读书坊的森林研习群组设计展示了一场主题阅读会,举行了别开生面的立项课题《基于青年教师阅读素养视角的教育指导服务推广研究》专题阅读行动开题会。除了课题开题会的常规流程,我们读书坊因阅读而起,还增加了一项非常规的"如何读懂经典"的微讲座主题阅读环节,邀请上海市语文特级教师、正高级教师兰保民老师讲授《〈诗经〉离我们有多远?》的专题讲座。这个环节的加入,让我们的开题会添加了聚焦阅读经典样本的指导唤醒元素。

身为全国优秀语文教师的兰保民老师,现任浦东教育发展研究院教师发展中心副主任、浦东新区教师培训基地主持人。兰老师有一个名为"语文如兰"的公众号,曾出版《语文课堂教学评课智慧》等4部个人专著,参与编写《教育魅力:青年教师成长钥匙》《语文可以这样教》等教育教学著作近20部,在重要语文学术刊物上发表论文50余篇。饱读诗书对语文又有着深厚感情的兰老师,对开题会的参会者,尤其是青年教师怀着深情地讲授,如何力求读懂经典《诗经》的意义和价值所在,言传身教地以"发情止义"求进步。

他对《诗经》的专题学习研究和思考,从兴趣到需要再延伸至专业素养,不同阶段不同层级的阅读学习和理解,让他独树一帜。开题会上,他深入浅出地对读书坊青年教师分享了自己读《诗经》的N个理由:1.识字;2.成语;3.韵文;4.儒家经典;5.了解历史;6.文化寻根……

喜欢《诗经》的人交谈话语间,总会不经意间口出如下的诗句雅言:
- 关关雎鸠,在河之洲。窈窕淑女,君子好逑。——《周南·关雎》
- 桃之夭夭,灼灼其华。——《周南·桃夭》
- 死生契阔,与子成说。执子之手,与子偕老。——《邶风·击鼓》
- 巧笑倩兮,美目盼兮。——《卫风·硕人》
- 投我以木瓜,报之以琼琚。——《卫风·木瓜》
- 知我者谓我心忧,不知我者谓我何求!——《王风·黍离》
- 琴瑟在御,莫不静好。——《郑风·女曰鸡鸣》

- 青青子衿,悠悠我心。——《郑风·子衿》
- 风雨如晦,鸡鸣不已。既见君子,云胡不喜。——《郑风·风雨》
- 今夕何夕,见此良人。——《唐风·绸缪》
- 所谓伊人,在水一方。——《秦风·蒹葭》
- 呦呦鹿鸣,食野之苹。我有嘉宾,鼓瑟吹笙。——《小雅·鹿鸣》
- 昔我往矣,杨柳依依。今我来思,雨雪霏霏。——《小雅·采薇》
- 嘤其鸣矣,求其友声。——《小雅·伐木》
- 靡不有初,鲜克有终。——《大雅·荡》

……

从以上美妙的诗句中,我们可以感受到:《诗经》就是我们自己,每个人心中都藏着一部《诗经》,只待唤醒。正如《论语·阳货》里提到的:"小子何莫学夫《诗》?《诗》可以兴,可以观,可以群,可以怨;迩之事父,远之事君;多识于鸟兽草木之名。"

首先,兰老师紧扣"小子何莫学夫《诗》?"独到地讲出了"青春"是《诗经》第一性的独特见解。主语解读"小子":年轻人的"青春"二字中所具有的"诗性"气质,在《诗经》的文本气质和文本内容足以显示。其一,文本气质:历史青春期,文学青春期,文化青春期;其二,文本内容:青春情事。

其次,关于"《诗》可以兴,可以观,可以群,可以怨"句,兰老师提到"人"与自我如何兴、观、群、怨。兴,摆脱麻木与沉睡;观,保持清醒与睿智;群,善待自我与他人;怨,走向理性与和平。

再次,"迩之事父,远之事君"句,兰老师引用许慎《说文解字》:"事,职也。"旁征博引阐释"人"与社会的关系,以及事父、事君的含义。

关于"多识于鸟兽草木之名",所揭示的不仅仅是一个博物的问题,而是定位我们与自然万物的关系。关于"识名",就是"究天人之际",就是"天人合一",让我们与大自然悲喜与共,息息相通。

是日的开题会,更是一场读书坊的《诗经》阅读会,兰老师从《诗经》离我们有多远谈起,说到《诗经》以其独有的艺术力量滋润着我们的心灵,在潜移默化中帮助我们不断矫正自我与他人之间的社会心理定位,从而尽好我们的应尽之责,做好我们的应做之事。

海德格尔曾说:语言是从人的口中开出的花朵。在语言中,大地对着天空之花绽放,言说把万物聚集到面面相对的近处。这种聚集静谧无声,平静得一如时间之为时间、空间之为空间,一如时空戏剧静悄悄地上演。这种无声的聚集,无声的召唤,言说正借着它启动世界关系,我们称之为寂静的轰鸣。它就是——本质的语言。

关于"《诗经》离我们有多远?"的阅读主题行动带来的思考,如何走近《诗经》文本,如何去读懂文学经典的专业指导的专家心语心声,已深深植入年轻教师的思想意识心流中,并激发起层层阅读的求知欲望,也打开了一个全新的阅读视角。读书坊老师们产生去努力读懂经典的勇气,大胆走近《诗经》,深入读懂《诗经》的各层肌理,读通《诗经》具有的青春的诗性的文本气质。

《诗经》离我们有多远?

```
                    小子何莫学夫《诗》 → 青春的气质

    兴  → 活泼        事父 → 家
                                        多
    观  → 睿智                          识       
                          → 天下        于     → 亲切
                                        鸟        "天人合一"
    群  → 和谐                          兽
                                        草
    怨  → 理性        事君 → 国         木
                                        之
                                        名
   人与自我          人与社会          人与自然
                      ↓
                  "人"的建设
```

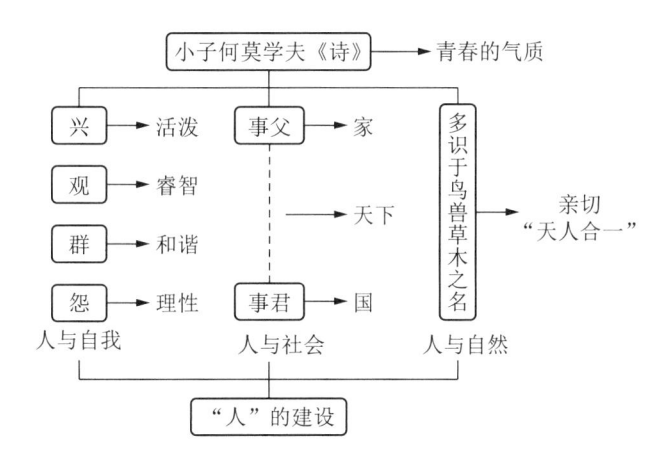

《诗经》离我们有多远?《诗经》能够帮助我们恰如其分地安排宇宙、定位人生、明了人与自我、人与社会、人与自然之间的关系,从而活得更勤勉、更坦然、更和谐,成为一个能够自我完成、自我实现的"人"。

请唤醒我们心中沉睡着的那部《诗经》!

经典从俗阅读

最近,一直被乡土中国的国情乡情带来的血脉与文脉深深浸润滋养,并让自身的文化自信坚定地生长和发展。究其原因,是阅读《乡土中国》,获益颇多。不仅被费孝通先生的"文字下乡""长老政治""男女有别"等概念与社会学理论的认知链接所吸引,更是第一次深刻认识到自己来自乡土的那份眷念,以及一辈子也会共生共融的那片身后的土地。虽然目前的我,已进驻归为"城镇居民"户口。读了50年有余的书,而且身为一名教师,我以为我能读懂《乡土中国》里讲的乡土中国。其实,并不。

因为出生于浦东本土小乡村——书院路南村,对乡土本色自带好感。书院,听起来很雅,而路南村,自然感觉有点土。本人想努力读懂费孝通先生的《乡土中国》一书的本意,主要并不是因为学习任务所逼,更多是想读懂一路成长的自己和生我养我的乡土社会环境,即便是未来已来,浸润我心的、伴随并顺应新发展理念的"乡土本色",始终不褪除,即便是现代文明的"雅"还是相比对的乡土文化的"俗"。因为自己出生地的乡土情意,也自带乡土本色,并且本心宁愿从俗。

有时常想,对于自己出生、生长的那个熟悉的地方,我们会得到从心所欲而不逾矩的自由。规矩不是法律,是一种习出来的礼俗。"从俗即是从心"书中读到这句话时,我的目光在此句的那一页会停顿许久。停顿的当下也勾起了我无限的遐思。

其一,关于日常人际交往带来的城乡故事与认知思考。

问:老师是哪里人?

答:浦东书院人。

问:你怎么是那里的人呢?

答:为什么不能是呢?

问:老师想喝咖啡还是茶?

答:茶。

从5岁时迸发出的简单幼稚的"想做城里人"的欲望,到现今55岁时蹦出来的宁愿从俗的"回到乡村去"的内需。从欲望到需要,念读不少于3遍以上的《乡土中国》这本书,让我打开了具有中国风格的"差序格局""长老政治""男女有别"等社会学理论的认知系统,也随之慢慢悟出了一些原本无法理解的对乡村社会道德从闭合到开放的循环发展的理解。读费老的《乡土中国》，十分敬佩费先生发展中国社会学的勇气，他是中国社会学的天才。关于《乡土中国》这本书本身的组织架构，社会现象与社区研究，以及相关社会学理论，说实话，还没读懂，这里仅做一些前期阅读本书外延认知上的肤浅理解。

其二，《乡土中国》这本书，书柜里藏有两个版本。

一本是由北京大学出版社出版，另一本是由人民出版社出版。从编辑身份来观察玩味，前一本精细版185页，后一本粗放版120页。从直觉和本心都告诉自己，更喜欢精细版的那本。喜欢的理由主要有四方面：一是封面的暖色系；二是图文结合；三是内容丰富；四是编排更合理。但无论形式排版如何，主体内容是一致的。在内容为王的时代，也没有理由挑剔其内容价值对我们的影响力，从存有的精致版本中见到"2018年5月第21次印刷"字样，足见这本书的受欢迎程度；至于封面纸页色系冷色或暖色纯粹是个人所好。

不怕被笑话，第一次知道费孝通其名，是从2004年女儿就读民办尚德学校的校匾上。第一次知道费老的作品是《江村经济》，那是在2010年部门业务学习时郑新华博士所做的专题交流会上。当时对专题交流内容听得云里雾里的自己恐慌又惭愧，感觉自己还没开始真正的读书。打开知识大门的热情再次被点燃。可往往，人的行动经常滞后于想法和认知，直到2019年我才买下自认为能读懂的《乡土中国》，将这本书纳入自己就读的书单。说不清是哪一种缘，《乡土中国》在书店选购时，是跟《菊与刀》《俄罗斯的命运》一起放入购书篮的，直觉告诉自己，这几本书同属一个主题。至今，《菊与刀》全面阅览检视阅读，大概浏览；《乡土中国》只读目录、挑章节选读，而且是不求甚解；《俄罗斯的命运》一书更是备受冷落。

其三，《乡土中国》这本书，需要我们保持开明开放的阅读姿态。

购买时和初翻阅时自认为，关于本书的每一个章节、每一个乡土社会里的现象，都可以从自身血脉浸润着浓浓"乡气土气"的出身地缘里清晰地找到印证。其实不然，读的过程中通常是一种未读时的已有执念与初读后被颠覆认知的状态。这就需要我们用一种开明开放的阅读姿态来修炼我们的阅读行动，至少意识里不断提醒自己是一名阅读者。因为我们阅读本书，不仅是获取一些资讯或是几个概念而已。作者在重刊序言中提醒过，认识和避免"见社会不见人"的研究缺点，一名负责任、有自我要求的读者，需要借读此书获得理解，进一步解惑，调整认知，发展自身的心智成长。

其四，《乡土中国》的阅读层级，不断变化，渐入佳境。

有句俗语说，读书百遍，其义自见。我对《乡土中国》只翻读，碎片阅读还不足三遍，而且都是行色匆匆，跳着章节选读，按照读书方法的略读粗读还不算，对其内容连"一知半解"都说不上。至今为止，对《乡土中国》的阅读只能算是初级的"检视阅读"层次。对于归属社会学类主题书籍的《乡土中国》，这个层级的阅读，根本不可能真正理解搞清几个问题。这是费孝通先生在社区研究的基础上从宏观角度探讨中国社会结构的著作，分别从乡村社区、文化传递、家族制度、道德观念、权力结构、社会规范、社会变迁等方面分析、解剖了中国乡土社会的结构及其本色。书中提出的"差序格局"，所议论的"文字下乡""长老政治""无讼""男女有别"等社会现象，反映了作者学贯中西的深厚功底和发展中国社会学的勇气。作者从具体社会里提炼出一些概念，那是包含在具体的中国基层传统社会里的一种特具的体系，支配着社会生活的各个方面。

费孝通先生在这本书里以中国的事实说明乡土社会的特性。这本书的章节分配依据本身是"乡村社会学"的课程，其实是通过比较研究社区分析。费孝通先生，在他《个人　群体　社会——一生学术历程的自我思考》的文中说到：《乡土中国》一系列文章，也许可以说和《美国人的性格》是姐妹篇。

其五，《乡土中国》这本书，令人学习内观省外观察，做终身学习者。

真正理解一部经典作品，需要我们深度学习，创造对整体的深层认知，学习理解与这本书的关联认知：第一，从书香里逃离"土气"；第二，从开放的脚步里寻归"乡情"；第三，见外也观内，从俗即是从心。结合《第五项修炼》丛书和其他读本，勇敢尝试分析阅读和主题阅读的层级，让自己对《乡土中国》的理性认知更通透，行动目标更明确。真正做一名"乡土趣味"浓浓的有文化自信的文明中国人。小时候，家乡这里的"土气"在自己或他人看来，都是一种含贬义的俗气或是文化落后的印迹，也是一种内心的自卑。如今，快速发展的城乡建设的步伐和成效，让我为"乡土味"情结注上"自豪感"。就在 2020 年 8 月 25 日读书会上，我自豪地告诉读书坊的青年们，当我驶进临港新片区后见到的景象，就是我年幼时所梦想见到的景象：地铁、高楼、绿色生态、国际化新城……城乡融合的建设进程，原来是一种文明发展的步旅。

其六，共享共勉《乡土中国》一段经典名句。

特别共感《乡土中国》1984 年重刊版本序言中作者自己的一段经典名句："我并不认为教师的任务是在传授已有的知识，这些学生们自己可以从书本上去学习，而主要是在引导学生敢于向未知的领域进军。作为教师的人就得带个头。至于攻关的结果是否获得了可靠的知识,那是另一个问题。"这段话对于有着现代中国 2035 建成教育强国目标愿景的教育人来说尤其有意义。作者还提出:"在教室里讲课和用文字传达,公开向社会上发表,当然不能看作一回事。在教室里,教师是在带领学生追求知识,把未知化为已知。在社会上发表一种见解,本身是一种社会行动,会引起广泛的社会效果。"

对照自己之前的书店选购、书柜藏书行动,让自己假装已经到达了自己尚未到达的对这本书的理解水平。但每一次翻开这本《乡土中国》,越发觉得自己原来认知的狭隘和知识的狭窄。对于文本的字面理解非常简单,如要真正搞懂费老的本意,还是需要花一番功夫的。凭着教师自身职业的敏感,尤其是夜深人静,作为一名已经打开阅读穴位的一名读者,油然生发出一种好奇的心态,相信自己一定会带着自身的脆弱,进入有所领悟的阅读场域,浸润其中,分析阅读,走出走进文本,开展社会学主题相关阅读,进一步探究《乡土中国》的核心奥秘。

整本书阅读

精读《红楼梦》从导读到细说

关于《红楼梦》，任何一位阅读者都会发声一二。这部诞生于18世纪中叶的长篇章回小说，究竟凭什么吸引着二百多年来如此众多的读者？它的魅力究竟来自何处？我对《红楼梦》这部巨作，尽管至今还是一知半解，理解上不可避免地"主观臆断"偏多，但也是情有独钟，仰视、敬畏、拜读，并且准备纳入一生的读书计划中，巡回阅读。

2013年的夏天，我用平板学习TED演讲和专题网课时，看到了台大教授欧丽娟传授的《红楼梦》解析课程的系列网课，印象极为深刻。我从那时起，真正生发对这部作品较为系统的认知理解，并对《红楼梦》有了一些领悟。讲座的开头，呈现出欧丽娟教授的阅读研习谨严之态度，也传授了她对《红楼梦》分析诠释的两个主要原则。这里分享一下：

其一，读者的角色与经典一样重要。日本的山本玄绛禅师在龙泽寺讲经时说："一切诸经，皆不过是敲门砖，是要敲开门，唤出其中的人来，此人即是你自己。"——读者的角色与经典一样重要。

其二，尽可能平等客观对待作品中的每一位人物。米兰·昆德："我小说中的人物是我自己没有意识到的诸种可能性。正因如此，我对他们都一样地喜爱，他们也都同样地让我感到惊讶。"

这里，特别令我启悟的点在于：对于阅读者来说，至关重要的是，如何持最真诚的态度和经典作品对话，并理性地阅读一本书（小说）。对比以稀奇古怪的主观反应来阅读一本书（小说），阅读者的客观获取知识信息和帮助理解并获得心智成长的阅读状态极为宝贵。因此，我们作为一名读者，阅读时，尤其阅读一本经典著作时，力求有一种开明开放的阅读姿态，做到头脑极度开放，在吸收书中各种阅读元素和思想要旨以及精神价值时，坚持一种平等客观的阅读原则，其意义是超凡的。《原则》作者瑞·达利欧（美）在其书中写道："原则是根本性的真理，它构成了行动的基础，通过行动让你实现生命中的愿望。原则可以被类似地应用于类似的情况，以帮助你实现目标。"我想，读书阅读也一样，每个人都需要建构起一种属于或适合自己的阅读原则，清醒地寻找并发现最适合自己的阅读目标,并且鼓起勇气坚持阅读,将阅读过程中的阅读障碍破解和破界,提升自己的阅读素养,实现自己的人生愿望和价值。

之后的我,一度极为关注对《红楼梦》的多元解读,2016 年参加了一场题为"为了人与书的相遇"的读书会。一种对经典的热爱,令我赶赴真如地区的全季酒店,聆听小说家、评论家、散文家、剧作家白先勇的一场讲座,遇见并购得《白先勇细说红楼梦》一书。这是白先勇先生根据自己的讲义编纂而成的一套书,是他在台湾大学讲授《红楼梦》导读通识课的主要内容,也是跟广大爱好《红楼梦》的读者分享的读书心得。白先勇先生,白崇禧将军之子。他说,自少年时代便耽读《红楼梦》,后来在美国加州大学教书,也常常教这本经典小说,到他接近耄耋之年,从头再细细研读,信心十足地宣称《红楼梦》是天下第一书。他认为,《红楼梦》是真正达到雅俗共赏的小说最高标准。

除了之前、现在继续试读原著,通过听讲座、分析讲读、导读、细读,自然各有各的阅读功效,从不同视角来多方考证,进一步读懂读通经典,也是我们应有的做法和阅读态度。如今,枕边还放有一本陈维昭的《〈红楼梦〉精读》,有兴趣时会翻来一读。

寻找自己的主角

有一天打开手机微信朋友圈时,读到一篇以"目以"署名的文章《一个国家精神,就印在他们的钞票上》,聚焦话题是"关于一些国家的'钞票人物',代表了怎样的国家精神?"其中有一组人物,说他们是英伦价值的守护者,其中的简·奥斯汀和亚当·斯密两位人物,引起我特别的兴趣,这可能也跟最近的阅读榜单的作者和作品有关。在英国,牛津的布莱克威尔书店在 Facebook 上曾发起一个名为"我一直想读那本书"的读书会,每周一举行一次线上讨论会,会员们在此讨论自己近期读的经典小说。他们选的第一本小说,是简·奥斯汀的《傲慢与偏见》。据说,英国小说家中,奥斯汀可能是最受爱戴,却也是最被讨厌的一位。亨利·希金斯(英)《如何阅读经典》一书中提供有关于奥斯汀的冷知识。也有批评之士认为,说她的小说好比室闷的房间,视野辽阔但景色空洞。我并不认同此观点,反而觉得其作品擅长"以巧妙的笔触,让平凡无奇的事物和角色富饶趣味"。这也足以见证"一千个读者有一千个哈姆莱特"。无论他者如何印象,作为一名阅读者,我是一个"简迷",迷《简·爱》,也迷简·奥斯汀。

简·奥斯汀(1775—1817),小说家,代表作《傲慢与偏见》,2017年新版10英镑纸币人物,她取代达尔文,打破了英国纸币上女性缺失的局面。奥斯汀终身未嫁,一生都献给了写作。她是如此地洞察人性,一个弱女子,却说出:没什么能毁灭你的灵魂,包括贫穷!"一百多年来,英国文学史上出现几次趣味革命,文学口味的翻新几乎影响了所有作家的声誉,唯独莎士比亚和简·奥斯汀经久不衰。《傲慢与偏见》描写了女主人公伊丽莎白和男主人公达西之间从误解、偏见,到相知相爱的恋爱过程,讲述伊丽莎白和达西的故事,以及穿插其中的其他人的爱情和婚姻。一个英俊富有却桀骜不驯,一个聪颖美丽却心存偏见,"傲慢"与"偏见"的冲突在书中随处可见。正是奥斯汀巧妙的构思和精辟的刻画,使得男女主人公经过一番周折之后,最终成为天造地设的一对。故事诙谐幽默,演绎出一个令人屏息以待的结局,故事呈现过程中人生百态也尽跃纸上。沃尔特·斯科特爵士赞扬简·奥斯汀:"把平凡普通的事务和角色变得有趣。"正如作品开场白:"有钱的单身汉总要娶位太太,这是一条举世公认的真理。"正是奥斯汀的机智风趣和同情心,以及优雅的文字、巧妙的故事结构和朴素的现实主义风格,使小说长期吸引读者。这部作品还多次被搬上银幕,最新版的电影拍摄于2005年,是一部十九世纪初社会生活风俗喜剧佳作,电影画面的人物和场景极其富有审美价值的油画感,艺术魅力经久不衰。

《傲慢与偏见》作品中的对话是相当有特色的。文学作品中,对话是塑造人物形象的基本材料和基本手段。奥斯汀在创造人物对话时,一方面注意运用对话来刻画人物形象,另一方面又善于利用说话人、听话人、读者在动机和理解上的差异,制造多层次语调,致使她的对话具有既鲜明生动、富有个性,又含意丰富、耐人寻味的特色。当然作品中"将感情藏得太深有时是件坏事。如果一个女人遮盖住自己对所爱的男子的感情,她或许会失去得到他的机会。""什么事都可以随便,没有爱情可千万不要结婚。"等妙语佳句,令人体会世情与爱情对情感和婚姻大事的不同处理,印象深刻。遇上这本小说,我已年纪稍长,读它时没有仅仅把它当成一部爱情小说,倒是更多觉得作品反映的是女性的困境和诉求——她们要在一个女性被视为"第二性"的世界里尽量生活得更好,最现成的办法就是婚姻。这是一部女性视角的世情小说,有专著从博弈论的角度来解读奥斯汀的作品,不无道理。

这里,另一个讨论阅读经典的问题是,如何选择一种较好的适合与自己语境相通的版本非常重要。我们所能读到的所有外国经典名著,对于像我没有英语专业背景的人来说,需要借助愿为经典的传播、为读者的阅读提供自己见解和帮助的译者的阅读力来吸收养料。据悉,1813年出版的《傲慢与偏见》在我国主要有三个译本,分别由上海译文出版社(译者:王科一)、人民文学出版社(译者:张玲、张扬)和译林出版社(译者:孙致礼)出版。如果仅仅作为阅读爱好者,可以选读任何版本,如需做学术研究建议寻找尽可能全面翔实的多个版本来阅读研究比较一二。也有推荐说,由上海译文出版社出版,王科一翻译的《傲慢与偏见》是较好的译本。

像作家体悟生命创作那样去阅读

生命不仅是欢乐,还包括痛苦。

——《如何阅读一本小说》

阅读《白鹿原》,如何撑大我们的认知格局?

陈忠实在序言中说道:"《白鹿原》出版后,我基本没有再写小说。我想读书,我想通过广泛的阅读进一步体验艺术。"他说,"生命体验是可以信赖的"。而生命体验由生活体验发展而来。从这样的认知视角看本小说的情感线聚焦和故事框架,如何对人物进行深挖,也同时撑大我们的认知格局?《白鹿原》里的人物基本都是圆形的丰满的。作为阅读者是否应该拥有一份小小的、深情的生命体验,学会由生活体验进入生命体验。阅读一本小说的过程也是。这也可以拓展我们一种细阅读方法:"像作家那样去阅读。"

读小说之前我是看过电影《白鹿原》的。看电影的过程心情是沉重的,读小说的过程心情是沉重的,读完之后还是沉重的。感觉读得很累,好似屏住呼吸读完的。捋一遍小说的情节,这是一段发生在变革时期的陕西的故事。故事的核心,其实不仅仅是关于白、鹿两家,更是两种文化的激烈碰撞。一种,是以白嘉轩为代表的传统儒家礼教文化;还有一种,是以鹿兆鹏、白灵为首的革命转型文化。这两派的相互矛盾争斗发展,支撑起了整个故事框架。

尽管心情是沉重的,但无论是电影还是小说,都打动了我,尤其是几位主要人物——白嘉轩、鹿子霖、鹿兆鹏、白灵等。作家基于人物进行深深的生活体验和生命体验。因为无论是小说家,还是电影工作者,他们都必须找到一种共同的情感作为故事的维系,而这种情感,对于绝大多数人来说都是相近的。

引用巴尔扎克的一句话:"小说被认为是一个民族的秘史。"《白鹿原》这样有趣的深刻的甚至有些沉重的故事,是有特定民族的受众的,是能引起特定文化中的历史共鸣的,是需要一定基质进行文化解码的。带有"乡土魔幻色彩"的描述,赋予了《白鹿原》独特的文化性。也令人联想到了《百年孤独》。陈忠实在《白鹿原》序言的开头写道:到50岁才捅破了一层纸,文学仅仅只是一种个人兴趣,是人群中千奇百怪的兴趣中的一种。兴趣不衰,热爱之情便不泯。我们需要保有对生命的欢乐兴趣,也包容一种被撕咬的痛苦,那才是生命体验不可或缺的重要部分。

托马斯·福斯特在《如何阅读一本小说》中说道:往往在读很久也不出来主要人物的时候,我们阅读时的心情糟透了。但无论如何请你坚持读下去,因为第一页藏有最大的互动空间,第一页也是我们读者拥有发言权的地方。只有像作家那样去阅读时,你一定会坚信自己能读下去,翻到第二页的地方。

个性微书馆:改变我精神世界的21本书

1.《红楼梦》(清) 曹雪芹 著
2.《白鹿原》 陈忠实 著
3.《乡土中国》 费孝通 著
4.《平凡的世界》 路遥 著
5.《岁月如歌》 于漪 著
6.《中国哲学简史》 冯友兰 著
7.《把生命浪费在美好的事物上》 吴晓波 著
8.《如何阅读一本书》 莫提默·J.艾德勒/查尔斯·范多伦 著
9.《万物的签名》 伊丽莎白·吉尔伯特 著
10.《简·爱》 夏洛蒂·勃朗特 著
11.《为奴十二年》 所罗门·诺瑟普 著
12.《逃离》 艾丽斯·芒罗 著
13.《瓦尔登湖》 亨利·戴维·梭罗 著
14.《荆棘鸟》 考琳·麦卡洛 著
15.《编舟记》(日) 三浦紫苑 著
16.《俯瞰力》 山下英子 著
17.《原则》 瑞·达利欧 著
18.《道德情操论》 亚当·斯密 著
19.《大数据时代》 维克托·迈尔·舍恩伯格 著
20.《人类简史》 尤瓦尔·赫拉利 著
21.《阅读蒙田,是为了生活》 尼克·霍恩比 著

第五部分：
读写互惠

"阅读"与"成果"并存

凡阅读者必有收获。其成果一种来自"阅读",这种成果便是一种阅读物本身,以及和阅读相伴相随,带给我们的认知信息与思维特质。另一种则是在读书坊里分享阅读收获,共享"阅读"与"成果"。"阅读"与"成果"并存真正意义上的理解是,除了把收获到的"成果",供自己持续成长,还给同伴带来启示或作为一种启发点。读书坊存在的真正意义也在于此。我们坦诚阅读的天赋与习得。阅读过程中,我们更注重一种有效有痕的阅读,每一位老师慢慢习得与巩固来自读书坊里他者和自我的互动成长型思维模式,并将自己潜藏于天分里的阅读力渐渐激活而稳固。因此,我们的成果有阅读思维和阅读故事,本书呈现的主要是我们的阅读故事,有形式多样的呈现方式,可以是共享书单,可以是读书笔记,可以是故事记录,可以是创新征文,也可以是课题研究微报告,等等。

阅读故事的成果与成长的认可度、影响力,也是通过一系列的平台展示,或是借助平台阅读者的阅读来检测的。读书坊里,我们每个人和他人一起阅读学习。在这样一种爱阅读的氛围里,友善地合作交流,学习他人个性化的推荐书目和对书的理解,我们倡导建立一种平等、独立而且负责的阅读伙伴关系。

倾听阅读故事

前面我们提到整本书阅读,阅读整本书才能让读者对所读之书找出一个架构,用透视镜来透视一本书或是一个故事。任何一本值得读的书,都会有一个整体性的组织架构。我们的阅读需求,往往来自老师们对解决教育问题所需的办法和路径,或是对我们所处的教育背景的不适和生活中的迷茫。因此,哪怕是对于我们遇到的某一个具体而特定的问题来说,所牵涉的都不是一本书而已。

读书坊的老师们都有着相当深厚的阅读能力和思考基础。每个人都有着独立阅读的基础和习惯,读书坊所能做的就是搭建平台,让老师迸发内在潜藏的阅读能量,把独立阅读的好习惯和思维品质分享出来,解决之前无法解决的教育教学问题或矛盾,从根本上帮助教师寻求能够在社会生活和教育专业发展中增加合作程度的方法。因此,我们的主题阅读体现在,共享书单是合作推荐的、月度主题活动会标是合作制作的、微型公众号内容是合作撰文和推送的,等等。因为读书坊有"5+1>6"的规模和学校读书社团跨界,推送的内容和方式,都有比着看的阅读心境和向好的姿态,在渐渐提升的阅读过程中,也总是夹杂一种"渐入佳境"式的友善竞争与合作共享关系。

读书坊老师们更多学习如何倾听阅读故事,与故事产生共鸣,建立阅读故事线,又以故事思维的方式和故事思维的技能来影响他人并解决遇到的各类问题。老师们在每一次"跳一跳能完成的任务"布置后,总会对某一点阅读元素产生自信,持续打开阅读之门。随着阅读故事线的展开,读书坊的老师们读着读着,兴趣来了;读着读着,自信来了;读着读着,方法找到了;读着读着,与自身的生活找到联结了;读着读着,与教育教学的专业思考紧密挂上钩了……读着读着,也就自然而然地产生共鸣了。因此,我们也常常会发生奇妙的阅读故事和意外的阅读成效。

阅读需要专注力

专注力将怎样改变你的人生？如果你也是"被催一组"群人士，那么一同来阅读学习《专注力》一书。至少我发现，阅读之后，我释然许多，也找到若干办法，即刻将注意力专注于当下最重要的目标，推开许多"杂事"，开始自我管理，听到心里真正要做的事的声音。《专注力》一书是英国于尔根·沃尔夫所著，朱曼译，机械工业出版社出版的一本心理学类指导书，值得一读。

采文读书坊一直努力建构如何不断成长的思维模式。我们借助了书籍的力量，也持续邀请阅读专家和阅读达人，不断拓展思维，鼓励学员们保持新发现的注意力，尝试新事物。老师们专注于语言以取得非同寻常的效果，建立信息专注，专注积极的习惯，做事不拖延，脚踏实地地将心思放在应做的事情上，培养专注精神。

专心的过程如同万物成长。读书坊倡导大家通过阅读学习这件事，做专心致志的行动派，持续注意阅读，思考阅读，甚至是忘我地投入阅读，静心实践阅读，让阅读拥有专注力，让阅读者的心处于稳健的状态中，学会收放自如地集中精力完成既定目标，得到智慧的启迪。

读书会　会读书

　　成立采文读书坊,让我们爱上阅读,并且学会与专业成果并存的关系梳理方法,也练就我们的阅读力与阅读品质。令人欣喜的是,首先,我们处理好了几重阅读行动中较为复杂而交错叠加的身份关系,即主持人、领导者、阅读者与阅读的关系。

　　自读书坊启动以来,我们跨校联盟读书坊开展一系列以"读书会　会读书"活动发挥着"5＋1"功效。如:2019年9月国庆阅读主题献礼活动,浦东新区电视台30秒新闻报道,主题会演讲活动推送区优秀阅读演讲者和主持人,2020年4月世界读书日主题活动受访上海教育电视台新闻播报,2020年7月区重点课题"基于青年教师阅读素养的教育服务推广研究"立项申报成功,2020年教师节档上海教育新闻网连续推送10篇读书坊"墨香采微"故事,2020年11月区级重点课题的顺利开题,等等,都收到了意料之外的成效和预期之中的目标达成。在我的印象里,几家读书坊的群组主持人,认真、专业、专注,自觉、自主、自省投入阅读学习行动中,不计回报,付出众多闲暇时间,难能可贵。几位校、园长领导躬身支持并放手让老师在这个平台脱颖而出,让小荷才露惊艳秋!

如何阅读一本小说

《如何阅读一本小说》告知我们,带着一种你的品位阅读一本小说,是非常有意思的体验。我们允许每个人带着一种或喜欢,或反感的情感进入一本小说,通过阅读寻找相关的理由或书中的某些事件,来共鸣情感。记得《万物的签名》这本小说曾经有一段时间深深植入我的脑海和心房。很多对于植物的认识、尊重和改变,始于这本书。《华盛顿邮报》评论说:这是一本光芒四射的小说,一次珍贵的文学成就!

也许有很多人只是欺骗自己有阅读小说的能力。因为每当我们讨论到为什么喜欢小说时,有人总是表现出瞠目结舌的样子。包括我自己一样,遇上喜欢的小说,就乐在其中愉悦欢快,急不可耐要往下看,阅读时是否带着一种热情。我极为赞同《如何阅读一本书》告知我们的观点:阅读一部伟大的文学作品的规则应该以达成某种深沉的经验为目标。

关于说到想象文学三个否定的指令很有意思:1.不要抗拒想象文学带给你的影响力。2.在想象文学中,不要去找共识、主旨或论述。3.不要用适用于传递知识的,与真理一致的标准来批评小说。

对此,我们是否更应把握阅读文学作品的一般规则:

首先,架构性规则:将作品分类、抓住整本书的大意、发现关联度。

其次,诠释规则:

1. 小说的要素:插曲、事件、角色与他们的思想、言语、感觉及行动。

2. 共识与主旨有关。阅读者要运用同情心和洞察力参与作品事件的发生,灵活理解小说的要素,找出关联性。

3. 追踪式的发展认知,理解逻辑性演变。

再次,小说的阅读批评规则:切记一点,在衷心感激作者试着为你创造的经验之前,不要批评一部作品。对于小说,我们不该反对或赞许,而是喜欢或不喜欢。在表达此番情绪前,首先要能欣赏作者才行。所谓欣赏,指的是欣赏作者借着你的情绪和想象力,为你创造的一个世界。因此,倡导阅读时要热情地主动地阅读才可以评论。这样的评论自然是一种你的品位,说出喜欢与不喜欢,也要说出为什么。如果要完成批评这件事,需要客观地指出书中哪些事件造成你的反感。

如何看待写作

能否从阅读中汲取写作的养分，其实，从来不在于你读了多少作品，而是在于你真正读懂了多少。近来一直听到有一种叫"作者思维"阅读法，一旦你拥有这种"作者思维"，在你阅读时，就会透过文字，看到骨骼和肌理——你所读的书是如何建构的、角色怎样被激发和引导、故事高潮又是如何到来、语言文字如何精准表达，等等。把你读的"知道"转化为你的一种"知识"，慢慢训练自己，渐渐地这种思维就养成了。久而久之，在你大量阅读、品读好作品时，从文本出发，拆解、回溯经典作品。通过这样的"作者思维"阅读经典，获得的愉悦和感受，收获是多重的、感性的、理性的，也对写作有很大启发。当然，这样的阅读能力和"作者思维"是需要学习和训练的，也会真正理解"读写互惠"技能的内涵和思考。

让我们来听听英国著名语言学家亨利·希金斯如何谈论写作："写作是一项技巧，是一种过程，是一件毒品，是一个代码，是一趟旅行。写作是创作的成就，也常是打字的成果。写作像雕木、绘画、镶钻或是跳舞。写作是场对话。写作是给全世界的情书。写作是发现的过程。写作是作者和读者的沟通。写作是储存信息的方法。写作是门学科，也是种自由的形式。所有的写作都具有创造性，都是十分个人的，都是一种创作。"我想，墨香采微故事创作也是如此。

身份还兼具著名文学评论家、历史评论家的希金斯还说："各位若感到无聊也无可厚非。我们为了净空思绪而写。我们为了自我揭露，也为了伪装而写。我们为了掌握人生而写。但以上的描述都有点老套。其实原则就是：读读自己写的东西，若发现对某处特别满意，删掉就对了。"

以上这些给你我感悟"写作"的启示是什么？

向主题阅读出发

阅读和写作是一体两面的事，私自认为，阅读的规则往往也适用于写作。莫提默·J.艾德勒在《如何阅读一本书》中说，阅读是一个复杂的活动，就跟写作一样，包含了大量不同的活动。阅读越主动，效果越好。读书坊更多倡导主题阅读。从主题阅读出发，是一种基于阅读目标导向的任务驱动阅读系列爬坡行动，一种由终而始的阅读。《如何阅读一本书》的作者莫提默·J.艾德勒把主题阅读视为阅读的第四个层次，也是阅读的高级层次。

作为读者，我们是要发现书中隐藏的骨架；而作者则是以制造骨架为开始，想办法把骨架隐藏起来。我们需要读懂优秀写作的基本准则，就是作品应该有整体感，清楚明白，前后连贯。

因此，在我们展开阅读的时候，往往也会潜移默化地建构我们的写作思维框架。阅读与写作互惠，更多的是一种技巧技能的互惠迁移，一种应用规则的互惠转换。"读书破万卷，下笔如有神"，或许就是"读写互惠"的一种体现吧。"读写互惠"的技能训练概念，也已经被读书坊的老师们熟知和应用。

第六部分：
让阅读
行之更有效

增加阅读开关"开启"的时间

采文读书坊的阅读行动,开始于将阅读学习列为"阅读计划",尽可能增加阅读开关"开启"的时间,各读书坊按照年度、月度阅读计划有序推进。只要开始读就会有收获,认真用心读,就会打开并进入深阅读状态。我们鼓励学校读书坊成员之间开展阅读爬坡行动,也搭建"5+1>6"跨校际成员间的阅读交流互动,线上线下循环交替,循序渐进。

这里选出5+1读书坊2020年度阅读计划分享给热切关注支持我们读书行动的读者们。

阅读计划在行动

为进一步贯彻落实本学年"传承与发展"园务管理总思路,听潮风读书坊从读书计划到阅读行动,都围绕幼儿园《师资队伍发展规划》中对青年教师的培养要求,结合教师发展现状和需求,聚焦问题,扎实开展青年教师的培养工作,引导青年教师走专业化成长之路,丰富和提升教育教学理论,力争建设一支师德高尚、意识超前、业务精良、创新实干的青年教师队伍,提高幼儿园的办学水平。读书坊特别重视1—5年教龄的青年教师,开展专业理论的阅读学习,深化学科内容,帮助青年教师掌握扎实的基础知识,形成先进的教育观念和较深厚的教育理论修养。推进集体共读计划,打造学习团队;倡导自主阅读,培养文化素养;组织写作实训,提升阅读质量,让青年教师逐步走向"以读促写,以写促读"的教育一体化道路。

听潮风读书坊主持人引领大家共读书籍《用专业的心,让观察更有温度——幼儿园"学习故事"的本土化实践研究》,通过阅读学习,强化老师们的自身修养,丰富精神世界,树立正确的人生观、世界观和价值观,逐步养成多读书、读好书的习惯。读书坊正按目标任务,有序推进阅读行动计划。

2020学年悦行|听潮风·采文读书坊工作计划推进表

时 间	主 要 安 排
一、二月份	1. 制订读书坊工作计划 2. 形成2020年听潮艺术幼儿园书单 3. 共读书籍《用专业的心,让观察更有温度——幼儿园"学习故事"的本土化实践研究》
三月份	1. 线上交流(围绕共读书籍) (1)什么是学习故事?它有什么作用? (2)如何撰写学习故事?其框架与内容包含什么? (3)读完书后,你的收获有哪些?对你的工作有何新的启发? 2. 撰写学习故事(每位老师根据共读交流内容,撰写一个学习故事)
四月份	1. 线下交流:自己撰写的学习故事 2. 重新阅读共读书籍 3. 线上交流:重读后的感受
五月份	1. 自主阅读(选择自己感兴趣的书籍) 2. 外出购书行动
六月份	1. 培训:写作技巧(一) 2. 撰写、交流读后感(自主阅读的书籍)
七、八月份	1. 共读书籍《教学勇气:漫步教师的心灵》 2. 自主阅读
九月份	1. 朗读《教学勇气:漫步教师的心灵》(选取最感兴趣的段落) 2. 撰写交流读后感
十月份	1. 红色经典文学朗诵比赛 2. 培训:写作技巧(二)
十一月份	1. 自主阅读(选择自己感兴趣的书籍) 2. 读书展览会(运用手抄报等各种形式介绍个人喜欢的书籍)
十二月份	1. 撰写、交流:我身边感动的人或事 2. 读书坊年度工作总结

读书角在延伸

开明轩读书坊成立时间较晚,一直以来,学校没有专用的读书角,2020年学校从原来的阅览室中开辟出一个全新的空间,作为教师的心灵驿站,并且依托阅览室的大量书籍为阅读提供保证。

2020年年初暴发了新冠肺炎疫情,湖北省武汉市成为疫情最严重的地区。全国各地援驰湖北,派出了最精英的医疗队增援前线,捐赠了必需的医疗物资及生活用品。在我们身边也有奋战在抗疫第一线的普通人,我们开明轩教师以手中的笔讴歌这些普通人,开展"抗疫英雄赞"的读写表达老师们的心声,致敬最美逆行者,并在开学后将所有文章在橱窗中展示。

读书坊还组织部分教师赴上海书城,为开明轩读书坊的成员购买图书,并将选购的书籍读本展示在阅读角,方便老师们随时阅读、分享。学校还邀请专家、学者进校做阅读学习的指导讲座,拓宽老师们的眼界,提升老师们的阅读品位,改变思维方式,更好地认识阅读、感知自己。

多维阅读机制

为了优化教育服务资源,形成一套切实可行的阅读推广方案,为青年教师阅读素养的培养提供指导和具体建议。我们把拟解决的关键问题,转为立项课题目标研究。换个角度说,主要是关于阅读素养与教育服务推广研究的结构化和关联性认知与拆解问题,以及后续更为清晰而精细的子课题分目标集合的系列案例,从中寻找出制度化、流程化和规范化的可视化推进方案,即需要探究创建可运作的多维系统机制,从而为阅读推广深入的行动研究服务。

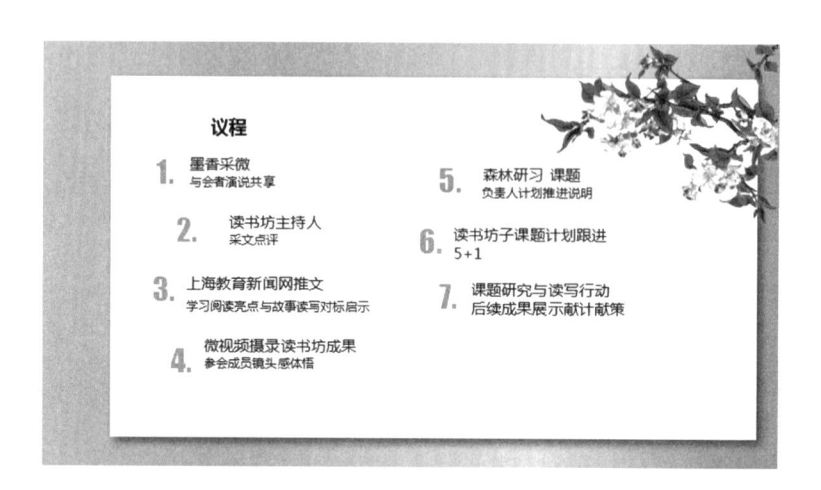

读书坊是建立在实践阅读基础上的行动主义研究,尤其是以悦行丨"5+1"采文读书坊学校社团的青年教师阅读视角开展实践研究的成长平台,探究如何帮助青年教师通过阅读,提升阅读素养,促进自身专业发展。

读书坊青年教师的阅读素养提升,既倡导创新自主独立发展,主要指学校系统内青年队伍培训计划,发现培育推动青年队伍建设,又提倡创新合作共建发展。注重"5+1"读书坊品牌创建带动,坊间互相开放合作共享资源。在实践研究中,为特色社团引领推广共读共享读书联盟模式赋予新的创新意义。

读书坊研究以教育服务的视角,引领更多青年教师,不同层级、不同维度的组团实践,学以致用平衡阅读"积聚知识、获取资讯、研究学问和研究人"的关系,建立科学的阅读素养观,促进教育对象的心智成长,回馈教育事业,完成新时代背景下育人育才的教育者的使命。

立项教育课题

作为采文读书坊主持人,我一直在思考,如何让我们的阅读推广的行动故事充满更多的科学理性思考。重要的办法和路径是,将"5+1"读书坊阅读行动项目作为教育科研项目,尝试按照课题研究如何科学有效地阅读和学习,寻找科学阅读的方法。我们回顾与思考能成功申请区级重点课题立项,2020年3月开始,我们从课题名称开始酝酿。2020年7月,我们的课题"基于青年教师阅读素养视角的教育服务阅读推广研究"项目,成功立项为区级教育重点课题,并于2020年11月4日顺利举行开题会。

我们的课题有着根本的实践意义,"5+1"采文读书坊的青年教师,直接参与本课题与子课题项目的实践研究。自2019年2月首家悦行｜采文读书坊正式启动以来,就已经开始酝酿与思考本课题实践推进推广的可行性教育服务研究,从启动读书坊一年多以来,已取得较为显著成效。主要表现在:

第一,悦行｜采文读书坊,已成为"5+1"读书坊学校青年教师的精神家园,成为教师心中梦想的已知和未知的阅读世界,学校青年教师一起阅读成长拾阶而上。我们从最初的"听潮风""西柚味儿"两家读书坊共37名青年教师发展至今,已有来自6家学校单位、7个群组社团"5+1"采文读书坊、127名青年教师直接参与读书坊阅读学习的实践研究。2020年4月,群组出台了好书推荐7张年度书单、共享好书137册以上,供项目内青年教师阅读成员共享共读,从阅读素养的知识、技能、文化、能力迁移变通、综合运用等方面回馈教育教学实践。我们的阅读实践经历从好奇、惊慌到惊喜,再渐入真实性阅读学习状态,体验丰盈的心智成长,无论是阅读获取资讯、专业阅读素养,还是获得理解的心智品格等方面的成长,都有显著的成效。

第二,"5+1"采文读书坊,已成为研究教育服务实践的一个窗口。

作为浦东教育研究的一名教师,积极组建"5+1"采文读书坊至今,受到了各级领导和众多老师读者的关注和关心,渐渐感受到肩负一种教育者推动深入阅读的责任感和使命感。作为课题项目主持人,至2020年7月也曾亲自组织参与了21场不同层级、不同维度的线上线下读者阅享会,来响应浦东新区教师人人有社团的倡导与号召。如今,读书坊受到越来越多的关注和好评,2020年4月23日世界读书日之际上海教育电视台就聚焦"世界读书日"专题新闻作宣传报道。同时段,团队还研发了"采文读书坊"公众号,按期发布推送阅读研究相关阅读信息,受到广泛关注和好评。这些都为课题开展后续深入研究奠定基础。

创建微信公众号"CWreading"

初　衷

在智能手机普及以及微信被广泛使用的今天，微信公众号是阅读者生活中必不可少的信息渠道，也是阅读推广者的有力工具。2019年采文读书坊成立，以教育服务为目标，为青年教师开展了一系列关于提升阅读能力、综合素养的具有基础意义的活动。在开放展示活动后深受各层级教师、领导的认可，不少学校希望加入采文读书坊，参与这一前所未有的教育服务模式。

萌生想法，设计头像

2020年初采文读书坊初见成效。我们想把自己的所做所想所获真实体验分享给每一位志趣相同者，微信公众号是老师们的首推。首当其冲遇到的难题是：公众号的头像应该使用什么图标，什么样的图标能兼具样式和含义？对于读者而言，头像是筛选同类公众号决定是否关注的因素之一；对于读书坊本身而言，头像是公众号文风的基调。

为此我们开展了一次创意阅读活动——公众号头像设计选稿活动。有的认为读书坊是成员们的精神食粮，因而设计了碗筷的形象；有的认为不同学段的老师汇聚一堂像家人，因而设计了屋子的形象；有的从成员们围绕阅读开展活动联想到了"君子之交淡如水"，因而设计了流水的形象……设计活动联想奇思妙趣横生。

经过成员的头脑风暴以及专业设计师的建议，最后我们采用了"CW"艺术组合的样式作为采文读书坊的头像。"CW"是"采文"的拼音缩写，简洁明了，读者一目了然。读书坊离不开书，我们因为书汇聚在一起，共同走向你我的精神世界，所以点击头像大图可以发现"W"是一本翻开的书本形象，除了阅读，我们注重"读写互惠"，采集文稿汇聚成书。

确定形象后设计师向我们抛来了新问题：头像的颜色？一种是淡雅的银灰色调；另一种是蓝橘撞色调。前者素雅，后者富有活力。回想品味读书坊的每一次活动，虽让每一位成员充满活力，但是过程中更需要静心思考，这也是读书坊想给忙碌的人们推广的一种状态,于是一致通过,选择淡雅的银灰色调。采文读书坊公众号"CWreading"就此诞生。

"CWreading"与读者见面

2020年采文读书坊开通了微信公众号"CWreading",在采文老师的引领下我们决定正式在微信公众平台上写文章。起初读者只有2位,除了读书坊主持人便是负责微信公众平台的我了。从2020年4月17日开始,我作为制作者每月都会在微信公众平台上推送一些文章。2020年4月16日至2021年10月31日期间共15期发布了11篇原创文章。

每一期文章的发布我们都有分工,责任编辑、文字编辑、图文编辑等,我主要负责图文编辑——收到大量文字、影像资料后筛选、排版、沟通、推送。刚接手这项任务我觉得应该没有难度,认为和"发朋友圈"无差别,没想到首期公众号推送就和读书坊主持人反复推敲修改了好几版。

原创形象的树立

现在微信公众号数不胜数,按照内容是否原创可大致分为"转载为主"和"原创为主"两大类。在首期公众号文章编辑后,责任编辑采文老师就提出对文章作者以及原创声明应标注。在此之前读书坊成员没有接触微信公众号的经验,我通过搜索相关教程标注了作者以及原创声明。

采文读书坊是一个大社团,下设5个子社团,我们不仅标注"CWreading",还会在此之前呈现子社团的名称,如"春之声读书坊""听潮风读书坊"等。这不仅是对原创者的尊重,也是对公众号原创形象品牌的打造。

文章脉络的梳理

每次活动后我会收到文字编辑的初稿,文章大多情况下会以总分总的形式编写,编辑可能加以个人情感,将活动过程融合起来表述。第一次制作公众号我以为简单地把收到的文章复制粘贴即可。在实际操作过程中我发现由于读者常常只花几分钟甚至几十秒浏览,我需要对文章进行梳理:先调整顺序,其次分为几个段落,最后加以标题概括。

编排与对话

CWreading每一期的编辑排版都受到了各类好评,与其说是图文编辑的成果,不如说是成员们求同存异的智慧。

2020年10月16日公众号文章发布的背后就有这样有趣的故事。此次活动受上海市育人中学党支部邀请,采文读书坊一行十人来到育人中学参加"励学守初心,励行担使命"主题读书活动,并担任青年教师读书演讲比赛嘉宾评委。由于老师们演讲的征文围绕《中国传奇:浦东开发史》,时间又是在国庆节后,我将这期推文背景色编辑成了大红色,标题旁使用明黄色五角星点缀。

责任编辑审稿后表示颜色过于红,虽然符合国庆大背景,但在"CWreading"中色彩难免显得突兀。我们所推广的本质是国庆背景下的阅读活动,应更加注重文字的美丽,素雅之中点缀红的颜色更为适合。

推文发布前,阅读校对环节,图文编辑对CWreading公众号推文的修改之处的建议,以2021年1月30日读书坊公微推送编辑反馈意见,可看出推文背后的编辑互动和付出。

1."读书,去往你我精神世界"地图色系换暖色系(橘粉色);

2."浦东新区第三少年儿童体育学校"左侧的照片更换成采访教练场景照(王教练接受采访照片);

3.西柚味儿分享会部分后两张图大小比例对调(张老师和蔡老师图比例缩小,合影照比例放大);

4."的"改为"地"(见截图)和个别字、标点符号(见截图);

5.文中对读书坊和蔡老师的称谓统一称呼为"悦行|采文读书坊主持人采文老师";

6."吴迅中学"左侧图更换成原稿中最后一张合影图(吴迅中学11人合影照);

7.三图组合中的中间一张(李老师、朱老师图)删除;

8.公众号标题下的署名标注"原创 采文读书坊";

9.单位名称"周浦镇小学"前添加"浦东新区","吴迅中学"前添加"上海市";

10. 结尾处标注。

本期活动策划:悦行|采文读书坊

支持社团:悦行|听潮风/西柚味儿/春之声/溪君荟/开明轩/森林研习/墨香采微·采文读书坊

支持单位:上海市吴迅中学|浦东新区周浦镇小学|浦东新区第三少年儿童体育学校|浦东新区听潮艺术幼儿园|浦东新区惠南西门幼儿园|浦东新区春之声幼儿园|上海市沣溪中学|上海开放大学浦东南校|上海市浦东教育发展研究院

……

以上修改意见,是CWreading微信公众号责任编辑反馈给图文编辑Penguin的建议内容,一则对公众号推送发布前非常微小的提醒和提示。原创内容详见CWreading微信公众号2021年1月31日"读写互惠·创意写作"推文。如此这般有志、有趣、有情、有理、有致的推文过程背后,确实考验着发布者的阅读素养和不负于读者的责任心,力求呈献给读者正向理解的多元阅读元素。上述这则举例,也只是CWreading公众号推文发布过程中的一个小片段,也是其"编舟计划与行动"中的一片小绿叶。总之,推送一篇推文,有阅读的信息、有阅读的主题、有阅读的技术,也有阅读的色彩和温度。一则有精准度和格调的推文,其阅读元素是丰富多元的。正如编辞典那样,需要许许多多的人出力,为了统帅众人,收集信息是不可或缺的一环。文稿的执笔者,我们多半也是从成员中推荐出的有责任、有信誉的爱读书的老师和读书坊的负责人。排版编审主要有责任编辑采文老师、图文编辑Penguin。前期的图文信息提供者和执笔者的素养阵容,也反映着读书坊的品牌格调与阅读层次。这就意味着公众号推送背后,相关编辑需要一丝不苟的品性、做事不浮躁、可以不善和人交往却对词语有敏锐的认知度,以及甘于寂寞、做事认真投入、对工作热情。成稿到发布推送,需要经过往返五次以上的流程,信息提供、文稿采集、图文编排、词汇斟酌、版式架构、审美定格等考量环节。这种严谨,也许受近20年的编辑工作思维的影响,也许受之前阅读的《编舟记》一书的影响。《编舟记》的作者是让宫崎骏赞叹不已的日本才女作家三浦紫苑。

维护与守候

CWreading微信公众号平台,自2020年4月16日创建开设以来,采文读书坊注重维护与应用过程,凝聚着全体读书坊成员的努力和智慧,包括所有关注、支持、指导、帮助读书坊成员成长的阅读推广有价值的行为。推文内容包含阅读本身和阅读过程,再读再写的一般意义和"读写互惠,创意写作"层级。从 2020 年 11 月 12 日发布的署名为"森林研习"的原创推文《寻找生命的黄金屋》为例,可以看出读书坊全体成员和关注者的热情、智慧和素养,以及希望通过阅读改变人的精神风貌的梦想和目标。这篇推文的文字、影像、制作承担者分别是潘樊洁、孟俊和王洁老师。三位老师在文字、摄影和技术制作方面的专业素养与执行力,堪称读书坊中非常值得称赞的优秀老师代表。因为,采文读书坊全体成员的心愿是希望读者通过阅读我们的推文,看到或感受到浩瀚的阅读世界,采文读书坊创建的初衷承载着一丝希望,犹如航行在书海上的小舟,阅读航程永无止境。

CWreading 的故事正在继续,希望每一位读者和我们一起走在去往你我精神世界的路上。

最最遥远的路

最最遥远的路,是胡德夫根据泰戈尔的《世界上最遥远的距离》一诗改编的一首歌:

最最遥远的路

这是最最遥远的路程

来到最接近你的地方

这是最最复杂的训练

引向曲调绝对的单纯

你我需遍叩每扇远方的门

才能找到自己的门　自己的人

这是最最遥远的路程

来到以前出发的地方

这是最后一个上坡

引向家园绝对的美丽

你我穿越每场虚幻的梦

最后走进自己的田　自己的门

未来之城,临港新片区,一片建设的热土,那里有我的父老乡亲,也有我的同胞姐妹。我的血脉跟这块土地紧密相连,即使身处热闹的城区,也会时常念起那条通往家乡最最遥远的路。2020年8月25日,酷暑还未褪去,"墨香采微"和"森林研习"群组的老师们,人均赶路50多公里,齐聚上海中学东校图书馆书吧,聚焦主题阅读,围绕三项活动内容:一、"读写互惠"微讲座(主持人讲座指导);二、上中东校特色介绍(上下场过渡对接);三、故事征文互评选推(成员参与互动)。活动旨在生成读书坊新的阅读元素,开展关于阅读的系统思考和创新征文主题阅读的学习行动。身处书吧,主持人内心是保有深深的情怀的,多数成员也是第一次来到这里,更是充满向往。每一次的阅读重要的是激发自身内驱的热情,哪怕是短时的迷路,还是有勇气找回那条最最遥远的路,追寻通往你我精神世界的阅读之路。

读书推广就是一种让老师们一有机会就无限打开阅读视角,触碰各种阅读元素。微讲座里的专题信息,尤其是会场活动支持地上海中学东校的特色介绍与专题片视频观赏,让老师们心中对东校更加仰慕,生发青春果敢,胸有愿景,激情使然,自我超越,共同成长,成就梦想。主题活动还让老师们进行阅读故事征文盲审互评和打分,并讨论创新征文推送修改的意见和方向。我们选送的文章共有27篇,均除去署名,为的是不对人而对文章客观阅读。盲审阅读和推荐,考验着我们开明开放的阅读姿态学习原则,每位老师需要在阅读的文章的背面页标注评价意见:文章感动点、互评等第(ABCD)、改进建议。

现场交流环节,成员拿出各自预先按要求打印好的无署名征文进行编号。我们的选评阅读原则:1.无署名—盲审—公开公平—开明开放—阅读与被阅读—学习欣赏的方式;2.传阅浏览、依次评定等第的方式阅读学习;3.共同参与征文阅览打分(A/B/C/D—职称评审论文等第的选评方式);4.各读书坊主持人参与统合评议环节。最终,选推12篇文章,采文老师再集中修改推送其中10篇来自6家不同学校的读书社团的故事征文,上报上海教育新闻网"师考"栏目负责人,切入2020年教师节档,以每天一篇的推送节奏,连续10个工作日推送采文读书坊的墨香采微故事创新征文。这样的"读写互惠"主题阅读行动,对老师们持续阅读的激励是无穷的、更是振奋的、久远的。大家坚信,一起坚持在阅读路上勇做攀登者,去往成长的精神家园,并且相信我们都"在看不见的岁月里熠熠生辉"。

从文字到镜头

——专题片蓝本的创作

2020年10月,采文读书坊策划完成的视频专题片《寻找生命的黄金屋》,时长9分36秒,犹如一道丰盛的阅读大餐,其创意、创作、方案、阅读、编辑、拍摄和制作等整个过程与环节,无不体现着读书坊老师们的阅读智力、阅读素养和阅读精神,再次让大家凝聚一起,也让老师们体验了一回从文字到镜头的神奇美好,更是一次阅读素养提升的华丽转身。

镜头前的我们,是一群华美的"阅读达人",也不免伴有面对镜头的陌生,那种羞涩感背后暴露的是不知如何运用肢体语言的尴尬,也让我们悟到了阅读理解力和表现力准确拿捏所需具备的综合素养。拍摄与编辑背后,同样是对读书坊主持人自身阅读力创意实践落地的印证考量,认识到对于专题片蓝本创作构思所需的高位的系统思考能力。

专题视频拍摄蓝本,也是读书坊老师尝试从文字到镜头的语言转换的综合训练。拍摄方案的拟写和凝练,拓宽了老师们对阅读综合素养与教育服务研究的故事性成长与成果展示的形式。

附:

寻找生命的黄金屋
——采文读书坊5+1大于6的故事

读书,去往你我精神世界

攀登,携手悦行阅读成长路

赋能,涵养品牌影响力价值

授权,解锁系统故事核心码

孵化,森林研习未来可期

【一】引子开篇:

阅读状态与阅读场景——孟老师拍摄的5+1镜头

镜头A,听潮幼儿园老师们阅读场景

镜头A,西门幼儿园老师们阅读场景

镜头A,春之声幼儿园阅读场景

镜头A,澧溪中学校园书吧场景+上海教育电视台新闻报道镜头

镜头 A，电大"开明轩采文读书坊标志"场景

镜头 B，教发院读书坊主持人采文读写场景

（教发院书吧＋读书指导会＋人物专访场景与文字）

镜头 B，浦东悦行社团负责人朱爱忠老师指导场景

【二】读书部分：

镜头 A，采文跟各读书坊学校的校（园）长商议交流青年教师读书会事宜场景

镜头 A，采文与读书坊成员老师之间的深入沟通交流场景

镜头 B，各读书坊成员赴书店购书行动场景＋照片

【三】攀登部分：

镜头 B，各读书坊成员赴书店购书行动场景

镜头 B，共享书单打印图片

镜头 B，群组负责人（王洁、胡尧、金玲、丁芬芬、胡春丽、赵馨雨）及群名演说场景

镜头 B，各读书坊启动会会标 PPT

镜头 B，2019 年 0926 国庆献礼主题活动照片

镜头 C，2020 年 0423 世界读书日电视台报道视频

【四】赋能部分：

镜头 B，logo 图＋公众号推送平台＋阅读活动主题会标（PPT）

镜头 B，教师阅读场景与交流会（开放大学南校＋上中东校＋育才＋育人）照片或视频

镜头 A，教发院党委徐萍副书记参会场景

镜头 A，区级重点课题成功申报立项书＋项目表

镜头 A，王丽琴博士等科研专家关注指导场景

镜头 A，教育工会及其他相关层面领导关心支持镜头

【五】授权部分：

镜头 B，10 位老师演讲镜头＋演讲提纲 PPT 图片＋领奖照片

镜头 B，10 篇上海教育新闻网推文打印稿

镜头 C，演说群组"墨香采微"的线上视频读书会＋"言几又"购书行动＋"八面玲珑"面馆系列活动场景

镜头 B，课题群组"森林研习"钉钉视频会＋钟书阁购书行动＋系列活动场景

镜头 C，阅读素养"读写互惠"研习活动精彩瞬间

镜头 C,演讲培训与后培训学习、上中东校活动、育人中学演讲交流会、各学校读书坊购书行动与主题阅读场景

【六】孵化部分:

镜头 A,主持人推荐一组书的样本:

《点亮生命的灯塔》《教育的姿态》《语文的尊严》《教学勇气》

《红楼梦》《乡土中国》《编舟记》《菊与刀》《瓦尔登湖》

《一生的旅程》《人性的优点》《人性的弱点》《被讨厌的勇气》

《大师谈国学》《中国哲学简史》《西方哲学史》《理想国》《国富论》

《如何阅读一本书》《写作这门手艺》《如何写好一个故事》《我们如何思维》

镜头 B,微信公众号 10 期推送截屏

镜头 C,选用 10—15 张各家读书坊主持人和年度读书社团合影、读书场景照

镜头 C,选用 5 节 3 分钟左右的音频或视频影像资料,音量音色优美向上,接近高清效果资料

镜头 B,阅读活动主持稿、讲稿若干篇

镜头 B,上海教育新闻网推文若干篇

【七】片尾结束:

镜头 A,一本书 + 一群人 + 书店 + 图书馆 + 文化地标

镜头 C,logo 图采文读书坊 + 悦行 logo 图 + 公众号与二维码

策划:采文

剪辑:孟俊

文字:蔡文花

配音:丁芬芬

资料:孟俊　王洁　胡尧　赵馨雨　金玲　丁芬芬　胡春丽

出场:5 + 1＞6 采文读书坊

支持单位:5 + 1＞6 学校 + 书店 + 图书馆

2020 年 10 月 30 日

备注说明:

镜头 A,孟俊提供视频

镜头 B,采文提供图片

镜头 C,学校提供图文

织出时代的生命线

生命就像一块布。

如果每个人能进一步观察布的制作过程,并且对它进行检验,就会发现布是由一条一条的线织成的,所有的线都是互相交织,自始至终追求自己的道路,而不会与其他的线混淆。

阅读织出的线是每个人用心的生命成长线,所有的点和线都相互依存,构成立体网面,既需严谨又需创意,织造出阅读记忆。

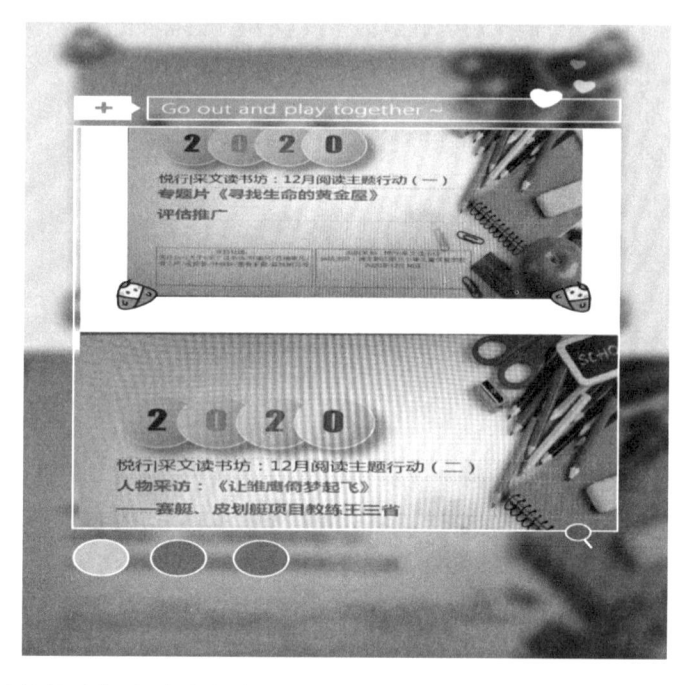

我们所要倡导的阅读道路与成长线,是一种关注时代脉搏下注重"质"的成长型循环阅读,也是一种系统性阅读的生命体验与读写交织成网的阅读训练学习共同体平台。循环阅读要求阅读者坚持高速且重复阅读,这种兼称为高维"阅读思维"的读写想法最初得益于《波士顿人才培育》的模式一说,即PDCA(计划、执行、检查、纠正的循环模式)。采文读书坊阅读推广指导服务的实践阅读行动背后,潜藏着青年教师阅读力培育制度和阅读素养提升实践所需的学习模式。实践证明,成效显著。

让影响力变现

2021年伊始，新5+1读书社团融入采文读书坊，来自相关学校的立学磨剑、书韵荷香、雅文润心、星园小驿、满庭芳社团，响应区教育工会建设"书香校园"丰富教师精神家园的悦行读书的号召，一一启动，对青年教师的阅读热情和需求倍加呵护，将青年教师读书计划列为学校新三年教师培育规划工程项目，助力启动教育教学成长的阅读行动。

[书韵荷香] 诵经典励人生

2021年是中国共产党成立100周年，站在国家历史的交汇点，书院小学的教师也走上新的发展征程。3月30日下午，"红色经典励人生　书香荷韵染校园"——浦东新区书院小学庆祝建党一百周年暨教职工读书社团成立大会在小剧场隆重举行。浦东新区2020最美书香人朱爱忠老师，浦东悦·行｜采文读书坊主持人采文老师，以及教育发展研究院信息教育中心媒体采编孟俊老师应邀参会。书院小学校长、书记施军老师，学校工会主席周琴华老师，总务主任陆正华老师，学校教导主任潘亮宇老师，德育主任陆卫明老师等全体行政和读书社团的成员，以及《小荷》文学社团的学生成员参加成立大会，本次活动由潘丹老师和金丽娜老师主持。

序　幕

活动伊始，学校工会主席周琴华老师介绍学校成立"书韵荷香"书小教职工读书社团的背景、意义及活动设想。周老师指出，借助浦东教发院、浦东教育杂志等优秀资源，组建教职工读书社团，旨在让读书成为教职工学习生活的方式，让读书社团成为教职工进步成长的重要平台，让广大教职工在坚持读书中收获成长。

随后，施军校长为"书韵荷香"读书社团成立大会致辞，并对社团成员提出三点建议：一是学思结合。"学而不思则罔，思而不学则殆"，勤于读书、勤于思考、不死读书、读死书。二是中外融合。扩大读书范围,博览群书,做到古今贯通,中外融合。三是去芜存菁。善于运用扬弃的观点,取其精华,去其糟粕。学以致用、学以善用。施校长祝愿大家一路阅读一路学习,攀登成长,共享阅读资源,丰富社团影响,涵养品牌价值。

在活动现场热烈的掌声中,朱爱忠老师与施军校长为"书韵荷香"读书社团揭牌,"书韵荷香"读书社团正式扬帆起航!

表 彰

书籍是人类进步的阶梯。总务主任陆正华老师、德育主任陆卫明老师为"悦读阅美"读书小明星颁奖,以激发学生的阅读兴趣,提升其阅读素养,享受阅读乐趣。浦东教育发展研究院老师代表为邬雪君老师等社团代表赠书,鼓励老师们诵读红色经典,凝聚中华力量;诵读文化经典,弘扬民族精神。

分 享

浦东教发院蔡文花老师与读书社团分享读书坊的精彩视频专题片《寻找生命的黄金屋》——采文读书坊"5+1＞6"的故事。专题片浓缩了读书坊成员一起读书研习、墨香采微的阅读故事,让我们领略了采文读书坊的创建、发展以及教育创意与影响力。

青年教师董晨霞、潘燕婷老师的读书分享,带我们感受了侯登强老师的著作《做一个有故事的老师》的真情、真趣、真智慧。蔡彬莹老师、储婷英老师、林丽萍老师、樊丹凤老师、潘常怡老师对建党百年、红色经典的读书感言,让大家重温并感悟红色文化经典,浸润革命精神。

升 华

施军校长、周琴华主席、顾桂章老师、宋达志老师的四人组诗朗诵《红色的符号》,诵出了豪迈之气,诵出了我们党勇于革新的精神。紧接着,朱爱忠老师作精彩讲话。朱老师漫谈读书,真情流露,愿老师们满怀着对教育理念和创新的热望,带着对教育的初心与使命,浸润阅读学习,升华教育智慧,持续成长,赋能社团,成就一个美丽的共同愿景。

学行兼善,笃行致远。书院小学"书香荷韵"教职工读书社团的启动,助力学校教师解锁更多专业领域,多维度打开成长的通道,探索读书人塑造的核心价值与成长密码,以此成就学校教师成为终身学习者。读万卷书,行万里路。愿老师们:读书,研习专注力;思索,挑战想象力;攀登,激发生命力。"书韵荷香"教师读书社团成立大会虽已结束,但老师们的读书故事才刚刚拉开精彩序幕……

[立学磨剑] 殷殷期盼亮青春

初次相约

2021年6月4日,在温馨的图书馆,上海市周浦育才学校"立学磨剑"青年教师读书社团正式拉开帷幕。为进一步提高青年教师的人文素养,使每位青年教师成为有人文情怀、有教育理想、有人生思辨的教师,养成阅读和相互交流的习惯,积极营造浓郁的校园书香文化,经学校研究决定,成立"立学磨剑"青年教师读书社团,加盟采文读书坊。

是日,下午三点左右,大家陆续来到了图书馆的读书角。布置一新的读书角墙列有教师们假期里倾心阅读的照片和关于阅读的格言,加之圆桌式的场景让大家倍感亲切。待大家一一就座之后,周学兵书记宣布启动仪式正式开始。周书记把读书活动的概况先向大家作了简要说明,随后,把读书社团的具体安排交由小学部的蔡莉莉老师进行阐述。

方案解读

2013年暑期,蔡莉莉老师作为"勇气更新"活动的志愿者,到机场接迎嘉宾导师吴国珍老师即《教学勇气——漫步教师心灵》一书的译者。启动仪式上,有着这份美好经历和体验的蔡莉莉老师向大家介绍了读书活动的形式:每天由一名成员负责领读(群内发帖),其他成员跟读(跟帖),基本上每个成员负责一个章节或几篇文章的领读。届时,按照成员数的多少来安排领读的篇目。每月集中举办一次书友交流活动,交流形式为：读书座谈会、好书推荐、交流心得等线上或线下活动。每个成员一年内线上讨论交流活动不少于6次，线下活动不少于2次，每人至少递交一篇读书笔记，或参与区教育工会组织的主题征文活动。

对于此次共读的书籍，推荐由帕克·帕尔默教授所著，吴国珍老师翻译的《教学勇气——漫步教师心灵》一书。吴国珍老师是北京师范大学教师教育研究中心退休教师、"教师勇气更新"公益活动发起人、中华教育改进社副理事长。同时，蔡莉莉老师谈到了自己在"1+1教育网"因热爱写作而结缘爱读书之人王丽琴老师的幸福经历。王老师向她赠送《教育勇气》一书后，蔡老师认真阅读后曾撰写了十万余字的读后感。她也谈到了自己在十年前参加"全球教师教育峰会"的经历：当时的会议吸引了来自美国、英国、加拿大、澳大利亚、比利时等国家和地区的顶尖教师和教育研究者。她说，自己虽是一名"草根教师"，却能受邀去北京师范大学参加会议并发言，这次经历至今难以忘怀……

殷殷期盼

蔡莉莉老师的发言，让大家陷入了沉思。此时，徐维斌校长又进一步阐述了阅读对于青年教师专业化发展的意义。他强调，阅读是"各美其美，美人之美，美美与共"，希望大家在"立学磨剑《教学勇气》共读小组"的阅读活动中，沉静下来，用心阅读，做好旁批，并写好读后感，这样的阅读定然是收获满满的。

最后，周学兵书记对此次活动作总结。他提到特别喜欢这次社团招募海报中的一句话："阅读的深度决定人生的高度。"他希望大家能潜心阅读，积极参与读书社团的每一次活动。

[有阁book] 初心向党，相约《新青年》

为庆祝建党100周年，传承红色基因，讲好中华文化，进一步丰富悦行｜采文读书坊教师们的精神文化生活，展现新时代新青年精神风貌，2021年5月20日晚7点，悦行｜采文读书坊主持人组织读书坊新5+1学校跨校社团"有阁book"群组的青年老师赴浦东张江大剧场，观看由上海电影艺术学院国际标准舞专业学生上演的舞剧《新青年·1921》。

"百年初心　相约张江"艺术周活动由张江镇党委和上海电影艺术学院携手,用艺术魅力表达红色初心,彰显青春旋律,以高规格的舞台呈现,满足不同受众群体的艺术需求。

悦行|采文读书坊"5+1＞6"相关学校听潮风、西柚味儿、立学磨剑、墨香采微等群组读书会的老师代表,当晚相约中科路2329号张江镇党群服务中心观看演出,全程参与,互动交流,学习分享。下面是几位老师观舞剧后的感想启悟:

@曹菁/浦东新区听潮艺术幼儿园/听潮风·采文读书坊

舞剧《新青年·1921》以纺织女工为引,通过结合国际标准舞与现代舞的方式丰富舞蹈语汇,并从现代年轻人的多元化视角对原有纺织女工的刻板印象进行了动作上的革新,体现现代女青年昂扬的精神面貌。舞剧从纺织女工视角出发,展示了在中国共产党的带领下,中国女性坚毅的精神力量,体现中华民族的自强精神。

红色是炙热的颜色,是中国共产党的基底色。红船精神引领着中国广大劳动人民坚定理想心念,迎接旭日东升。舞剧利用红色表达特殊年代女性的昂扬斗志,传承炽热的红色基因,弘扬百折不挠的奋斗精神。随着时代的变迁,科技的发展,人力逐渐被机械取代,一位历经沧桑的纺织女工,试图重新激活人们对旧时上海纺织工厂火热的织造记忆以及那段弥足珍贵的燃烧岁月。

在勤劳质朴的时代,女性团结而有力量,纺织工厂里大家欢声笑语,在工作之余分享劳动的喜悦。每一针、每一线、每一块布料都体现他们的用心,严谨又不失创新,这将是他们人生的新起点,也是多彩朝阳升起的地方。

在那个年代里,每一件纺织品都是极其珍贵的,从生产再到运输的每个过程都体现了她们团结一致的心。勤劳、美丽的车间女工,用一双双灵巧的手支撑起幸福温暖的家,书写着美好的生活,她们将青春年华奉献给了这座城市。

集体记忆,为的是这座城市;私人记忆,为的是舒缓自己。这两种与纺织女工有关的记忆彼此交融,也相互冲撞和缠绕。让我们再次回首,回首纺织女工们的精神轨迹,目收历史,让初心永恒!

悦行|采文读书坊的年轻老师说,舞台中塑造的红衣女子形象就像是我们中国共产党的红色精神,像一盏明灯指引着上海纺织厂的女工们。团结一致,从工作到生活,从个人到集体,都是火热而有力的。

观剧的老师们都有感而发,满怀深情地回忆了从前上海纺织业的繁荣、从前衣着的样式颜色,以及改革开放后我们国家、我们生活的巨大改变,由衷地发出了"如今幸福来之不易,后人自当倍加珍惜"的感言。

红色精神始终是激励我们战胜各种艰难险阻的强大精神动力,我们每一位教师都应当常常自我警醒,在具体工作中高扬"爱国、奋斗、团结、奉献"的红色精神旗帜,以我们的实际行动为教育事业做出应有的贡献。

演出结束后,读书坊的教师们结合舞剧,表达了对纺织厂女工们坚定信念、高尚人格、崇高气节和献身精神的景仰。学习红色精神,使我们的心灵得到净化,对于培养民族品格、弘扬民族精神、坚定革命志向起到了很好的推动和促进作用。

在相互交流中,大家加深了对红色精神——"爱国、团结、奋斗、奉献"内涵的理解,深刻认识到红色精神是老一辈无阶级革命家和革命志士留给我们的宝贵的精神财富,是对崇高的思想境界、坚定的理想信念、巨大的人格力量和浩然的革命正气的高度凝练,是马克思主义世界观、人生观和价值观在中国共产党人身上的充分体现,是共产主义精神、民族精神和时代精神的有机结合。

舞剧观赏后,读书坊教师们激动的心情久久不能平静,被震撼的舞台魅力和青年演员的专业表演打动着。观影后大家情绪高涨,纷纷通过发布朋友圈等形式表达爱国情感:"幸福生活来之不易,我们要不忘革命精神,不忘历史,继续努力不断奋斗!"

活动最后,采文老师也分享了自己参加这次活动的感受。她认为,本次观赏舞剧交流互动的活动,是我们开展阅读的另一种学习的体验路径。对于艺术的欣赏和阅读文字一样,都充满着一种生命成长的张力。成长的不仅是演出者,更是每一位观众。她认为,本次舞剧活动不仅是一次观赏交流,更带给我们两个思考:如何从阅读的角度去欣赏和理解一台舞剧、一种艺术的文本、一种语言的音乐性?怎样的剧本创作和表达可以让一台演出更加引人入胜?

观看舞剧《新青年·1921》,让我们接受了一次灵魂的洗礼,学史明理,强烈感受到作为教师的我们,不应忘记昨天,倍加珍惜今天,奋发创造美好明天的历史责任感。

@秦颖瑜/上海市周浦育才学校/立学磨剑·采文读书坊

因为谐音"我爱你",5月20日成了这浅夏时光里别具浪漫的日子。这一天,我们"采文读书坊"相聚在一起,来到张江大剧场,共赴一场青春的"浪漫"之约,同看舞剧《新青年·1921》。

很多现代舞剧没有特定的故事主线,有可能只是一种态度,一种感知。我们从《新青年·1921》那一抹红中感受到了激情和火热,从纺织女工黑白交相辉映的服饰中窥探到了纺织女工们背后色彩丰富的内心世界,从那一盏灯火中体会到了中国共产党的带领是中国女性日益坚毅坚定的指路明灯。

舞蹈的浪漫气息、舞者的肢体张力、音乐的抑扬顿挫,无一不体现台前幕后工作者的匠心,给观众带来了视觉的盛宴。

散场后,读书坊成员围在一起,纷纷发表了自己观看后的感受和想法,进一步丰富了看剧的体验。新世纪,新阶段,新征程,中国共产党站在新的起跑线上再出发!我们作为新时代的青年,志之所趋,无远弗届,穷山距海,不能限也。我想只要我们敢试敢为,像这些纺织女工一般乐观向上、斗志昂扬、努力从无到有、从小到大,终能把理想变为现实。

@仲徐珏/浦东新区惠南西门幼儿园/西柚味儿·采文读书坊

新青年燃星星之火,赴中国新生!2021年5月20日晚,沉浸式舞剧《新青年·1921》在张江镇党群服务中心张江大剧场上演,采文读书坊的成员们在采文老师的组织下有幸现场观看了演出,感受到了舞剧的风采,感悟到了艺术的魅力。

舞剧《新青年·1921》以1921年为背景,以纺织女工为引,通过《忆》《奋》《荣》《颂》等篇章,结合国际标准舞与现代舞的方式,从现代年轻人的视角对纺织女工的刻板印象进行了动作上的革新,体现现代女青年昂扬的精神面貌。

剧中主基调黑白与红,用色彩的冲击力诠释了那个年代的力量和使命。回首纺织女工们的精神轨迹,回首历史,让初心永恒!舞剧展示了在共产党的带领下中国女性坚毅坚定的精神力量,体现中华民族的自强精神,以不同的舞蹈语言结合新媒体、5G等新兴技术呈现了当下新青年的精神风貌,用肢体语言诠释青年人肩负时代使命的责任和决心。

一个小时的演出,掌声阵阵,"太感人了!"读书坊的老师们纷纷表示,革命青年们抛头颅、洒热血,这段历史应该被我们铭记,这种奋斗和担当的精神,正是我们民族能够生息绵延的脊梁所在。

@蔡莉莉/上海市周浦育才学校/立学磨剑·采文读书坊

5月20日,采文读书坊的老师代表一起相约来到了张江大剧院,观看舞剧《新青年·1921》。这部剧由上海电影艺术学院演艺中心出品,由该学院国际标准舞专业的青年演员们表演。这部好剧,翻开了大家关于1921年的红色记忆……

随着时代的变迁,科技的发展,人力逐渐被机械取代,一位历经沧桑的纺织女工,试图重新激活人们对旧时上海纺织工厂火热的织造技艺以及那段弥足珍贵的燃烧岁月的记忆。

舞剧结束后,主持人采文老师让大家一起合影留念,并让每个人分享自己的即兴观剧心得。记得有位老师说:"我从未看过舞剧,但是通过这一次活动,让我对于这种艺术形式有了初步的了解。特别是演员们黑白色的服饰正好与舞台背景中放映的照片相得益彰,而身着红色衣服,手提明灯,站在舞台船坊的演员人物形象就像是共产党的'红船精神',引领着新青年们继续前行……"来自周浦育才学校的袁佳俊老师禁不住感叹:"这部舞剧的名字是《新青年·1921》,是对那个时代新青年的赞颂。我们作为新时代的新青年,应该继承和发扬'红船精神',在新时代创造新的辉煌!"采文老师的分享耐人寻味:"……尽管我们观看的是舞剧,但我们可以从对演员肢体语言的解读中,感悟语言的音乐性……"

一部好剧,让原本陌生的彼此瞬间亲近;一次交流,让原本对于舞剧一无所知的情感迸发;一次相见,让热爱阅读的我们心灵交融。

@王雨琪/上海市育人中学/星园小驿·采文读书坊

2021年5月20日19时,采文读书坊的成员代表相聚在张江大剧院,观看由上海电影艺术学院以及上海市浦东新区张江镇人民政府主办的建党100周年艺术周剧目:舞剧《新青年·1921》。剧院内人声鼎沸,热情洋溢。

19时10分,演出正式开始。随着剧院两侧灯光渐暗,舞台上缠绕的红线分外凸显。白衣的舞者与黑衣的舞者之间,偏偏有一抹亮眼的红色,走下船头,攀上板凳,缓缓举起那盏摇曳的油灯,带我们共同回首纺织女工的精神轨迹。

红色,那是多么炙热的颜色!上海电影艺术学院国标标准舞专业的16位学生,用他们铿锵有力的舞姿、坚定不移的眼神向我们诉说那个年代一双双巧手团结一心,奋勇前进的故事。剧中人在黑色的椅子上,旋转、腾挪、起起落落。黑白交错间,身后的黑白相片也跟着流转。我们仿佛可以看见,年轻的舞者,把青春年华编织的红线,缠绕在了这个舞台上……

40分钟非常短暂,舞剧谢幕,可我们的内心却已然澎湃。在主持人的组织下,我们得以即时抒发那心口的情怀。我们还沉浸在历史中,在舞台背后的黑白相片里,在舞者干脆利落的步伐里,在那一卷红线的轴心里。虽然我们并不是专业的舞者,更不是资深的赏舞人,却能感受到青年舞者涌动的蓬勃朝气,形成一股名为"新"的巨浪席卷上来。

我们不能不被这股朝气所感染,不能不被这景象所触动。读书坊也在不断吸收新血液,开阔新领域,舞剧便是其中之一。我们还要看更多我们所未看的,闻更多我们所未闻的,相信艺术是共通的。2021,新青年,继续向前。

2021 悦行|采文读书坊"有阁 book"青年教师成员推荐群名表

序号	姓 名	群名推荐	读书坊	单 位
1	王雨琪	长伴书侧以纸为乐	星园小驿	上海市育人中学
2	祝雨霞	每日一悦	星园小驿	上海市育人中学
3	秦颖瑜	撷芳	立学磨剑	上海市周浦育才学校
4	袁佳俊	拾贝	立学磨剑	上海市周浦育才学校
5	蔡莉莉	雅文读书会	立学磨剑	上海市周浦育才学校
6	邬廷尔	采薇	满庭芳	上海市南汇第一中学
7	徐怡雯	有阁 book	满庭芳	上海市南汇第一中学
8	董晨霞	清源书社	书韵荷香	浦东新区书院小学
9	潘燕婷	悦读三重奏	书韵荷香	浦东新区书院小学
10	贾智芝	阅享人生	雅文润心	浦东新区周浦小学
11	汪宇婷	星辰山海	雅文润心	浦东新区周浦小学

[满庭芳] 书以致用,悦读悦美

如何让阅读行之更有效,让读书坊品牌影响力变现,一直是读书坊各负责人思考和努力的方向。2021 年 3 月 3 日,采文读书坊主持人采文老师应邀参加上海市南汇第一中学组织的"书以致用,悦读悦美"全学科阅读暨读书坊筹建会,旨在进一步推动"悦读大时空""乐学小宇宙"架构之下的书香校园建设。学校党政工负责人以及 8 位青年教师代表,来到学校悦读社团活动主场——逸众影视厅,根据学校悦读目标——"读书、明理、尚美、求真",乐议共商悦读推进计划。

圣人身边润书香

三月的季节,春意盎然,恒德路校区濯洗一新,"圣人身边润书香,状元桥畔蕴儒雅"。走进底楼图书馆,感觉环境整洁美丽、温馨可人。学校范新龙书记亲自主持阅读筹备会,不同学科的教师代表欣然分享了自己的阅读经历和感想。有老师说,作为老师离开阅读机会较多的学生时代,尤其是习惯了手机阅读的时代,还是挺怀念传统的线下阅读体验的。也有说,以前"任务式"阅读多,现在为工作所迫和实用主义思想影响,偏向目标化、专业性深度阅读。还有的谈到,大量阅读能使自己在指导学生拓展课外知识时如虎添翼,赋予课堂更多更新的活力。与会人员中不乏年轻妈妈,业余时间,有为了孩子的"养育"而阅读、为了理财而阅读的话题,当然赢得了现场会意的笑声。一时间,或"循性而动、浑然天成"的阅读观点稍占上风,或"修德养心、怡然自得"的悦读主张锋芒毕露……言语交流中却透露着心声,期待能在以后的学习、工作、生活中继续发展阅读兴趣,进而提升自身素养,感染更多的学生,打造美好的人生,做好育人的事业。

状元桥畔蕴儒雅

采文读书坊主持人以"把心交给文字——于漪《语文的尊严》"破题,为大家悉心讲述了"寻找生命的黄金屋"——悦行|采文读书坊5+1>6的阅读故事。故事中,采文读书坊相关5+1学校的读书社团如同一朵鲜艳的多瓣梅花向心花蕊,傲立枝头,芬芳无限。有老师轻声呢喃:南汇一中读书坊的筹建加入,一定会构写好"非常6+1"的玄妙乐音。如此呢喃,听者欣然。筹备会的最后,丁建光校长向大家说明了内外合力、筹建读书坊的目的,是紧紧围绕党的教育方针、全面贯彻全国教育大会精神、加快落实五育并举要求、尽力适应中高考改革形势、不断彰显学校文化特色、高质量达成育人目标,以此推动学校全学科阅读和师生综合素养的提升。丁校长指出,全学科阅读的"全"字,应体现在全学校参与、全学科覆盖、全方位推进。全学科阅读,就是要"拆除"各个学科的"墙",融通学科知识,有效提升师生核心素养。南汇一中的师生要用"能量守恒定律"诠释悦读的含义,不带功利心,化"无为"为"有为",轻沐阳光,品茗清茶,于从容自若中沁心书香,在闲情逸致里反哺社会。会议后,青年教师们就读书

坊命名、读书角布置、读书计划推进等工作进行了磋商，正有条不紊地开展读书行动。读书会的社团群名，青年教师出点子开展，头脑风暴，再提炼。如何认真深入推进读书坊事宜，取好读书坊雅名，老师们费心思潜心咀嚼、仔细品味，实为难能可贵。其实，取名的过程，就是一个丰富的愉悦人生、缔造精彩的学习过程，从青年教师彼此的个体智慧集成到团队读书之共同愿景的达成，成长的妙处就在其中。采文读书坊每一个团组群名的命名过程也都是充满智趣和挑战的心智成长变化过程。回想起那天见到的图书馆里精美的书刊列阵架前，攒动的笑脸润泽墨香，茶几上素瓷静递，桌椅旁指点江山……这里足见师生们的书卷气内化于心、外现于行，默默地诠释着"德能兼备、心蕴儒雅"的校训。

悦读约定燃夏季

2021年6月18日，上海市南汇第一中学举行了以"青春向党追梦奋进韶华志学蕴雅前行"为主题的全学科阅读之青年教师"学党史，好读书"阶段推进会暨满庭芳·采文读书坊揭牌仪式。

自此，南汇一中站在"两个一百年"历史交汇点启动的"全学科阅读"工程建设视野，在"建系统搭平台，抓关键分步走，促示范领全局"的基本思路指引下，开始了党员青年带头融合党史学习、年轻教师力行贯通课堂教学、全体师生专心对标素养培育的"全学科阅读、通才化悦读"新阶段。南汇一中青年教师用建基地结伴阅读、立机制约定悦读的方式先行先试，带动全校师生开展"全学科阅读"。

是日下午，惠风和畅，南汇一中恒德路校区迎接建党100周年的迎风旗傲然挺立，格外鲜艳。行政楼书香苑内，青年教师邱廷尔主持会议，揭牌仪式按"枕典席文·读书交流""硕学通儒·赠书劝学""含英咀华·颁证导读""诗礼簪缨·揭牌开坊""诲人不倦·总结讲话"的篇章顺序——展开。浦东图书馆馆长曹忠，浦东教育发展研究院办公室区域教育中心党支部书记、采文读书坊主持人蔡文花，本校主要领导及青年教师代表共计20多人参加活动。

活动伊始，邱廷尔老师用视频展播、PPT演示的形式向与会者汇报了"满庭芳·采文读书坊"的筹建过程，介绍了学校围绕"全学科阅读"、结合党史学习教育开展的青年教师学党史好读书和书香校园建设的相关工作。

随后，朱惠娟、朱嘉瑛、管沁沁、周天华4位青年教师代表满庭芳读书坊的38位成员交流读书心得。

老师们"青春向党,追梦奋进""党史学习我先行,党史教育我力行""一路书香,幸福成长""韶华志学,蕴雅前行"等真诚感人的话语引起了与会者共鸣,正面渲染了言传身教"全学科阅读"、立德树人"通才化悦读"的紧迫性和必要性氛围。

南汇一中党支部书记范新龙代表学校党政工向大家赠送了亨利·戴维·索罗的《瓦尔登湖》和苏晓航的《不用督促的学习》两本书,寄望青年教师会阅读、慧悦读,提升个人核心素养,引领师生乐学致远。

悦行|采文读书坊主持人蔡文花老师为大家带来了体现采文读书坊"5+1>6"的故事专题片《寻找生命的黄金屋》,并与青年教师交谈了"好读书——责任阅读+幸福悦读"的主张。

她劝导大家,要借助书籍的力量去寻找幸福的能量,既要做一个爱读书的幸福者,又要做担当传播幸福、辐射幸福的阅读使者,以开放的心态、真挚的情感投入阅读,做到读写互惠,提高教育教学能力。

与此同时,南汇一中校长丁建光分享了他的"读好书"心得。他呼吁青年教师提高阅读兴趣、提升阅读素养,养成爱读书的习惯,成为学识渊博、气质高雅的人,传道授业解惑,将学校所倡导的"儒雅教育"贯彻落实。

在与会者期待的眼光中,寄意"文昌学宫其内、大成殿堂之下,仰圣人学识德行,承传统儒雅睿智,塑品学兼优学子,育文明现代公民,浸润书香,满庭芬芳,百花齐放,百家争鸣"的"满庭芳·采文读书坊"正式开坊。曹忠、蔡文花、丁建光、范新龙等领导为读书坊揭牌。从此,南汇一中青年教师正式拥有了集群学习、结伴交流的"慧读"基地。

为支持和引导全民阅读,使图书馆的公共文化服务向学校、向教师、向学生延伸,浦东图书馆馆长曹忠向大家赠送了读者证,他希望大家用足用好这张"一卡通",能充分享受海量图书资源,真正为立德塑品成才奉献服务。

曹馆长还鼓励青年老师常阅读会阅读引领阅读,把图书馆从传承知识的地方变成分享知识的乐园,多创造新知识,多承担社会责任,感悟知识的力量,照亮前进的方向!

从规划雏形到揭牌落地,南汇一中"满庭芳·采文读书坊"在建党100周年——"七一"前夕正式成立!这不仅仅意味着阅读场馆和学习基地有了着落,更象征着学校每位青年教师乃至全体师生开展"全学科阅读",向另一个百年砥砺前行的号角已经吹响。

相信"满庭芳"读书坊的青年教师在学校校长室和党支部的领导下,一定能凝聚力量,坚定信念,与书籍携手,与儒雅同行,提升业绩,创造辉煌。

书有光,读最美。的确,"书中自有黄金屋,书中自有颜如玉","腹有诗书气自华",愿每一位青年教师在共读与交流的过程中,丰富自己的内涵,提升自己的素养,在教书育人的过程中,更好地为学生做"点灯人"。

第七部分：
结语

在整个人生中坚持阅读学习

为阅读留白

谁在读？读什么？怎么读？而且一定读出成效。这是悦行|采文读书坊创办者的心声。每个人都需要建构一处工作生活的闲暇留白处，做你喜欢做的事，见你喜欢见的人，读你自己想读的书。我们分享的采文读书坊"5＋1＞6"的故事已接近尾声。肯尼斯·伯克说，故事是人生必需的设备。其实，要我说，无论哪个阅读故事和阅读习惯，都是人生中坚持学习的各种方式。想起著名作家马克·吐温曾说："犹太人的数目还不到人类总数的1%，本来应该像灿烂银河中的一个小星团那样不起眼，但是他们却经常成为人们的话题，引起人们的关注。"大家可以去读读《犹太人大智慧》这本书。其实，他们有一种智慧法宝：在整个人生中坚持学习。这里，我们希望和书坊成员达成一种观点和学习目标：从现在开始，培养并坚持阅读的习惯。因为，阅读本身就是一种学习。学习可以是自我发现型的学习，也可以是有人指导型的学习。阅读也一样，可以一个人，还可以一群人聚焦一个成长目标，共读共享，让我们获得一种超越知识学习的心智成长，好好生活。中共中央政治局常委、全国政协主席汪洋2021年1月14日在全国政协读书经验交流会上讲话时强调，读书活动要坚持循序渐进、久久为功。精心选定读书主题，发挥"网"的优势，下足"导"的功夫，增强"群"的引力，推动读书活动持续深入开展。

已经过去的2020年，每个人都不易。年度财富盘点时，真的发现，学问是我们随身的财富。2020年，爱悦己悦人的我，没有添置一件心仪的服装，却在家里购置了三个书柜，年度藏书量也倍增。当整理书柜时，真心感受到书中自有黄金屋，学问是我们随身的财产，知识成就梦想。而阅读，能去往你我精神世界，冲淡人生无聊之时或至暗时刻。尽管我们身处信息网络大数据时代，电子书版本无数，可每每站在书柜旁，触碰或单册或整套浸染墨香的纸质印刊书时，心里莫名会增加一种令人宁静的安全感、信任感和喜悦感。

关于学问是财富一说，莎士比亚的戏剧《爱的徒劳》《辛白林》《罗密欧与朱丽叶》里也都有一说："学问是我们随身的财产，我们自己在什么地方，我们的学问也跟着我们在一起……"(《爱的徒劳》)"他接受学问的熏陶,就像我们呼吸空气一样,俯仰之间,皆成心得,在他生命的青春,已经得到了丰富的收获。……对于少年人,他是一个良好的模范;对于涉世已深之辈,他是一面可资取法的明镜;对于老成之士,他是一个后生可畏的小子。"(《辛白林》)"……仆人:晚安!请问先生,您念过书吗?罗密欧:是的,这是我的不幸中的资产。"(《罗密欧与朱丽叶》)

百年一遇的 2020 已过去,最为庆幸的是,我仿佛找到了去往学问财富的路径和密码,对阅读的坚信和坚持,也一路照亮着自身的心灵之窗和精神世界。坚持和开展读书悦行活动,和老师们一起读书交流,能增长知识水平,提升自我阅读素养。将阅读学习作为新时代新征程上的教师的基本功,也是教师立德树人利长远增长知识、增加智慧、增强本领的必修课。经常听到读书坊的老师们会引用小说家毛姆的话语:书籍是人类精神的避难所。以此激励自己多读书来应对思想之困惑和生活之所难。有一次读书分享交流时,一位老师分享推荐了《月亮与六便士》。记得,当我们读书坊申报课题"基于青年教师阅读素养视角下的指导服务推广研究"项目组组建时,每位成员想点子出智慧为阅读课题研究团组取名时,开明轩·采文读书坊的原负责人胡春丽老师为"森林研习"群名取名时,也曾引用了毛姆的这句话。诚然,身为教师,我们是否更加需要吸取教育智慧,在书海中品尝学习知识的甜蜜,用垂范后世崇高师德,向孩子们敞开心扉的同时,通过阅读获取因材施教的教育艺术,葆有孜孜不倦的求知精神。在教育的沃土拾取智慧的真理,面向教育的未来。

时至今日,采文读书坊的老师们阅读不止,对经典作品百读不厌,读书坊成员也由原有基础上的"5+1"学校渐渐伸展扩大至"新5+1"学校社团,书院小学的"书香荷韵",周浦育才学校的"立学磨剑",南汇一中的"满庭芳",周浦小学的"雅文润心"和育人中学的"星园小驿",以及跨校际社团"有阁 book"等,又一组充满书香儒雅趣味的读书坊群组和创意群名诞生了。这一系列群名,也足以让我们萌发对读书的喜爱之情,愿意为阅读留白,从中找到一丝丝光亮和温暖,循着这一道道光照射进来的远处,日行躬身拾贝书海,撷芳满庭,让韶华青春不负,让精神世界的生命智慧充盈教育的田地时空。

对话书中人

在你我的阅读学习生活区域,可以把自己作为方法,也可以请出书中主人公和相关人物作为对话的知己,阅读你选读的书中人物身上的品质和精神,体验崇高的人性美。每个人都有人生至暗时刻,生活总有悲喜交加。有时候我们会莫名害怕,会在人群中觉得不安全,最简单的事情也难做选择……遇上这种时刻,我们希望有一种力量助推我们做出决定,明晰并跨越自己的一个模糊地带,让阅读学习带来的心智成长的勇气褪却郁黯角落的硬壳,让自己豁然开朗,直面内心的恐惧。无论哪种迷茫阶段或至暗时分,我们都要试着培养一种抗衡的力量:勇气、信任、知识、权力、希望、屈从、信仰以及爱。从你阅读过的作品书中,总有不少主人公或其他人成为你心中向好的标杆、克服困难的勇士、专业成长路上的领路者、维护道德情操的正义仁慈至善者。阅读路上一个又一个、一群又一群人物标杆,被植入心底,催人奋进。比如,父亲是一位哲学家的著名印度诗人、《新月集》《园丁集》作者泰戈尔,奥斯卡最佳电影原著小说《为奴十二年》的作者所罗门·诺瑟普,《傲慢与偏见》的女主人公伊丽莎白、《曼巴精神科比自传》的科比。曾阅读过的小说《为奴十二年》,是一部与《汤姆叔叔的小屋》齐名的不朽名著,作者是19世纪美国黑人作家,该书是其以自身经历为蓝本创作的自传体小说,一经上市便引起美国社会震动,并影响了此后的废奴运动,被选入美国历史教材和大学必读书目。封面书页上的一句话对于任何处于低谷时段的人们很有启发:即使身处黑暗,也要努力奔跑。

同样地,阅读本土作品,无论古今,书中阅读过的各类人物和现象,千丝万缕,更是有着一种东方不败的血脉相连的亲近感和信任感,包括有时偶尔产生的哀其不幸和怒其不争之情感。但凡知人论世的作品,除了力求获得作品的原义,还可力求与作者"结心"与"对话"。

诞生于18世纪中叶的中国古典长篇章回小说《红楼梦》,是一部伟大的作品,足以令我对其肃然起敬和产生自豪感。当然对因阅读作品产生的所有的百思不得其解,皆可以对作者、版本、故事源流、成书过程、悲剧意蕴、小说结构、艺术笔法和续书现象等方面进行阅读分析,开展主题阅读行动,找到无数想对话可以对话的相关人。你我阅读时可以问问空空道人,和恰特曼所说的"收集者"对对话;可以问问曹雪芹,和"剪贴者"对对话;还可以问问"石兄",和"讲述者"对对话。总而言之,只要你有时有兴,你当然可以直接对话于宝玉、宝钗、黛玉、凤姐等人物,对话之后,一时间你也会因此变得丰富起来,进而进一步浸润其中,慢慢梳理并知晓一些关于《红楼梦》的成书过程与叙事魔圈。不管你是否赞同,就有人把贾宝玉的精神解释为"玉"与"石"双重精神。就《红楼梦》第一回这个石头神话,其寓言性使它蕴含着强大的阐释张力。任何一名处于任何行业的人,无论是专业的学术研究还是其他研究的阅读学习,都可以从阅读对话《红楼梦》的任何阅读元素开始。这里提问读者一个笔者自认为有意思的问题:如果需要邀请一位书中人物一起共进晚餐,你会邀请谁?

1952年诺贝尔文学奖得主莫利亚克有一种观点,"告诉我你读了什么书,我就可以说出你的为人。"此话所言甚是,但若要我更了解你,便得告诉我什么书让你一读再读,倾心对话。

热爱你真正喜欢的所有阅读

作为热爱阅读之人,你要学习阅读如何读懂经典,还要掌握如何阅读一本书要旨的方法,包括明白大家为什么不读书。有一种观点,说阅读使我们化身为旅人,带我们远离家乡,但重要的是,因为阅读,我们在世界各地都能找到新的家园。

回顾采文读书坊《寻找生命的黄金屋》视频拍摄的专题片,也是一种讲解采文读书坊故事的镜头表达方式。最开始的设想,是将我们"5+1>6"的学校教师阅读推广故事浓缩转换为视频剧幕形象,激励读书坊老师们以自身读书的体验和经验习惯而滋养身心的美好幸福感和获得感,对自己、对受众产生一种启发和鼓励,因阅读而找回对生命的挚爱。《寻找生命的黄金屋》专题片最初以时长9分37秒视频故事成集呈现,让我们读书坊的老师体悟了一回影视剧幕艺术的真谛。成片过程确实很费时间,除却正式拍摄和剪辑,单文字脚本、旁白配音、资料整理等,就花费了整整两个月时间。正如著名财经作家吴晓波在《把生命浪费在美好的事物上》一书中写的那样:生命从头到尾都是一场浪费,你需要判断的仅仅在于这次浪费是否是"美好"的。虽然摄影镜头是可怕的X光机器,任何虚假的东西都逃不过它的透视。它将生活放大数倍,将每一个脆弱无力或虚张声势的阅读场景、故事转折剥脱得一丝不挂,直到我们面对镜头甚至紧张而惶惑地试图逃离。不过,因为我们已经拥有阅读的勇气和热情,加以决心研究如何阅读,如何做一个有自我要求的阅读者,面对拍摄镜头,浸润阅读的环境,心系阅读和自己真正喜欢的所有阅读的话题,我们还是充满了惊喜,充满了热情和勇气,觉得并不存在不可解读的奥秘。因为,采文读书坊成员把此项专题片需拍摄分配到的任务,视作为当月主题阅读行动去尝试、去思考、去阅读、去创作,大胆体验感悟剧本式"读写互惠"创作故事的方式,去呈现自己热爱的真正喜欢的所有阅读。主持人采文老师也重拾对莎士比亚经典戏剧的阅读与经典作品推广,带领青年教师们翻开戏剧经典作品的书页,如《茶馆》《罗密欧与朱丽叶》……

每一次在阅读交流场合有机会播放专题片《寻找生命的黄金屋》,都有超乎预期的对读书坊和视频高度评价的受众。因为我们的阅读故事叙述的是阅读的现实与过程,而不是阅读的秘诀。我们需要教学的勇气,更需要活着的智慧。同样地,"墨香采微"阅读故事的每一位写作者,都在按时完成文稿章节和任务驱动的过程中历练自身的基本功和素养:包括知觉力、想象力、文学能力和深挖自己讲故事的才情天赋。

每一次参与主题阅读后的成文成稿过程,对读书坊老师们而言,是一次又一次崇高的智力锻炼和心智成长。一开始,老师们对如何写好自己的教育故事和阅读故事大都毫无把握,有些胆战心惊,诚惶诚恐,甚至出现过为难、暂停和退却。可见,真正坚持阅读并非易事,写作更是如此。比如读写互惠中,对于如何客观冷静地叙事,如何用讲故事的方式架构小说文本,创作艺术方式上呈现出传统与现代完美糅合的倾向特征,思想上对现代性的追求有其精神与气息。从经典作品阅读中,对话大师莎翁、毛姆和张爱玲等创作大家,我们都深受启悟。

采文读书坊的后续阅读行动,将推行如何建构不断成长的思维模式,突破基于成长循环的四个认知阶段:挑战——测试——学习——适应。我们将持续热爱阅读推广阅读,培养老师们的俯瞰力,真正体悟阅读者也是攀登者那种"会当凌绝顶,一览众山小"的学习视野和胸襟。保持新发现的注意力,尝试新事物,专注于学科语言和跨学科语言的融合,保有专注精神和积极阅读的习惯,完成阅读的最终目标,建构阅读素养金字塔,担责育人使命。回归生活,回归教育的本质,唤醒对生命美好的挚爱。有一本书的名字叫《阅读蒙田,是为了生活》,真好。我们在坚定"文化自信"的同时,更是在建构属于我们自己的物质文化和精神世界。未来可期,我们必须用文化软实力同步强大自己。

附录部分:
成员—推文—
书单(详见例表)

缘于阅读
——采文读书坊团队成员一览表

附录一:采文读书坊成员表(2019—2021 年)

\multicolumn{4}{c}{浦东悦行｜采文读书坊 5+1＞6 学校教师成员名单(总数 196 人)}
序号	姓名	单 位	悦行｜采文读书坊
1	蔡文花	上海市浦东教育发展研究院	采文读书坊(1人)
2	姚 红	上海市浦东新区听潮艺术幼儿园	听潮风 采文读书坊 (21人)
3	金 玲		
4	康 琳		
5	唐祎霞		
6	张晓天		
7	周佳怡		
8	周逸菲		
9	宋淑芸		
10	陈妍琼		
11	李淑雯		
12	赵 玲		
13	王 怡		
14	黄 越		
15	顾清源		
16	金紫玮		
17	徐欢妮		
18	陈佳雯		
19	姚裕玲		
20	施怡雯		
21	曹 菁		
22	吴琪敏		

(续表)

序号	姓　名	单　　位	悦行丨采文读书坊
23	张　珏	上海市浦东新区惠南西门幼儿园	西柚味儿采文读书坊（26人）
24	丁芬芬		
25	孙　婷		
26	王晓倩		
27	乔　丹		
28	张　丽		
29	陈嘉怡		
30	金　洁		
31	王凤晨芝		
32	姚　洁		
33	朱　怡		
34	瞿梦婷		
35	施郁诞		
36	钱桑桑		
37	倪佳琳		
38	吴燕慧		
39	汤易智		
40	瞿惠红		
41	金锐媛		
42	仲徐珏		
43	吴　芸		
44	沈　洁		
45	龚雯雯		
46	龚　君		
47	张笑雯		
48	贾逸馨		

(续表)

序号	姓　名	单　位	悦行丨采文读书坊
49	陈爱娟	上海市浦东新区春之声幼儿园	春之声 采文读书坊 (22人)
50	王　洁		
51	郭佳欢		
52	郭嘉乐		
53	牛魏微		
54	邱　晶		
55	闵梦婷		
56	沈顺熙祺		
57	薛　婷		
58	张春煜		
59	石　岚		
60	陈　洁		
61	程晓珺		
62	罗　倩		
63	丁佳莹		
64	潘思凡		
65	顾晓颖		
66	俞继承		
67	王　蕾		
68	忻　文		
69	张紫雯		
70	舒香瑜		
71	朱国花	上海市漕溪中学	溪君荟 采文读书坊 (30人)
72	严雪漪		
73	臧延长		
74	张嘉丹		

(续表)

序号	姓　名	单　　位	悦行丨采文读书坊
75	王惠英	上海市澧溪中学	溪君荟 采文读书坊 (30人)
76	顾　岚		
77	康伟炜		
78	徐庆红		
79	孙　沁		
80	陈戴维		
81	康　榆		
82	俞秀萍		
83	徐　晨		
84	胡　尧		
85	樊媛媛		
86	顾冰洁		
87	蔡琪辰		
88	赵馨雨		
89	潘樊洁		
90	叶四美		
91	江　英		
92	顾家瑜		
93	周晨雨		
94	吴子怡		
95	沈宇婷		
96	刘　燕		
97	张晨燕		
98	汤　晟		
99	曹　蕾		
100	邬晓华		

(续表)

序号	姓名	单位	悦行丨采文读书坊
101	汤明飞	上海开放大学浦东南校	开明轩 采文读书坊 (20人)
102	倪美华		
103	周晨光		
104	王　刚		
105	唐丽英		
106	卢丽芹		
107	姚　玮		
108	顾美红		
109	胡春丽		
110	周耀英		
111	康玮懿		
112	施　雨		
113	王　娟		
114	邱　冰		
115	蔡　勇		
116	黄　华		
117	陈　松		
118	张燕华		
119	潘　庭		
120	储　懿		
121	施　军	上海市浦东新区书院小学	书香荷韵 采文读书坊 (25人)
122	周琴华		
123	宋达志		
124	潘　丹		
125	顾桂章		
126	陈雅华		

(续表)

序号	姓　名	单　位	悦行 ╎ 采文读书坊
127	金丽娜	上海市浦东新区书院小学	书香荷韵 采文读书坊 （25人）
128	蔡彬莹		
129	邬雪君		
131	黄颖杰		
131	黄　静		
132	樊丹凤		
133	储婷英		
134	林丽萍		
135	潘常怡		
136	潘燕婷		
137	董晨霞		
138	朱菲菲		
139	金丽丽		
140	陆卫明		
141	周卫兴		
142	潘亮宇		
143	朱海洪		
144	陆正华		
145	潘顾权		
146	王天丽	上海市浦东新区周浦小学	雅文润心 采文读书坊 （7人）
147	陈慧慧		
148	蒋峥峥		
149	朱韩雯		
150	贾智芝		
151	汪宇婷		
152	菅俐馨		

(续表)

序号	姓名	单位	悦行丨采文读书坊
153	丁建光	上海市南汇第一中学	满庭芳 采文读书坊 （15人）
154	范新龙		
155	邬廷尔		
156	管沁沁		
157	郑奕		
158	王妍蕾		
159	周天华		
160	周舟		
161	朱惠娟		
162	朱嘉瑛		
163	徐怡雯		
164	桂寅		
165	朱莎莎		
166	武海燕		
167	黄卉		
168	徐维斌	上海市周浦育才学校	立学磨剑 采文读书坊 （16人）
169	周学兵		
170	齐子群		
171	樊学英		
172	蔡莉莉		
173	张馨怡		
174	秦颖瑜		
175	袁佳俊		
176	沈舒芬		
177	莫蓉		
178	宣琴华		

(续表)

序号	姓 名	单 位	悦行丨采文读书坊
179	汪艳婷	上海市周浦育才学校	立学磨剑 采文读书坊 （16人）
180	胡若婷		
181	张洁奕		
182	张倩蓉		
183	唐祎玮		
184	王雨琪	上海市育人中学	星园小驿 采文读书坊 （13人）
185	祝雨霞		
186	柳 清		
187	姜小玲		
188	蔡飞飞		
189	杨春晗		
190	龚依婷		
191	相海敏		
192	陈雯倩		
193	朱 琳		
194	孙健文		
195	王春春		
196	瞿鹤群		

优先阅读
——采文读书坊推文选刊

附录二："共享阅读人生　献礼伟大祖国"/演讲稿

1　书入　永不停歇

浦东新区春之声幼儿园/春之声·采文读书坊　闵梦婷

为什么我会有这样的感触,那还得在前几年的一次演讲比赛上说起。

从小我就很喜欢朗诵、演讲,我喜欢站在讲台上,和台下的你们用眼神交流,而那时候都是老师给我稿子,让我背诵让我演讲,每次总能获得很好的成绩。步入社会以后,我选择了幼教这份职业,发挥我的特长,在讲故事方面我是佼佼者。有一次领导让我参加演讲比赛,要求围绕主题自己写一份演讲稿,那时我刚生好孩子回到岗位,几乎和读书成了陌路,感觉自己脑海里空空如也,我意识到自己原来并不那么擅长演讲,以前自己一直都在讲别人的故事,迷失了自我,就像一只井底之蛙。

我们的中国也曾经闭关锁国,人民一度在水深火热中求生存。而现在,中华民族翻开了崭新的一面。习主席在阐释"中国梦"的时候深情地说:"中国的昨天,雄关漫道真如铁;中国的今天,人间正道是沧桑;中国的明天,长风破浪会有时。"我没有理由妥协,我开始读书,在一年里我看了24本书,很多老师会觉得自己没有时间读书,其实我们每个人的时间都是相同的,除去吃饭睡觉上班以外,每个人可支配的自由时间大概在6至8小时,那么这些时间你都用做什么,刷朋友圈,玩游戏,喝茶聊天,逛淘宝……基本上逃不出做这些。而我做的其实很简单,就是上面说的这些事少做,多看书。有一句话真的是名言中的名言,"时间就像海绵里的水,挤挤还是有的"。每每看到精华的语句,我都会摘抄下来。

不单单是为了让自己可以站在讲台上演讲自己的故事,还因为我是一位幼教工作者,一个中国人,所以——书入,永不停歇!

2　我和我的家国

浦东新区春之声幼儿园/春之声·采文读书坊　王　洁

每个人的成长都有一些困惑。小学三年级时,老师请我到科技馆主持一个活动,串词中有"祖国妈妈"四字。在练习串词时,老师至少让我说了50次"祖国妈妈",饱含深情的、铿锵有力的、轻声细语的……那时我非常困惑,祖国为什么要和妈妈连在一起?在很长的时间里我一直简单地认为,这是中国人独有的情怀。直到在采文读书坊第二次线下购书活动中,偶然间遇到了《家国天下》一书。翻开这本书,我恍然大悟,这是受了中国传统礼乐制度的深远影响。我们每个个体的成长是镶嵌在国家中的,而我们的成长又是离不开书的。书与我,我与国家有着妙不可言的情谊。

小时候,我常喜欢做一些傻事,比如将毛巾毯扎在脖子上当披风,或是把五子棋当成盘缠要赶路。那时的我,总认为自己是金庸先生所描绘的"青衫磊落险峰行,玉璧月华明"那样的侠客。可是这些看似疯狂的想法和可笑的行为,从未遭到我父母的嫌弃,他们反而会加入我的门派,和我一起演一段仗剑走天涯。因为他们很爱《天龙八部》,也很爱用一支笔创造一整个江湖的金庸先生。后来我才知道,1981年,内地读者才第一次读到了金庸先生的正版《天龙八部》。可以说,从书的发展看到了祖国母亲走向现代化建设的缩影。

母亲总说我们这一代很幸福,特别是书的自由。那时候我特别喜欢读书,记得一次高三的历史课,我偷偷地读着一本风趣幽默的历史解读书,结果被历史老师逮了个正着。不用想,结果肯定是被历史老师狠狠地批评了。她说,这样的书是夸大局部,一味搞笑,极其片面的。老师总是严苛又关怀着学生,批评过后他又向我推荐了一本书,叫作《全球通史》。作者用全球视野看历史变迁,和习近平总书记提出的"全球发展观"不谋而合。

我想,这便是当代中华儿女的当下和未来,我们正成为更好的自己,我们的国家也不断繁荣富强。最后,我想说:"我和我的家国,永远在一起!"谢谢!

3 在捧读中喜悦

浦东新区听潮艺术幼儿园/听潮风·采文读书坊 桂燕华

我是一名幼儿园老师,每天和一群可爱的小朋友在一起,童言稚语相伴,乐在其中,日子过得是那么的美好!

直到有一天,老天爷似乎跟我开了个玩笑。那是2015年的四月,我意外受伤住院,右腿被确诊为粉碎性胫腓骨双侧骨折,一切来得那么猝不及防。而当医生说我将来很有可能落下残疾时,我再也克制不住奔涌而出的泪水。朋友们隔三岔五地来医院看望我、安慰我,还给我带来了几本书。可是我一向不爱阅读,加上那时的我心情灰暗,随手就把书搁置在一旁。

那是一个午后,病房里静悄悄,静得我都快窒息了。百无聊赖中,我随手翻开了那本《假如给我三天光明》,一时间被海伦·凯勒所深深震撼。她先天盲聋,却以自己坚强的意志谱写了人生传奇。而在《钢铁是怎样炼成的》一书中,我见证了一个双目失明的传奇战斗英雄,书中的画面一次次让我落泪。再看看自己,虽然受伤严重,但相比他们而言,这一点小小的磨难又能算得了什么?钢铁不就是这样炼成的吗?于是,本来不爱阅读的我,开始静下心来慢慢品读。

后来,在大家惊讶的眼神中我逐渐康复了,终于回到了我朝思暮想的孩子们身边。

"润物细无声",阅读陪伴我度过了无数个漫漫长夜,也让我慢慢找回了喜悦,那是与以往不一样的心境。我在捧读,我在喜悦,喜悦在捧读中邂逅更美好的自己!

4 有梦的读书人

浦东新区惠南西门幼儿园/西柚味儿·采文读书坊 孙 婷

高尔基说过"书籍是人类进步的阶梯,终身的伴侣,最诚挚的朋友"。在书中我可以看到许多故事,体会到许多的情感:有像《根》中对自己命运的斗争;有像朱自清《背影》中浓浓的亲情;还有像《从你的全世界路过》中回味深长的爱情。在阅读的过程中,我不仅学会了生活的道理,丰富了见识,更重要的是领悟了生活的美好。

仔细数来,从步入学堂开始接触书籍,至今已有27年了。小时候的生活条件远没有现在这么好。除了学校发的课本,能够接触到的课外书籍屈指可数。直到现在我还记得,属于我的第一套课外书是在1993年的六一儿童节,父亲领我去镇上唯一的一家书店买的《小学生十万个为什么》。那是一套上下两册的硬壳书,我摸着崭新的封面,闻着淡淡的油墨香,仿佛捧着一件易碎的宝贝,一回到家就如饥似渴地读起来。这套书一直保存得很好,直到我出嫁,它还被我搬到了新家珍藏起来。

随着时代的发展,周围的书店开始多了起来,新华书店、黄金书屋像雨后春笋一样地冒了出来。我想书店能够变多,正是因为读书的人也越来越多的缘故吧。

在爱好读书的人群中,教师职业的应该排在前几位,"师者,传道授业解惑也",职业的需要,要求教师们要广泛地猎取,丰厚底蕴,当我们在授业时才能滔滔不绝,娓娓道来。读经典,室内氤氲书香;揣圣道,胸怀宏图济世。为师者,不妨多读点书,以磨砺出一个思想纯洁、品德高尚、人性豁达、书韵悠长的灵魂。

金秋十月,丹桂飘香,我们将迎来新中国70周年华诞。习近平总书记说:"我们都在努力奔跑,我们都是追梦人!"感谢祖国,让我成为一个有梦的读书人,读书人愿

"为天地立心,为生民立命,为往圣继绝学,为万世开太平"。

5　民族精神中的中国梦

上海开放大学浦东南校/开明轩·采文读书坊　胡春丽

我今天推荐的是一本十几年前很风靡的书,姜戎的《狼图腾》。大学的时候,我第一次阅读,作者的真知灼见所带给我的震撼,此刻回想起来,依旧能让我心潮澎湃。

曾经有很多学生让我给他们推荐书目,不同的时间,我的书目也会变化,唯一不变的是这本《狼图腾》。我一直在思索,当年区区十几万蒙古骑兵为什么能够横扫欧亚大陆?中华民族今日的辽阔疆域由来,其深层原因究竟是什么?为什么马背上的民族,图腾竟然是狼而不是马呢?在2019年9月3日的中央党校开班会上,习近平总书记强调,我们的中国梦,绝不是轻轻松松、敲锣打鼓就能实现的,伟大梦想必须进行伟大斗争。我突然醍醐灌顶,这不就是和《狼图腾》一书观点暗合了吗?当今世界正处于百年未有之大变局,需要我们青年人能够拥有像狼一样锐意进取的血性,华夏先民勇敢智慧,强悍进取,狼心勃勃,我们的血管里肯定还有狼性血液的遗存,这是中华民族复兴的宝贵资源,应该像火种那样好好保存并发扬光大。作为新时代的青年教师,我们更应该把习主席对我们的殷切希望落实到具体的工作中,教育的本质应该就是一个破冰、化冰的过程,是爱的传承,是道的传递,如此周而复始,未曾间断。它是社会良心的底线,是人类灵魂的净土,是立国之本,是强国之基,但愿我们能以我们的生命质量重新撑起"老师"这两个字的分量,也能够以我们的生命光亮重新点亮"老师"这两个字的生命光华。

6　人生不止,阅读不尽

——"读"出书香中国

上海市澧溪中学/溪君荟·采文读书坊　赵馨雨

说来惭愧,站在这里的我远没有采文老师那么长久的阅读经历。相较而言,我的阅读之路很短暂,但我依旧要感谢阅读!

六年级时的我从来不敢举手回答问题,老师提问我必定会低下脑袋,躲避老师的目光,语文成绩在第一次月考中是班级倒数第十。还好,那时老师推荐我们去读《简·爱》以及一本杂志《演讲与口才》。

刚开始看《简·爱》,看到一半我就放弃了,简的命运太苦了,我不忍看下去。但是第二遍、第三遍、第四遍,我才明白:内心的强大,才是真正的强大,只有内心无比坚强,你才有改变的勇气。而我正是缺乏了强大的内心,所以我慢慢开始改变,尝试着在课上举手发言、尝试着跟老师对视、尝试着在全班面前朗诵诗歌!努力就会有收获,期末时我变成了全班第二。我一直以此事来激励我的学生:你也可以,只要踏出勇敢的第一步,你们会比老师更优秀!

如果说《简·爱》改变了我的自卑、胆小,那《演讲与口才》就教会我很多技巧。刚开始,我只是单纯地欣赏那些舌战群雄的人物。我清晰地记得,一则关于周恩来总理的故事,记者会上,一名西方记者提问:"请问,中国人民银行有多少资金?"当时的中国可谓是一穷二白,这个问题怎么回答呢?周恩来委婉地说:"中国人民银行的货币资金吗?有十八元八角八分。"众人不解,总理又解释说:"中国人民银行发行的面额为十元、五元、二元、一元、五角、二角、一角、五分、二分、一分等十种主辅人民币,合计为十八元八角八分。"每每看到这个答案,我都会为周总理的急智所折服。

雨果说过,人类所需要的是富有启发性的养料,而阅读则正是这种养料。我想,我们的社会也需要这种养料,我们国家更是需要,沉浸于书香的国家更能彰显对这个世界的理性和平和。

马上要迎来新中国成立70年,也借此来激励大家:人生不止,阅读不尽!

7　阅读与成长

上海市沪溪中学/溪君荟·采文读书坊　顾冰洁

翻开散着墨香的纸张,泛舟在书的海洋,闭眼,总有几片闪着光的书角从记忆心湖中浮起,白纸、黑字、墨香,诉说着一件又一件的往事。

小时候,我时常捧着书沉浸于一个又一个美丽童话,南瓜马车、玫瑰城堡、波光粼粼的海面上的美人鱼,构成了我儿时天马行空的幻想。

少年时,我依然热爱读书,去看高尔基童年的艰苦生活,去感受海伦·凯勒的坚强,去观赏万里的海底风光。

工作后,我始终坚持与书为伴。阅读使作为教师的我能更加理性、睿智、自信。苏霍姆林斯基曾说过:"哲言可以明理,历史可以明智,文学可以静心,法律可以维权。不同的书籍,不同的理念;不同的书籍,不同的享受。"尽管每天的课务繁重,我仍会在睡前阅读喜爱的书,比如毛姆的《面纱》《刀锋》《人生的枷锁》,还会读一读《强国时代》来了解习近平新时代中国特色社会主义思想作为强国理论的形成逻辑与理论精髓。

此时的阅读并不会加重一天的负担,反而能让我静下心来充电学习,这是我缓解压力的最好方式。

从前,阅读是出于兴趣,而如今,书籍是我的良师益友。强国必先强师,作为教师,我们应该牢记使命,不忘初心,爱岗敬业,提升自我,立足新时代,建设教育强国,实现中华民族伟大复兴的中国梦!

8 书香里的追梦人

浦东新区听潮艺术幼儿园/听潮风·采文读书坊　周佳怡

有人说:"你的气质里,藏着你读过的书、走过的路、看过的世界。"17年前小小的我,梦想着成为一名舞蹈家,可以享受在舞台上旋转、跳跃,还有无数的掌声。但事实并非如此,学舞漫漫路,每天重复、枯燥的基本功训练,下竖叉时锥心般的刺痛,下腰后头晕目眩的难受,几度让我在深夜里哭泣。但母亲一直在我身旁,每天监督我练基本功,从不间断。

那时,舞蹈于我恨大于爱,就在我万般纠结想放弃时,《阿甘正传》这部电影中阿甘的人物形象震撼了我。阿甘虽天生不足,但后天不断奔跑、没有放弃的精神让我惊叹。于是我在网络上阅读《阿甘正传》相关影评,偶然了解到了《奔跑的查理》这一本书,似乎和《阿甘正传》一样,都是讲述奔跑在路上的故事,细细阅读我了解讲述的是十年瘾君子的查理,坚持长跑戒掉了毒瘾的励志成长小说。感动、震撼、敬佩各种情绪接踵而来,这是多么强大的意志!

阿甘、查理的梦看似很远,但是因为他们的坚持,又变得无比近。相比较他们的痛苦,练舞上的一些苦又能算什么呢?是呀,每个人的生活中都会有迷茫、有痛苦,但是只有不断奔跑、永不放弃,我们才能越来越靠近自己的梦想。之后,我不再拒绝舞蹈中的痛苦,而是快乐享受着这个过程。

"我们都在努力奔跑,我们都是追梦人。"习近平总书记激励的话语一直回荡在我耳边。阅读,如同与伟人隔空对话,让我心情得以滋养。感谢阅读,让我不忘努力坚持奔跑,坚持着、坚持着,我们都将成为一个真正的追梦人!

9 做一个幸福的教师

浦东新区惠南西门幼儿园/西柚味儿·采文读书坊　仲徐珏

沐浴着金秋的阳光,我们喜迎新中国成立70周年华诞。和新中国一起成长,我们健步迈入伟大祖国建设者的行列。为国家、为人民求发展、谋福祉,是我们青年教师的历史使命。记得习大大发表的2018年新年贺词,一句朴素而深刻的话:幸福是奋斗出来的!

什么是幸福?我觉得,我实现了从小的梦想,成为一名光荣的幼儿教师,这就是幸福。我的每年、每天、每刻,都是那么的充实、快乐、幸福,可以说,我的职业幸福指数是五颗星。

偶然的机会,我拜读了陶继新老师写的《做一个幸福的教师》一书,通过一个个鲜活的案例,陶老师诠释着幸福教师应该做到:用爱感悟、一心向善、宽容大度。这本书给了我很多的人生启示,使我对"幸福教师"有了全新的理解。陶老师说:"文化一旦在心灵安顿之后,就成了一生幸福的储蓄。"使我进一步认识到阅读的重要性。陶老师在46岁时开始背《论语》,每天早上起床后都能坚持背古诗,他用自己的行动告诉我们,再忙碌,都会有阅读的时间,重要的是养成阅读的习惯。

培养阅读习惯从娃娃抓起。在我们温馨有爱的班级中,我和我的孩子们一起创设了充满书香氛围的"乐书吧"。说到"乐书吧",刚开业时可谓"惨淡",报到的孩子用五根手指就能数清楚。为了办好"乐书吧",我绞尽脑汁,鼓励幼儿自制图书,将自己阅读过的故事画成连环画投放在书吧;我还进行民意大调查,选举幼儿感兴趣的书籍,如童话故事、大迷宫、脑筋急转弯、谜语等。渐渐的,"乐书吧"火了,我们不知不觉在孩子的心中种下阅读的种子。通过"新闻联播"的游戏,孩子们分享着自己阅读的收获,感受着有爱大家庭中的幸福。

做一个幸福的教师,用我们的青春点燃幼教事业光明的未来!在新中国成立70周年的国庆之际,我为我们伟大的祖国献礼!

10　阅读伴我行

上海开放大学浦东南校/开明轩·采文读书坊　施　雨

我的读书记忆源自幼时的一本故事书《365夜》,每天晚上我的父亲会跟我一起分享里面的故事。我的父亲是个热爱阅读的人,在他年轻的时候,阅读资源比较匮乏,所以他特别珍视和重视培养我的阅读兴趣和习惯。我小时候住在乡下,我的母亲有时候会差使我做一些家务,例如扫地、择菜等,但是我们家有一个小小的规矩,如果打开了书本,没有重要的事是不能打扰的。看书有时候也会成为我逃避做家务的借口,但在这样的氛围下,我也爱上了阅读,那时读的大多是故事书。当我到了初中,我们搬家了，新家的隔壁是一个图书馆，我父亲用他的身份证给我办了一张读书卡，那是我阅读最为丰盛的一段时间，读的书也比较杂，散文小说、哲学诗歌、奇闻异趣等无不是我的心头好。

这段时间，我读了蒋廷黻先生的《中国近代史》，这本书叙述了从鸦片战争到辛亥革命的中国历史，提出了许多真知灼见。要摆脱敌人的奴役，首先要国强。国人认识这一点时，走过了曲折的路，付出了沉重的代价，好在有成千上万的爱国者，为寻求救国真理前仆后继，他们在曲折中前进，为中国走向近代化种下了契机。

在我成长的各个阶段，各类书籍丰富了我的生活，虽然读过的大部分书也都忘记了，但又有什么关系呢，它们中的一部分已经长成了我的骨头和血肉，影响着我的三观和情趣。感恩祖国的强盛发展，让我们可以享受更多的阅读资源，在今后的道路上，阅读还将伴随我前行。

附录三：创新征文故事/上海教育新闻网"师考"栏目推文

采文读书坊"5＋1＞6"的故事

上海教育新闻网　　上海市浦东教育发展研究院　　蔡文花　　2020-09-10　10:01:31

这里要分享的，是关于悦行｜采文读书坊"5＋1＞6"的故事，也是一个集创意、影响力助力实现跨越"专业经验"的教育创新故事。

悦行｜采文读书坊是浦东教师的一个读书推广教育指导服务平台。读书坊的创建、发展本身具有一种教育创意，"5＋1＞6"的故事影响力也已不断推而广之。其一，采文读书坊，是浦东悦行旗下的一个读书社团品牌，读书坊发起人兼主持人以"采文"为笔名，引领基层学校一群青年教师一起读书研习阅读成长。其二，采文读书坊名下至今有7个群组社团，涵盖了1家浦东区域教育研发机构及5家学校单位教师的"悦行"读书推广合作团队，我们满怀着对教育理想和教育创新的热望，浸润在学习之中，不断生成的品牌故事，所带来的教育服务价值、阅读力和影响力，已然超出数字"6"其本身的意义。

读书，去往你我精神世界

采文读书坊的故事诞生，是从策划组建首家"悦行｜采文读书坊"的创意开始的。故事缘起的对话链接："哎，×园长，我想跟一群年轻教师一起做一项读书推广计划，希望得到您的支持!""这是好想法呀,×老师,我正在策划思考新入职教师三年培育成长计划。我想,我们是否可以结合起来,有什么具体想法和操作要求,看看两者关系联系的点。我们一定支持参与,并投入到这项有意义的提升教师阅读素养的计划行动中。"

任何一个创意,往往产生于一个想法。采文读书坊策划者的一个想法大胆说出,与意料之外的一个想法或教师育人计划不谋而合,并迅速产生动能,也推动我们站位于系统思维高度去思考,计划如何能最大限度地发挥它的作用。毕竟,读书这件事,去往你我精神世界,相信这也正是潜藏于教师内心的、一种最广泛的心智成长需求,一种非功利的专业素养提升需求的声音。实践行动证明:读书生发创意,创意推进读书。你我教育人的精神力量一旦被勇气和热情点燃驱动,教育创新的力量也更为神奇。

攀登,携手悦行阅读成长路

采文读书坊持有一个行动理念:我们都是阅读路上勇敢的攀登者。"5+1>6"的攀登故事,是从人人参与为社团群组取名和共享书单开始的。现有7个群组群名的推送和启用,积聚大家的热情与智慧,群组社团名称,分别取义为听潮风·采文读书坊(听潮艺术幼儿园)、西柚味儿·采文读书坊(惠南西门幼儿园)、春之声·采文读书坊(春之声幼儿园)、溪君荟·采文读书坊(澧溪中学)、开明轩·采文读书坊(开放大学浦东南校)、森林研习·采文读书坊(跨校主持人课题项目综合阅读研习组)、墨香采微·采文读书坊(跨校教师青年演说会阅读行动组)。读书坊的每一位成员都以开明开放的积极姿态,渐入佳境。

2019年2月27日,采文读书坊正式启动以来,通过一项项主题阅读爬坡活动,直面一次次校内、跨校主题阅读行动任务,出色完成了几项有影响力的主题活动。比如,2019年9月26日举办了"共享阅读人生 献礼伟大祖国"主持演讲活动;2020年4月23日世界读书日"万物有签名 阅读正当时"主题活动被上海教育电视台"实时新闻"2分钟报道宣传;读书坊主持人课题研究项目"基于青年教师阅读素养视角的教育服务推广研究",2020年7月成功申报为浦东新区教育科研区级课题名单重点课题等系列主题活动。老师们一路学习一路见证,攀登成长,步履不停。

赋能,涵养品牌影响力价值

作为教师,我们思考着"专业经验"是什么?如何跨越"专业经验"?我们林林总总的思考行动与创意,不断为读书坊平台赋能,涵养品牌影响力的最大价值。

我们以系列创意举措,共享着品牌影响力价值。这些创意举措包括:采文读书坊品牌社团的培育创新、采文读书坊学校社团的群名演绎、采文读书坊公众号的主题发布、采文读书坊主题活动的方式出新、采文读书坊线上线下的互为推进、采文读书坊的媒体关注专题报道、采文读书坊品牌 logo 图理念设计、采文读书坊年度书单的共享行动。这些创意小举措,坚持不懈,并逐一变为阅读行动。

授权,解锁系统故事核心码

采文读书坊平台的推进是层层授权,分社团群组类解码。让教师不断提升专业综合素养和技能,跨越自身已有的驾驭课堂和课程的"专业经验"与服务技能,解锁更多专业领域,多维度打开成长的通道,倾听读书坊系统内外读书人故事的核心价值成长密码,参与"品牌意识"建构,达成"品牌评估"共识,让所有参与平台的读书人看到选择,建立阅读成长案例,创建创新阅读共享资源,发展丰富品牌价值。我们用生动真实的,属于采文读书坊自己的"声音"进行阅读、写作、演说和采访等,保持真实本色的阅读学习内容,寻找与众不同的地方,让读书坊平台和阅读行动真正脱颖而出。

孵化,森林研习未来可期

采文读书坊,还是一个育人书香之气的孵化基地。阅读作为一种崇高的智力锻炼,我们必须踮起脚尖,把我们最灵敏、最清醒的时刻,最曼妙的时光,献予阅读才对。前期孵化出的成果也已经以《墨香采微》书名列入出版计划并与相关出版社成功签约。本书重在介绍作者对教育阅读的思索和求证,主要围绕"引言:阅读危机、读书推广、故事创造、读写互惠、让阅读行之有效、结论"几部分内容。相信成书过程,将更激励我们视阅读为心智的锻炼、持开明开放的阅读姿态、鼓阅读经典需要之勇气,为寻求语言文字带给我们的成长意义,并在心生爱阅读内驱力的文化文明传承演绎过程中,付出所有的热情、智力、勇武和力量,惊喜地成就一个读书品牌的传奇,一个让阅读行之有效的故事。并且,有信心对所有阅读故事充满热爱。

采文读书坊,对于孵化培育爱"悦行"的种子充满期待。我们将继续在自己的创意小行动里,感受大系统浦东教育创新的改革开放之风,勇立潮头,墨香采微,直至见森林。

【墨香采微·故事】 听潮有风　花香自来

上海教育新闻网　上海市浦东新区听潮艺术幼儿园　金　玲　2020-09-11　09:56:11

悦行 | 听潮风・采文读书坊是非常富有园所特色的读书社团,也是浦东悦行 |

采文读书坊"5+1"社团之一,人员由上海市浦东教育发展研究院蔡文花老师领衔、幼儿园保教主任金玲老师负责主持、姚红园长领导支持、18位入职5年内的青年教师组合而成。"听潮风"取义于"听潮艺术幼儿园"名称,一路来,读书坊的老师们改变传统阅读模式,积极创新拓展阅读方式和路径,激发青年教师的阅读兴趣,开拓阅读视野,提升青年阅读素养,各种阅读的文化语境正渐入佳境。

2020年3月至6月,听潮风·采文读书坊围绕专业书籍《用专业的心,让观察更有温度——幼儿园"学习故事"的本土化实践研究》,开展了"自学共读"的系列读书活动。本书由上海市教研员王菁老师主编,从"以儿童发展为本"的教育理念出发,以"问题解答""故事呈现""经历分享"三部分展开。通过共读创新阅读路径,青年教师在阅读中感知,在聆听中领悟,在践行中体验,收获专业成长!

阅读·悦"美"

在购书行动中感受环境之美。在读书之前,我们先组织教师们开展购书行动。我们来到了钟书阁,它在空间格局与氛围营造上都形成了独有的模式,让走入其中的我们忘却自己正身处繁华的市中心,走入心中理想之地,真正可以享受一段宁静的阅读时光。精致的装饰和美丽的设计让我们流连忘返,在这样美的环境中帮助我们打开眼界、增长见识、静心挑选,形成了我们专属的"听潮风"书单。

在共同阅读中体验氛围之美。围绕同一本专业书籍,读书坊一群人相聚在一起看书交流,改变以往个人读书的模式,大家一起品书论心得,体验集体阅读的快乐,挖掘集体阅读的内涵,提升集体阅读的价值。浓浓的共读氛围,让美洒满了每个角落。

在读写交流中展现自信之美。读书坊给青年教师创造机会让大家聚在一起,她们共读这本书,她们撰写对书的感受,她们交流自己的心得,并在不断互动的过程中引发个人更多的思考,改变思维模式,拓展思维广度,通过"读写互惠"的体验来提升她们的专业能力。一次次活动中大家表现出来的敢做敢说、大胆表达,都让我们感受到了读书坊青年教师们的自信之美。

阅读·悦"活"

主题式阅读让阅读内容更活。主题式阅读是在主题引领下,进行同类书籍的共同阅读。像我们本次选择共读的这本专业书籍是针对大家工作实践中碰到的"观察"问题提出的,之后我们还挑选了书籍《观察的艺术》、视频"观察的日记"等,围绕"观察"重点进行主题式阅读,通过阅读多本同类主题的书籍视频,在相互交融中,不断充实相关经验,将碎片化知识系统化、专业知识系列化,让阅读的内容更活,形成立体的共读网络。

　　线上线下交流让阅读时间更活。"线上+线下"的活动让阅读时间、空间不受限制,正好碰到新冠疫情,大家都不能出门,线上交流就给我们提供了便利,一点都不耽误我们的原定计划。我们4月就在钉钉上开展了视频会议,围绕三个问题"什么是学习故事,它有什么作用?""如何撰写学习故事,其框架与内容包含什么?""读完书后,你的收获有哪些,对你的工作有何新的启发?"开展交流。在视频交流中,每一位老师积极参与、各抒己见,有交流、有分享、有碰撞,在这样一次线上交流中,大家对学习故事有了更全面的了解和认识。然后,我们又结合实际工作撰写了学习故事,每一位老师都将自己班级孩子们的"哇时刻"书写下来,记录孩子们成长的轨迹和旅程。6月,我们在线下一起交流撰写的学习故事,大家都有不一样的认识与体会,但对"观察"都有了更理性的了解。线上+线下活动的交叉组织,让阅读时间更灵活,大大提高了阅读的效率。

　　领读引读诵读让阅读形式更活。阅读形式的多样化更能激发青年教师阅读的兴趣,我们活动前设计计划表,以组长领读(第一部分)、问题引领(第二部分)、教师诵读(第三部分)等不同形式,让青年教师在专业书籍的共读过程中产生兴趣,理解内容,更好地从书中吸取先进的教育理念,适宜地支持、指导幼儿的游戏与学习,提升教师在实践工作中学习故事、观察记录的撰写能力,更有效地将《指南》和《纲要》精神贯彻到教育实践中,引领她们走上专业化成长之路。所以说灵活的阅读形式能提升共读的效果。

阅读·悦"新"

　　阅读理念在创新。多媒体时代,kindle、手机等出现,大家的阅读理念都在创新,除了传统的文字阅读,现在还有视频、音频阅读,比如共读中教师们提供的视频《观察的日记》给大家带来了身临其境的体验,也让阅读真正活了起来。这些改变了传统阅读模式,符合时代发展的需求。

　　阅读内涵在创新。阅读是为了更好地学习、更好地生活,在当今社会越来越多的人重视阅读,也知道阅读过程不仅是接受,更重要的是参与和再创造,比如我们的共读活动,不仅是让老师们看《用专业的心,让观察更有温度——幼儿园"学习故事"的本土化实践研究》这本书,更多的是要求老师们参与其中,结合自己的实际工作撰写学习故事、观察幼儿,进行一个再创造的过程。让教师们对书籍的理解更透彻,也让书籍更好地为教师们的实际工作服务,这是一个循环向上的过程,也是教师们阅读内涵不断创新的过程。

我们悦行|听潮风·采文读书坊将继续带领青年教师们创新阅读方式方法，让青年教师们喜欢上阅读，让阅读成为一种习惯，成为教师们生活的一部分，做终身阅读者。

【墨香采微·故事】　　阅读，让自己蜕变

上海教育新闻网　文/上海市浦东新区惠南西门幼儿园　丁芬芬

2020-09-14　10:24:50

我是一名幼儿园教师，在陪伴孩子们成长的道路上，需要不断充实自己、提高自己，那么阅读无疑成为最方便最有效的途径之一。但非常讽刺的是，我是一个不爱看书的教师，所以在读书会刚成立时的书单上我推荐的书是一本养生的书，这样的闲书似乎更吸引我。随着读书会活动的开展，西柚味儿·采文读书坊第一本共读书目是《儿童的一百种语言》，我仿佛再次回到学生时代，强迫自己看书，有时候发现内容太枯燥，那么就拿着笔看一页圈一些重要的语句，可以说看书的速度真的是"龟速"，不过我总安慰自己从不看到看，已经是一个不小的改变了。

不爱读书的我在起步阶段感到很枯燥很乏味，不过读书会的逛书店之旅却让我这个不喜欢看书的人爱上书店，采文老师带我们来到位于徐家汇的"钟书阁"书店，高大上的装修，丰富的书籍，安静的氛围，让我享受了难得的悠闲和宁静，心中感叹：原来书店可以这么"美"，以后要多来。在这次书店之旅中，我买了两本书，一本是阿德勒的《被讨厌的勇气》，另一本是《马云的说话之道》。很庆幸，我开始关注娱乐、养生以外的书了。

暑假里，幼儿园布置教师必看《如何培养孩子的高自尊》一书，我心想：这本和专业有很多联系的书应该很枯燥吧，我看了应该会睡着。每天在女儿做作业的时候，我打开这本厚厚的书，尝试着翻一翻，看一看，最后居然看了大半本。我在自己觉得重要的地方特地做了标记，书中提到的好建议，我先在自己女儿身上做了尝试实践，果然有了收获，第一次真切感受到看书是有价值的。

有一次，我和女儿去禹州书店，我俩各自选书，各自看书，我选了一本《要么出众要么出局》津津有味地看起来，一眨眼就一个小时过去了，平时总是我催着女儿快点回了，这次却是女儿催着我说：妈妈，我们该回去吃饭了。放下还有半本没看完的书，我心中恋恋不舍，一直惦记着抽空再去把这本书看完，这种牵肠挂肚感觉从来没有过，我很诧异，我居然也会喜欢看书。

从排斥到接受，从厌烦到喜欢，从此我和阅读有了不解之缘。常常挤出时间看书，有时是孩子们午睡时，有时是夜深人静时，有时是接娃等候的时候，有时是坐地铁排队的时候，虽然是碎片式的阅读，但书已经和我形影不离。

　　时间流逝，一转眼读书坊进入第二个年头，为了解决大部分老师愿意看书，但害怕写作的困惑，我们共读了《让老师不再害怕写作》一书。作为西柚味儿读书坊的负责人，拿到书的那一刻我不再像第一次读专业书籍那么排斥。沉下心，静静地翻阅，细细地品读，深深地思考，在通读第一遍后引领读书坊成员进行章节遴选学习。疫情期间秉承停课不停学的宗旨，组织各类形式的读书活动，通过专家引领、学习讨论、撰写修改等，和老师们一起看，一起写，一起改。一个学期后，看着读书会成员一篇篇案例成果脱颖而出，我内心欣喜万分，原来我在改变自己的同时也在改变着别人。

　　因为有了阅读，我开始喜欢思考，思考自己的价值，思考如何更好地成为有价值的老师。

　　教师的责任除了教育孩子，还要将优秀的教育理念、方法和家长进行沟通，家园合作才能让孩子更好地成长。针对自己沟通能力较弱的缺点，在购书时我选择了《21天说服力养成》，有目的地阅读里面的沟通方法，思考自己如何利用这些好方法，如寻找连接点，和家长沟通时用我们，而不是我和你；又如拒绝沟通时的情绪影响，知道避免自己情绪不佳时沟通会产生的负面作用……这本书教了我许多，我想自己还会阅读第二遍、第三遍，甚至更多遍。发现自己的弱势，主动寻找书籍来帮助自己，这不再是从前的自己，书，让我找到了更好的我。

　　在短短半年的读书会活动中，我不敢说自己是最有收获的，但我想说，我应该是改变最大的。

　　当阅读成为一种快乐，一种享受，就能带给我们不同的感受。不论是哪一种书籍，我们都可以试着去阅读，养成阅读和思考的习惯，做一个活力与思想并存的幼儿园老师，为培养祖国未来的花朵们奉献自己的力量，这是每一位老师的责任。

　　让我们在繁忙的生活中始终有静心看书的时间，努力改变，努力收获。让我们在各自的岗位上努力奋斗，努力成为更优秀的自己。

【墨香采微·故事】　时光不负，未来可期

上海教育新闻网　　文/上海市漕溪中学　张嘉丹　2020-09-15　09:43:14

　　在读书坊，遇见了更好的自己。

与墨香采微·采文读书坊的邂逅是美丽的偶然,然后,我们一起成长,经历化茧成蝶般的蜕变。这里有亦师亦友的有趣灵魂,这里有严肃活泼的思考探讨,这里有打破界限的新鲜碰撞,这里有志同道合的陪伴鼓舞……

蓦然回首,收获太多。

佳音须听

我学会倾听。

犹记得读书坊成员们第一次集结在微信群,开启第一次独具一格的读书任务:每位成员自拟群名,并推送1分钟语音讲解。平日被爆炸的信息包围的我们,习惯了手指在手机屏幕迅速一条条滑过的我们,早已练就一心多用的我们,有多久没有放缓节奏,停下来,专注地倾听他人的声音?但如此趣味的读书任务竟让我们不自觉地调高音量,心无旁骛地,一遍又一遍聆听。因为,一个个凝聚匠心的群名无不透露着读书坊成员们的巧思睿智。也因为,这样的活动唤醒了我们的身体与灵魂,呼应了我们对于有价值、有思考的认知的渴求。

我们不仅交流自身的见解,更会对其他成员的分享进行推荐。而这更意味着我们需要静心倾听每一位的观点,才能判断出自己最赞同、最欣赏、最值得推而广之的内容。

在这里,我重新重视"听"的价值。倾听是对他人真切的尊重,是对他人无声的激励,也是珍重、提升自我涵养的充满意义的过程。

启齿敢说

我锻炼表达。

"误打误撞"成为活动主持人的经历是难忘的。我素来喜欢安静坐在角落,却突然有机会站在台前。从微信连线彩排,到现场随机应变,在实践中迅速成长与收获,深知"台前"气定神闲离不开"幕后"训练积淀。伴随专业主持人蔡燕老师的一次次恳切指导,心里似乎是被悄悄埋下了主持、演讲的种子。

每每在微信群进行一两分钟交流,更锻炼我们语言的凝练,突出重点。凡是可以说的东西都可以说得清楚、确切、恰当。口语表达也可以是思维工具。语言表达不仅是咿呀学语的孩子的必修课,更是值得每个人一生学习的课题。有条理地表达自己,是重要的核心竞争力。我们的阅历、情商、素养,都藏在我们的谈吐中。

在一次次开口"说"的过程中,我收获的不仅仅是思维训练、语言表达,更是勇敢与自信。

静心精读

我给自己更多阅读的机会。

在读书坊,有机会得到更多好书推荐,也在了解大家都在保持阅读热情时给自己鞭策与鼓励。纵使是忙得喘不过气的时候,也可以依靠阅读透透气。过去的很长一段时间,在一个个忙碌琐碎的日子里,不知是我抛弃了阅读,还是阅读放弃了我。生活如流水般逝去,日子在柴米油盐中悄然流走,没有阅读的日子表面看起来毫无异样,只是每当听到他人分享最近的好书推荐、阅读心得时,自己的心里似乎空落落的。不禁跟自己说:该多读点书了。

与阅读相伴的日子,是充实的、有趣的、幸福的。与伙伴们共享、共赏、互鉴的过程,与其说是一项项读书任务,毋宁说是一次次精读、提升的享受。我们在阅读中遇见微笑的力量,遇见严肃的沉思,遇见更好的自己。

读潘庭老师推荐的《你当像鸟飞往你的山》,我们一起坚定自己的内心;读赵馨雨老师推荐的《随心随意去生活》,我们学会做个"健忘"的人;读周佳怡老师推荐的《月亮和六便士》,我们追问自己内心真正的追求……

在阅读中,收集一点一滴光芒,或温暖自己,或指引前方。

下笔勤写

我与久违的"写作"频繁重逢。

已经记不清有多久没有这样时不时写下一些文字。惰性很可怕,让人误以为是安逸、是福气,它消磨了我的创作热情,抹去了我的"文青"记忆,几乎已经忘了自己年少时的初心。

加入读书坊的日子,我们尝试各种类型的"写",主持稿、点评推荐、读书体会、教育心得、成长故事……作为语文老师,我们常常鼓励学生"我手写我心",在读书坊的一次次写作中也确实感受到从真实、内心出发的写作最动人。

同时,我也感到一种良性循环的力量——勤于写,则乐于写;乐于写,则勤于写。于是,我仿佛回到上学时,咬文嚼字有时,反复推敲有时,凝神思索有时,下笔有神有时……当然,也是在写到抓耳挠腮、毫无灵感之时,悔恨于书到用时方恨少,深感自己积累不足,提醒自己还有太长的路要走。

原本以为读书坊只是营造一种集体阅读的风光假象,却不想意外收获了专业素养的提升,认识了阅读路上携手同行的老师与朋友,遇见了更好的自己。

时光不会辜负我们每一刻的努力,愿继续一路奔跑,相信未来可期。

【墨香采微·故事】　我与读书坊的缘入

上海教育新闻网　　文/上海开放大学浦东南校　　卢丽芹　2020-09-16　12:16:19

　　2004年研究生毕业后我一直在学校工作,至今已有16年的教龄了。不曾想,在这个年龄段上我还与其他年轻教师一起参加采文读书坊,一起阅读,一起做课题研究。采文读书坊究竟有怎样的魔力吸引我进去呢?听我来讲讲其中的缘。

初识读书坊

　　与采文读书坊的初识是在2019年的夏天,源于我们学校组建"开明轩·采文读书坊"的命名。在我们学校青年教师热火朝天地发表观点后,最后正式确立为开明轩,寓意着我们学校开放明理的特色,从而正式加入采文读书坊,成为5+1采文读书坊的一员。此后,在主持人采文老师的指导下,我有幸参与了很多的读书活动,比如,青年教师的演讲比赛、学校的读书分享会等。在我的初识印象中,采文读书坊就是一个青年教师的阅读联盟会,为青年教师提供一个阅读交流的平台。

重识读书坊

　　疫情期间,学校领导通知我要加入采文读书坊牵头的课题组,每个学校参与2人。这时我才了解到,这是以课题研究方式来开展阅读的中心群组,后来我们为这个群组命名为"森林研习·采文读书坊",共有11名成员一起做课题研究项目"基于青年教师阅读素养视角的教育服务推广研究",来推进我们的阅读行动。每位成员都为群组的命名分享过,关于"森林研习群名演说的阅读理解"学习交流。我对"森林研习"的解读是:5个木字组成了森林两个字,意味着大家在森林这个氧吧里(也就是我们的采文读书坊)一起自由研究学习,共同进步。由于疫情原因不能面见,我们开启了钉钉视频悦读会,阅读学习项目课题,一起完成各自的子课题,一起完成课题申请和开题报告。森林研习采文读书坊,邀请很多的专家和学者给我们开展读书讲座。2020年4月份的课题项目申请线上视频研究会,和7月份的"钟书阁"购书行动以及"八面玲珑"面馆的线下交流研讨会,主持人的创意组织设计,浦东教发院郑新华博士微讲座,采文读书坊的logo图意认知理解、阅读环境的文化创意等许多阅读元素,让我打开了阅读素养研习认知的思路。以前我认为5+1的读书坊意义不大,因为里面有幼儿园、中学、开大,它们是不同层次的对象,是没有联系的,没有共同语言的。但通过几次的活动,我发现教育理念是相通的,是我太狭隘了,"三人行,必有我师焉"是对的,只局限在自己专业的舒适圈是不行的,是不能满足与时俱进的学生的需求的。

在转型期,跨界跨学科教育素养的提高,更需要灵活的复合型教师,需要接受新鲜的教育理念和方法。采文读书坊让我有了新的视野和视角来看待我所从事的成人教育。

原来,采文读书坊不仅仅是读书分享,不仅仅是交流平台,更承担起联盟桥梁作用,一起搭建科研平台,让青年教师更好更快地成长,为浦东教育发展做出贡献。

再识读书坊

从被动加入初识采文读书坊至今,发现自己进一步认识了读书坊的意义。因为单就年龄而言,我已经40多岁,并不属于传统意义上的青年教师。但我们学校教师的平均年龄都快50岁了,青年教师比例和人数都比较少,学校领导无奈之下,让我们45岁之前的老师都归入青年教师行列,其实这也是一种新发展理念,正如采文老师所说,我们可以学做进步新青年。所以,我被动加入采文读书坊,也算被动加入森林研习采文读书坊。印象里,所谓的课题组也许就是走走过场而已,但这次我却感受到了严谨认真的课题项目组的阅读研究行动,大家一起购书,一起学习研讨,让我的认知发生了很多变化。

以前我的阅读量一年也就是5本书,也不算精读,泛泛而读。而且由于教书时间长了,有一种职业倦怠感,所教的课程所带的专业变化不是特别大,慢慢对于读书的需求不是那么强烈了。不像以前研究生期间那样天天泡在图书馆研读专业书,也不像初入教师行列时那般迫不及待读教育书,也不像所教专业课程发生变化时那样紧迫阅读教材书,渐渐读书清单变得越来越少。直到这次课题,我又重新开始认真推荐书籍,认真购书,认真阅读。我的心境发生变化了,变得又有点喜欢读书了,竟又有了学生时代那样的阅读心境了,不经意间竟也符合了习近平总书记提出的终身学习的要求。

我始终认为,阅读是教师的一种修行。有人曾说:一个人的气质融入了你走过的路,看过的书,经历过的世界。我想说,作为一名教师,你的教学素养也融入了你曾经读过的书。读万卷书,行万里路,读书是非常必要的,一碗水与一桶水的关联选择,就来自你的阅读沉淀。

由此,采文读书坊可以称之为是一座精神家园。在这个家园里,不管你多年长,只要有一颗爱阅读的心,有一个爱思考的脑,就能在读书学习中勇做攀登者。读书坊提倡共享阅读,引领青年教师成长,也指导启迪了中年教师的我,让我深受鼓舞,也不断超越自我认知和渐入佳境。

【墨香采微·故事】　学做一名经典读本的"演奏家"

上海教育新闻网　　上海市浦东新区春之声幼儿园　　王　洁　2020-09-17　13:03:09

　　2019学年结束，我已担任幼儿园教师五年整。五年的时光，我从初出校园到独当一面，总能听到前辈和家长们的不同评价。刚踏上工作岗位时，我最常听到的就是："这个新老师很认真。"最近我听到不少家长评价："王老师对幼儿园教育极有热情和想法。"

　　起初我并没有在意或思考评价变化的缘由，直到我思考此次征文的主题"教育创新"一词我才发现：五年来的"学习积累""教育改变"让我的课程实施观有了质的改变，从而改变了自身的教育行为。

忠于经典读本的阅读者

　　初出校园，每次我都会细致严谨地阅读关于如何开展幼儿园一日生活的书籍。一日生活中各个环节过程中先说什么，再说什么，用哪一个字词，甚至是语音语调和互动反馈的表情。那时的我认为：当天的教育行为和预设好的周计划、日计划必须和书中写得一模一样，才是好的。记得一次公开课好多导师来听课，两个孩子的反馈完全出乎意料，在第一个初步听赏音乐的环节就满教室地飞奔，和预设好的精彩的集体教学活动相差甚远。课后我非常沮丧，导师安慰我孩子们由于缺乏集体音乐教学活动的经验，有这样的反应很正常。但是这不是书上的经典案例吗？这次的集体教学活动不是适合该年龄段幼儿又符合主题的吗？

　　那时的我就像建筑工人按照设计师的图纸认真地施工，不得随意更改图纸。是完全的"忠实取向"的课程实施者，把课程实施过程看成是忠实者的执行课程计划的过程。这种课程实施本质观，导致我生硬地照搬课程计划中的目标内容步骤和方法，漠视了教师和幼儿的主体价值，使实施的课程游离于教师和幼儿的心灵世界之外。我开始向导师提出自己的疑问，表达自己课程实施的意见。

勇于浸润经典读本的研习者

　　在结束为期一年的见习教师规范化培训后，导师在身边指导的时间少了。书写日计划时，我对照着相关书籍，反复思考每一个细小环节的活动目标、过程和方法。"这里有些不合适，可能不适合我班幼儿……"带着问题翻阅书籍、答疑解惑。记得带中班时我需要开放展示角色游戏，导师告诉我很多适合中班幼儿的游戏主题、玩法、材料制作方法等。其中有一项是"烧烤店"，但是我班幼儿吃烧烤的经验很少，活动当天烧烤店空无一人,我想到孩子们有前滩公园露营和野餐的经验,问孩子们是不是要去公园吃,都打包带走了。结果孩子们在游戏中体现出很多关于露营野餐的生活经验,得到了专家老师的肯定。

那时的我像是一名"运动员",和"教练"一起制订赛前方案,尽管运动员要尽量贯彻赛前制订好的方案,但是在赛场上必须有运动员灵活机智的处理。也就是"相互适应取向"的课程实施者,相互适应取向的课程是指把课程实施过程看成是课程计划与幼儿园和班级在课程目标内容方法组织模式各方面相互调整,改变与适应的过程。一些人认为,课程专家虽然是课程的生产者,但其生产出来的课程未必完全适应具体幼儿园、具体班级的实际情况。因此,为了使课程计划适合具体实践情境的需要,教师必须积极主动地对之进行改造,相互适应取向的课程实施观,既看到了课程编制的专业性,认为课程专家是课程的主要生产者,也看到了课程实践情境的复杂性,认为教师具有对课程的改编权。

创新演绎经典读本的演奏家

2019年一位转学生家长,想让孩子回国学习中国传统的礼仪和文化,但是幼儿园的课程都是以国外教育家的教育理论为依据开展。一线的学前教育专业的教师也都深受皮亚杰、维果茨基等教育家的影响,很少有幼儿园、幼儿园教师开展汉化教育。今天,我们的国家、城市开放、包容,但中国人传统的文化自信不能丢失,所以我建议老师们阅读中国经典书籍,提升自身的文化底蕴;建议孩子们阅读汉化教育系列书籍,并在班级中开展"共读《三字经》"活动。每个孩子的理解不同,我根据每个孩子的理解再做解读,而后师生、家园共同开展渗透性汉化教育。

今天我努力做一名经典读本的演奏家,用自己的理解和体会,和"观众"来一场独有的交流,即向"创生取向"的课程实施者靠拢。在课程实施过程中,教师只需要根据此阶段幼儿发展的任务、重点和学习方式,涉及大体的课程规划,课程的具体内容则要求教师紧紧跟随幼儿的兴趣和需求,和幼儿共同规划。

刚出校园时同学们也都说"教育创新",那时我们会一起研究一个十分新颖的集体教育活动,融入非常多的元素,但是活动后发现是"无意义教育"。今天我们谈论的"教育创新"让我联想到了极简冲击的蒙德里安、平面狂野的马蒂斯,是基于扎实基础的、有价值、科学的创新型教育。

愿我们的教育同仁都是能呈现精彩的"演奏家"!

【墨香采微·故事】 君子之学,在明明德

上海教育新闻网　文/上海市澧溪中学　吴子怡　2020-09-18　09:56:21

《大学》开篇第一句话是"大学之道,在明明德",置于今天的语境中,中央民族大学历史系教授蒙曼将其理解为"君子之学"的目标和宗旨在于弘扬光明正大的品性,并把这种品性运用到教育和引导人上去,最后达到最完善的道德境界。"君子之学"和澧溪中学所倡导的"君子文化"也是十分契合的,而要让每位学生都养成君子风范,基础教育需要为其奠下基础。

在某种程度上,教师的质量决定着教育的质量。因此,教师应当做好自我塑造,在教授学生知识的同时,也要学会认识到自己的不足,努力学习,拓宽自己的知识面;还要虚心向前辈请教,积极听课、评课,才能克服无知,做到知识上的与时俱进。除了学习外,在个人品行上,也要给学生树立榜样,教师的人格魅力也是教学实力的一种,获得学生的喜爱就能让学生以自己为榜样,或者爱屋及乌,喜欢上一门学科。在我实习期间,有次一位课堂上不怎么活跃的男生不交作业,再补完之后第二天还是不交,再三询问后才知道他是把练习册弄丢了,于是我让他去买一本,先把题目抄下来后做在本子上。但是,几天后他并没有照做,我没有责骂他,而是替他买了一本,并叮嘱他按时交作业,从此那位男生作业按时上交,语文课上会主动举手,对语文表现出极大的热情。

不可否认,每个学生的资质存在一定的差距,有些学生基础较好、学习能力更强、智力更发达,这样的学生就好比一块块不同形状的泥土,教师就好比女娲,对这些泥土进行揉捏;而有些学生基础较差、学习能力不强、智力不太发达,这样的学生就好比一块块石头,是揉捏不动的,这时候教师就好比流水,在细水长流下,顽石经过流水的侵蚀也会改变形状。泥土易被塑形,顽石虽不易被塑形,但却耐磨,每个学生身上都有闪光点等待着被挖掘。我一开始也很喜欢那些头脑聪明、学习态度认真的孩子,觉得这些学生很乖巧,课堂上回答问题时总能抓住重点,但慢慢的我发现那些平时成绩不是特别出彩的学生偶尔能从其他角度阐述自己的观点,也颇有道理,而且在经过一步步的引导之后,他们也是能够理解原来的答案的。

于漪老师认为语文教学"既教文,又教人",要将"思想教育渗透在语文训练中",同时提高学生的道德素养和理解运用母语的能力,因此语文教学在每个学生乃至整个社会的"明德"上承担着重要角色。在教学《红烛》时,我介绍了闻一多的主要事迹,

举办了班级诗朗诵比赛,来调动同学们的朗读热情,切身体会无私奉献之情;在教学《声声慢》时,我让学生事先阅读了《乱世中的美神》来了解李清照的生平,过程中又将李清照的"淡酒"与杜甫的"浊酒"进行对比,将"黄花"变为"红花""绿叶",让学生感受区别,更好地走入词人的内心世界;在教学林觉民的《与妻书》时,为了让学生理解这封天下第一情书其中所包含的两难抉择和大爱情怀,我展示了一些林觉民写这封情书的背景资料,播放了名人朗读的音频,而没有对字词句做剖析,因为林觉民在写信时笔随心动,并无特意斟酌过,情真意切,因此拘泥于用词和写作手法更像是一种对情感的亵渎;而在教学《谏逐客书》时,我逐句做了品读,包括李斯清晰的论证思路、繁复华丽的辞藻和其中所蕴含的不平之气……虽然教学经验还很不足,但我坚持在线上或者线下把课堂变得生动有趣,改变学生觉得语文课枯燥的刻板印象,让他们能够与作者进行跨时空的对话,懂得为什么那样的时代成就了那样的人,而在我们所处的时代中,又应该保留什么、摒弃什么,以此"明德"。

当然,不只是语文学科,每一门学科都值得任课老师付诸热情,把对如何做人的感悟掺杂在教学中。想起我的高中物理老师,在凳子上上蹿下跳只为让我们懂得为什么时间可以是一个维度,他说"我一天不上讲台,我就感觉在虚度光阴";还想起我的高三班主任,她会为了让我能跟上进度,每天放学后都自愿为我开小灶补上落下的功课;又想起一位可敬的大学教授,原本从六点到八点半的选修课,他会侃侃而谈到接近十点,他会回复每一封邮件,并亲切地称呼每一位同学。

我的生命中遇过太多好老师,当然也有个别不称职的老师。教书和育人同等重要,或者说,育人甚至更为重要,我想当一名教师的初心就是想要改变每个学生一点点,想让他们有所成就。"明德"的前提是"自明",因此今后也希望和那些好老师一样,不忘自己的初心,继续培养、坚守自身的光明正大的品性。

【墨香采微·故事】　　孩子,我陪你

上海教育新闻网　　文/上海市浦东新区听潮艺术幼儿园　　曹　菁

2020-09-21　　16:13:38

你的儿女,其实不是你的儿女,

他们是生命对于自身渴望而诞生的孩子。

他们借助你来到这个世界,却非因你而来。

他们在你身旁,却并不属于你。

你可以给予他们的是你的爱,却不是你的想法,
因为他们有自己的思想。
你可以庇护的是他们的身体,却不是他们的灵魂。
因为他们的灵魂属于明天,属于你做梦也无法到达的明天。

——纪伯伦《先知》

我们教育孩子,往往不是因为爱,而是出于害怕。我们担心孩子输在起跑线上,各种技能一哄而上,却忘记了每个孩子各有不同的天赋,就像每颗种子都有不同的开花时间;我们怕孩子走错人生路,所以一门心思地指导孩子、纠正他们的过错,却忘记了在与孩子培养感情的过程中最重要的元素,即与孩子共享快乐时光,一起欢笑、一同成长。

我是一名幼儿教师,发现班里的孩子们时常喜欢跟我抱抱、亲吻我的脸颊。从宝贝们身上,我也学会了如何与父母相处,表达自己的真实情感;也是他们教会我如何与孩子相处,如何更好地考虑别人的感受。其实孩子们也是我的老师,她们让我看到自己落下的功课,明白自己应如何成为一名更好的幼儿教师,发自内心地爱孩子。

工作第一年时,我觉得自己是一个成人,要引导幼儿们向我所认为的对的方向发展,身负教师的荣誉和使命感,那时我仿佛是一个下达命令的将士,给幼儿们下达一日生活的指令。

2019年,我加入了区教育工会组织的"悦行|采文读书坊"。通过一系列的阅读,我的教育理念快速地发生了改变。我与孩子们变成了朋友,每天和他们愉快地玩在一起,但我也发现,这时的我在幼儿中间已经没有了任何的威信,在我带班的过程中,让孩子们能够保持安静是那么的困难。

后来意识到,与孩子们的相处中,既要保持一定的威信,又要与他们交心,成为他们无话不说的好朋友,是需要有很多技巧和诀窍的。从理念到方法,阅读学习与实践打开了我的门道。我曾给我们的读书群,推荐取名为"一杯香茗品文书","一杯香茗,一卷书,偷得半日闲散。一抹斜阳,一壶酒,愿求半世逍遥"。对《用专业的心让观察更有温度》《你在天堂遇见的五个人》等书籍的共读、自读的阅读理解,令我豁朗许多。我们之所以成为教师,在书写孩子的人生之前,也应净化我们的心灵,让我们改变自己。只有明白这一点,我们才会遇见最好的自己,带给自己和孩子幸福快乐的生活。

读别人的书看别人的生活是欢快的、愉悦的,我们可以保持着旁观者的冷静,看她们不慌不忙地哭着笑着。但是轮到我们面对30多个孩子的时候,和自己说慢慢来

真不是一件容易的事情。

仔细想来，曾记得我们班一个小男孩带来了几只蚕宝宝，孩子们十分喜欢，经常跑到阳台上去观察他们。极度的热爱带来的是过度的关注。在某一个晴朗的下午，阳台上的蚕宝宝们集体死亡，原因是孩子们善意地给他们洗了澡。那时，无奈和哭笑不得占据了我的胸腔，可阅读带来的知识和微笑的力量，将我指引到给孩子们开展一个自然科学活动的做法，让他们能够更好地了解蚕宝宝。科普完后，再次鼓励幼儿带蚕宝宝来我们的教室，这一回，幼儿们已经能够很好地照顾它们了。如果当时，我不是鼓励幼儿，而是一竿子拒绝幼儿对他们的碰触，对孩子严厉地批评。那么也许，我们班的幼儿会因为这个留下阴影，也许他们对自然的探究心理就被我扼杀了。

做老师是一门学问，一门很伟大很深奥的学问，有时候很茫然，有时候很疑惑，有时候又沾沾自喜，有时看着开展活动不认真的幼儿，会忽略了他们身上很多的闪光点。人生的路很长，孩子们的美好人生刚刚开启，我们应该慢慢地、美美地、坚强地陪伴他们一起走。

随着社会发展进程的加快，我们每天忙碌地工作，经常容易把理解和宽容给陌生人，把严苛和残忍的话语都留给亲人和孩子，往往还穿着一件"我都是为了你好"的外衣。好与不好，成功与否的标准是什么，这把尺子经常会依我们情绪的晴雨表而变化，我们总是忽略沿途的风景，不顾一切地向所谓的终点奔跑，忘记了我们来到这个世界的目的是为了好好享受生活，慢慢品味世间的美好。加入"采文读书坊"后，通过多次读写互惠的交流分享，定期不定时地阅读坚持，带来的是一种内心的淡定从容和幸福感，是一种对孩子们生命最本真的敬重的新认知和实践陪伴后彼此的心智成长。

孩子们，你们慢慢来，我们尽力耐心地等着你们长大。爸妈，你们慢慢来，请让我像你们以前陪我长大那样陪你们变老。太阳，你慢慢落山，让美丽夕阳的余晖多留一会儿。月亮星辰你慢慢离开，让这静谧温柔的夜更久一些。沙上有印，风中有音，光中有影，该在的都在，孩子，我陪你。

【墨香采微·故事】　　信任与鼓励的力量

上海教育新闻网　　文/上海市澧溪中学　　潘樊洁　　2020-09-22　　09:59:03

悠长假期，于家中开启了一段特别的阅读时光。

读书坊推荐的《致青年教师》一书真真是一笔宝贵的财富。吴非先生在书中讲述了许多教育实践中的现象以及有意思的问题，这是教育学教科书上没有的。一个个生动、形象的案例娓娓道来，同时也一字一句地告诉我们来自实践的思考与教训。

故事的缘起，来自书中第三辑"心里装着学生的心"中的文章《你一定能写好的》。

吴非先生先讲述了一位不愿意在作文中展示自己，小小年纪就懂得要藏拙，知道要"钝"一些，以便让自己老师放心的女生的故事。这样的学生真是让人心疼不已，也慨叹不已。信任与鼓励对每一个人都无比重要，更不必说一个年幼的学生，自己满腔热情写下的文章被老师质疑其真实性，这是一个多么挫败的结果，必将大大打击孩子的心灵。故事里的女生就是如此，她像蜗牛一般退缩回自己坚硬的壳中，不再愿意到阳光下展示自己。

故事的后半段，吴非先生笔锋一转，讲述了自己学生时代在写作时得到老师鼓励，最终在写作上取得了不断进步的经历。两个故事中的孩子起点类似，因为遇到了不同的老师，于是有了不同的人生经历，从这个意义上说，教师有可能给学生发展的机会，也可能毁灭一株幼苗。

读到此处，不禁汗颜，马上反思自己，也许没有这样的行为，但有过那种"一闪念"的不信任。作为一名语文老师，深知作文教学的错综复杂，难度之高，如果没有足够的兴趣与激情，任谁也无法写出好文章，学业负担深重的学生更是如此。

犹记得上学期末在批改学生作文时，看到两位学生的文章雷同，不由得火冒三丈，即刻在课堂上对他们进行了质问，并严厉地提出此篇作文作废，万不可再有下一次！那两张瞬间灰白、想要张嘴辩驳的脸庞又一次如此鲜明地浮现在我脑海中。此刻再次想起，心内不由得一惊，急急忙忙调阅出这两篇作文，细细再读，原来两篇文章是内容相似，都写了同学间的日常故事，恰巧选取了相同的情节，但在表情达意时方向完全不同，于是自问这有何不可呢？学生的生活本就两点一线，非常容易选用相似甚至同一个事件或情节。至此，懊悔之心尤甚，当时的我真的过于粗暴，那样的态度会否生生地浇灭了两位学生对写作的热情？

至此，一刻都等不了了，即刻启动钉钉电话，致电这两位学生，诉说原委，细细沟通，两个孩子的态度不约而同地由淡漠到委屈，叽叽喳喳地向我诉说了当时的心情故事，甚至还有日记为证，一番畅快的沟通后，终于解了师生间的心结，学生与我都长长地舒了一口气。

故事就此结束了吗？没有，我想让故事更圆满一点。

一个主意酝酿而生，何不用这两篇文章做一个比较阅读，给学生讲述写作中"老材料，新创意"的方法？与两个孩子说了我的想法，并给予了热情的鼓励，经过一番热烈的讨论后,两个雷同的故事改头换面,成了两篇截然不同的文章。仍是取材于同一个故事,甚至有相似的情节,但一篇是侧重在竞争中相互促进、成长的《对手》,另一篇是解除误会、互帮互助、相亲相爱的《兄弟》。在两个孩子精神焕发的眼神中,我终于放下了心,感谢阅读时那一个闪念,挽回了两颗热爱写作的心,相信他们必将受到鼓舞,写出更多的好文。

我坚信,不仅是作文教学,语文教学乃至所有学科的教学中,信任与鼓励都是极其重要、极其珍贵的阳光,我们一定要不吝啬地多多给予,才有可能收获满满的温暖。

其实不止教师的身份需要这份信任与鼓舞的力量,任何一个身份皆是如此。家有三岁稚子,正是启蒙学习之时,信任与鼓励对他来说实是缺一不可。孩子初学笔画,歪歪扭扭,难看至极,几次三番,沮丧不已,小小脸庞,几近哭泣。我蹲下身去,执子之手,一笔一画,语气柔和,目光坚定,持之以恒,终有进步。其中若有半点不耐与急躁,怕是早早前功尽弃。

虽已有 11 年的教龄,但在教育教学的路上,我还是时常迷茫,时常困惑。吴非先生的《致青年教师》像一道光,直接拨云见日,轻而易举地引发了我的共鸣,更清晰明白地为我指明了方向,当下与未来,书中的宝贵经验都能让我们少走弯路,节省学费,向着正确的方向,不断地学习与实践,努力成为一个有智慧的老师,一个合格的妈妈,一个让孩子喜爱的老师与妈妈。

感谢读书坊中的共读时光,让我有机会在匆匆的时光里停下脚步,细细审视,自我修正,不断超越,成长为更好的自己。

谨以小小故事与大家共勉。

【墨香采微·故事】　　书香伴我行

上海教育新闻网　文/上海市浦东新区惠南西门幼儿园　仲徐珏
2020-09-23　09:27:51

"梦就像长着翅膀自由飞翔的小鸟。"2019 年,我有幸成为浦东悦行|采文读书坊的一员,开始了我的阅读美妙"旅程"。阅读是一种思想的修为,与阅读相伴的日子,是有趣的、充实的、幸福的。普希金说:"人的影响短暂而微弱,书的影响广泛而深远。"共享让思维更显多元,让思想更添深度。从读过的书中一点一滴积攒起来的光芒,和阅读伙伴们一起碰撞出的火花,引领我成长的脚步,照亮我在教育领域前行的征途。

我的激情时刻

每一次经历都是生活给予我们的宝贵经验,是成长的必然,参加"共享阅读人生 献礼伟大祖国"主题演讲交流活动也不例外。预选赛后,我有幸能代表惠南西门幼儿园悦行|西柚味儿·采文读书坊参加"5＋1"演讲交流活动,心情难以用言语来表达,既激动又担忧,担忧的是演讲及写作对于我来说是短板,主题"阅读人生",可是离上次真正静心阅读时隔有点遥远,如何为交流活动做更好的准备顿时使我脑瓜疼。

庆幸的是读书坊主持人采文老师很懂我们,特地请来了浦东融媒体中心专业主持人蔡燕老师对我们进行逐一指导,包括对演讲稿需要调整的环节等。活动中,虽留遗憾,觉得自己不够淡定,表现得不自然,在演讲能力方面也还需进一步提升。但这就是人生的历练,我享受到了其中的过程,特别是参会嘉宾和采文老师的感言,触动了我的心灵。阅读是一辈子的修行,我会做一个真正的读书人。正如采文老师说的读书坊已经成为我们共同的精神家园,我们每个人心中都有一座山,读书人的珠峰在书中,在读书学习中勇做《攀登者》,一起爱阅读乐阅读,一起在阅读中成长。

我的快乐成长

"渊深归游鱼,林茂聚飞鸟",采文读书坊是人才培育的摇篮。读书坊的学习活动充实丰富、创意多彩;阅读书籍中的滋味多种多样,喜、怒、哀、乐、悲、欢、离、合、爱、恨、情、仇,这一份份滋味令我在书的世界流连忘返。

莎士比亚说"书籍是全世界的营养品。生活里没有书籍,就好像没有阳光;智慧里没有书籍,就好像鸟儿没有翅膀";歌德说"读一本好书,就是和许多高尚的人谈话";高尔基也说"书是人类进步的阶梯"……无数的先贤圣者无不用他们经典的话语诠释着人类与书的密切关系——人类离不开书,也不能离开书。

回想刚加入读书坊的时候,心里非常的忐忑不安,翻开书本没读几页,思绪已不知跑哪去了,难以进入阅读状态。虽然我暗下决心要做个读书人,但却感觉无从下手。后来每月一次交流分享活动,我竟然开始慢慢静下心来喜欢阅读了。再到现在阅读似乎变成了一种常态,每晚睡觉前养成了翻阅书籍的习惯,我为自己通过参加读书坊后的逐渐转变而感到欣喜。书的美,像是一杯淡淡的清茶,清新自然、神采奕奕、潇洒自如。我爱阅读,书能够开阔我的视野,使我懂得做人的道理!

上海教育媒体人赵老师的一句话让我记忆犹新,他说"老师应该是阅读的杂家,多方面地涉猎知识,才能游刃有余面对今天的教育工作"。我们要面对的是一个个鲜活的生命,每个孩子都有一个独特的心灵世界,其心智水平、生活经验、思维方式、行为习惯、接受能力等都各不相同。作为新一代青年教师的我们,就更应成为学校乃至社会中最爱读书学习的一个群体。

我的前行之路

一路走来,在阅读上自己的成长凝聚着采文老师的支持和帮助。我一直暗自庆幸,能在采文读书坊这个大家庭中幸福成长。每一次的合作尝试,每一次新的收获,每一次新的体验,都是一笔自我生成、成长的经验与财富。在阅读中沉淀,在阅读中守望,在阅读中睿智,在阅读中坚强!

我也相信,读书是一趟深入自我的探险旅程,是实现自身价值的一种途径。书籍的背后是一种文化的底蕴,有了这种探险的历程和文化力量,我们这些青年教师必然会在一本本书中看清自己,看清过去和未来,并在不间断的思考中开发自己的潜能,在心中开启一扇扇智慧之窗,为步入幸福的殿堂开辟一条绿色通道……

未来之路,我将和采文读书坊的青年教师们一起欢乐成长,一起幸福前进。幸福列车一直在路上前行,一同做有梦的读书人,书香陪伴我继续成长。一个人,一辈子喜欢的东西有很多,但是能够坚持的不一定很多。也许我老了,不会再说"我喜欢追剧""我喜欢吃零食",但我一定还会说"我喜欢阅读",因为我是一个真正的读书人。

推荐阅读
——采文读书坊2021年度百本经典共享书单

2021 悦行 | 采文读书坊"5＋1＞6"百本经典迎庆百年共享书单

序号	书　名	作　者	推荐人	读书坊
1	《乡土中国》	中国　费孝通	蔡文花	采文读书坊
2	《红楼梦》	中国　曹雪芹		
3	《中国哲学简史》	中国　冯友兰		
4	《我们如何思维》	美国　杜　威		
5	《岁月如歌》	中国　于　漪		
6	《太阳照在桑乾河上》	中国　丁　玲	姚　红	听潮风/采文读书坊
7	《红星照耀中国》	美国　埃德加·斯诺	金　玲	
8	《我的伯父周恩来》	中国　周秉德	金紫玮　陈佳雯	
9	《林家铺子》	中国　茅　盾	徐欢妮　李淑雯	
10	《呐喊》	中国　鲁　迅	施怡雯　康　琳	
11	《子夜》	中国　茅　盾	陈妍琼　顾清源	
12	《雷雨》	中国　曹　禺	周佳怡	
13	《城南旧事》	中国　林海音	周逸菲　吴琪敏	
14	《恐惧与自由》	英国　基思·罗威	赵　玲　唐祎霞	
15	《民族的重建》	美国　蒂莫西·斯奈德	姚裕玲　曹　菁	
16	《母乳与牛奶》	中国　卢淑樱	王　怡	
17	《野火春风斗古城》	中国　李英儒	黄　越	
18	《建国大业》	中国　王兴东、陈宝光	张晓天　周佳怡	
19	《战争的试炼》	英国　托马斯·阿斯布里奇	宋淑芸　李淑雯	
20	《复活》	俄罗斯　列夫·托尔斯泰	乔　丹　施郁诞	西柚味儿/采文读书坊
21	《红日》	中国　吴　强	龚雯雯　金锐媛	
22	《红色家书》	中国　张　丁	丁芬芬　张笑雯	

(续表)

序号	书　名	作　者	推荐人	读书坊
23	《林海雪原》	中国　曲波	孙婷	西柚味儿/采文读书坊
24	《蛙》	中国　莫言	丁佳莉	
25	《红旗谱》	中国　梁斌	王凤晨芝　黄蕾	
26	《闪闪的红星》	中国　李心田	汤易智　吴芸	
27	《论语》	中国　孔子	钱桑桑　黄春玮	
28	《围城》	中国　钱锺书	倪佳琳　贾逸馨	
29	《龙兴　五千年的长征》	中国　韩毓海	陈嘉怡	
30	《小英雄雨来》	中国　管桦	王艳丽	
31	《边城》	中国　沈从文	仲徐珏　瞿梦婷	
32	《断舍离》	日本　山下英子	王洁　程晓珺	春之声/采文读书坊
33	《瓦尔登湖》	美国　亨利·戴维·梭罗	沈顺熙祺　张颖	
34	《全球通史》	美国　斯塔夫里阿诺斯	陈洁　丁嘉莹	
35	《认得几个字》	中国　张大春	张春煜	
36	《席慕蓉诗集》	中国　席慕蓉	牛魏微	
37	《资治通鉴》	中国　司马光	顾晓颖	
38	《羊脂球》	德国　莫泊桑	邱晶	
39	《品三国》	中国　易中天	闫梦婷	
40	《国史大纲》	中国　钱穆	俞继承	
41	《汉书》	中国　班彪	郭佳欢	
42	《革命者》	中国　何建明	姚玮	开明轩/采文读书坊
43	《红色家规》	中国　王纪一	胡春丽　顾美红	
44	《领航——从一大到十九大》	中国　李忠杰	周耀英	
45	《中国精神读本》	中国　王蒙	王娟	
46	《人类起源和迁徙之谜》	中国　李辉、金雯俐	黄华	
47	《保卫延安》	中国　杜鹏程	卢丽芹	
48	《谁是最可爱的人》	中国　魏巍	施雨	

(续表)

序号	书　名	作　者	推荐人	读书坊
49	《再回首:中国共产党历史新探》	中国　柳建辉	康玮懿	开明轩/采文读书坊
50	《青春之歌》	中国　杨沫	潘庭	
51	《读书是教师最好的修行》	中国　陈丽君	胡尧　马晓凤 顾冰洁　董鑫磊	溪君荟/采文读书坊
52	《爱心与教育》	中国　李镇西	吴子怡　赵诗蓓 徐晨　谢珅	
53	《上海的早晨》	中国　周而复	赵馨雨　陆铭昊 汤晟　沈晓文	
54	《复活的档案》	中国　梁平　郑挺颖	丁亦文　王俐 张嘉丹　傅文姬	
55	《踏上红色之旅》	中国　刘刚	赵丹妮　王之杰 周逸　邬晓华	
56	《红色中国》	中国　张品成	张晨燕　朱加英 刘燕　樊媛媛	
57	《真实的幸福》	美国　塞利格曼	袁逸婷　徐雨欣 阮欣怡　俞秀萍	
58	《战争和人》	中国　王火	吴瑞楠　蔡琪辰 严琪儿　唐且未	
59	《恰同学少年》	中国　飞刀叶	钱轶昀　陈戴维 王茜	
60	《教育的细节》	中国　朱永通	唐祯瑜　周晨雨 严雨好	
61	《高效课堂》	中国　苏鸿主编	周学兵　顾媛媛 陈琼	立学磨剑/采文读书坊
62	《迦陵谈诗》	中国　叶嘉莹	袁佳俊　陆春丽	
63	《攀登者》	中国　阿来	秦颖瑜　汪艳婷	
64	《教师:让青春在讲台上闪光》	中国　于漪	沈舒芬	
65	《正面管教》	美国　简·尼尔森	金婕　颜艳芬	
66	《中国文化课》	中国　王小波	汤伟克	
67	《中国教育改造》	中国　陶行知	唐祎玮　张洁奕	
68	《昆虫记》	法国　法布尔	倪佳玲　潘宇青	

(续表)

序号	书　名	作　者	推荐人	读书坊
69	《人间词话》	中国　王国维	汪艳婷	立学磨剑/采文读书坊
70	《最美的教育最简单》	中国　尹建莉	莫蓉	
71	《看见》	中国　柴静	邬廷尔　康乃馨	满庭芳/采文读书坊
72	《红军长征史》	中共中央党史研究室第一研究部	周天华	
73	《追忆似水年华》	法国　马赛尔·普鲁斯特	胡敏　潘莉	
74	《毛泽东选集》	中国　毛泽东	陆悦航	
75	《近代中国的新陈代谢》	中国　陈旭鲍		
76	《从你的全世界路过》	中国　张嘉佳	郑奭　刘畅	
77	《国学之智》	中国　张笑恒	苏佳文　范清婷	
78	《活着》	中国　余华	曹笑一	
79	《你的孤独,虽败犹荣》	中国　刘同	周舟	
80	《平凡的世界》	中国　路遥	沈诗怡	
81	《呐喊》	中国　鲁迅	贾智芝	雅文润心/采文读书坊
82	《时间的礼物》	瑞典　费雷德里克·巴克曼	汪宇婷	
83	《杀死一只知更鸟》	美国　哈珀·李	朱韩雯	
84	《时间的礼物》	瑞典　费雷德里克·巴克曼	汪宇婷	
85	《无声告白》	美国　伍诗琦	陈慧慧	
86	《围城》	中国　钱钟书	王天丽	
87	《悲惨世界》	法国　雨果	蒋峥峥	
88	《穆斯林的葬礼》	中国　霍达		
89	《方圆之道》	中国　陈书凯	施军	书香荷韵/采文读书坊
90	《中国共产党简史》	中央党史和文献研究院		
91	《静悄悄的革命》	美国　罗纳德·英格尔哈特	潘燕婷	
92	《一分钟教师》	美国　斯宾塞·约翰逊		
93	《我们仨》	中国　杨绛	董晨霞	
94	《飞鸟集》	印度　泰戈尔		

(续表)

序号	书　名	作者(国家)	推荐人	读书坊
95	《美国反对美国》	中国　王沪宁	陆顺华　杨婷婷　胡轶萍	星园小驿/采文读书坊
96	《陶行知文集》	中国　陶行知	孙建文	
97	《中国历代政治得失》	中国　钱穆	王雨琪	
98	《身在浮世,心向清欢》	中国　子聿		
99	《曾国藩家书》	中国　曾国藩	何伟君	
100	《中国古代文化常识》	中国　王力	倪佳	

后　记

上海市浦东教育发展研究院　蔡文花

刚听到这个消息,可以把我们的读书坊阅读故事汇成一本书,一本有书号的签约书,一本由上海社会科学院出版社出版的浦东悦行的系列图书,那阵子内心真的是兴奋,并将消息即时告诉了读书坊的负责人和相关学校领导。脑海里即时出现的是:把我们的系列阅读和各家读书坊的行动故事写成书;书中要融合哪些人的阅读影子和我们的"读写互惠"练习营行动;具体的作者是个人专著还是多人合著,等等想法,如同每一件好事来临时简单的思考并由此横生妙趣。

当成书好事基本敲定,大家满心欢喜。得到浦东新区教育工会、浦东教育发展研究院和科研部门的认同确认后,后续的推进工作项目是,签订书面出版合同。好事进展到这一层级,作为读书坊主持人的我,忐忑就开始了,要出书需要提供一份正式的有创意有价值有影响力的选题计划内容,就开始为难了。读书推广这件事儿,从有所不为到有所为,其中更是得到各级各类读书人、喜欢读书、支持读书之人的推崇、浸润、倾情的支持合作,以及难能可贵的各类保障支撑。感谢感恩,千言万语,如何在书中道尽发自肺腑的真诚的感言,于是就进入为难状态。当然,还是在规定的时间内提交了出版选题计划和签约书合同。回想起来,在当时也是付出了来自采文读书坊带给我的勇气和更多的豪情。

作为读书坊主持人,经过思考、征求相关领导、学校负责人和各自独立成行的读书坊负责人意见和想法,最终选择以众人合著的方式集成书稿,其中一位主笔兼统稿者,五位承担书坊故事部分的章节执笔者。记得我们于2020年12月15日组建《墨香采微》创意故事写作团队,利用新媒体建立微信群,正式开始我们的书坊故事成书创作之旅,进入在前期阅读活动经验基础上的新一轮阅读力和阅读素养提升行动。我们为书稿而战的"读写互惠"创作实训的首站内容暨创意写作行动会,就成为悦行采文读书坊2020年度12月的阅读主题行动,内容有(一)专题片《寻找生命的黄金屋》评估推广;(二)人物采写:《让雏鹰倚梦起飞》——访赛艇、皮划艇项目教练王三省。2020年12月16日下午,与读书坊创作组成员和专题片媒体采编孟俊老师一起奔赴浦东新区第三少年儿童体育学校采风,向优秀卓越的教育人现场学习请教,阅读学习情境也是妙趣横生,其乐无穷。

后来,进入到梳理前期阅读经验和创意活动素材阶段,面对大量的读书活动前期积累的众多材料,理出一个成书前读书坊阅读故事的书稿结构和目录,需要分项任务分配的时候,就无比地犯难了。现在大家看到的目录结构,并不是一蹴而就的,我们作为主笔和执笔人无数次都感到无从下手,就如电影《蝴蝶效应》呈现的交错、纷繁、杂而无序。本来就每厘清一篇文章需要慢工思考的我,面对量大面广的读书坊团队,和"基于青年教师阅读素养视角的教育指导服务推广研究"的实证行动故事,理出一个用于我们读书坊自我要求的开明开放的阅读姿态,表达我们读书坊阅读推进过程的妙语和妙招,以及阅读带给我们的知识、勇气和智力提升背后的智慧。一种怎样的书稿结构和书坊故事,才能准确呈现出我们读书坊青年教师对于读书兴趣的影响力、对于书本和经典对话的勇气、对于阅读的哲学观带来的成长性思维的理解。这些种种的想法和合理表述,实在无法速成。

于是,在最后明确合著者的人选与任务分解分配后,我们开始了成书爬坡的系列阅读行动。也在无数人的支持鼓励下,成就读书坊大家的心愿,并完成了这本并不成熟的、粗陋的书稿,也同样会以真诚的姿态接纳读者们的炽热的、平静的、理性的、关爱的成长型指导与批评。本书是一部集体创作,所有创作时的参考书目均包含在我们的共享书单里。这种资料参考说明的标注形式,看似很不专业的学术表达,确实,我们还只是在通往阅读和阅读故事的途中。本书参与人员,除了5+1位署名作者外,书稿中还汇聚了浦东新区教育局、浦东教育发展研究院、相关学校领导的扶持关心、读书坊众多老师的参与和奉献;也集聚了12家读书坊学校与跨校读书社团的阅读之旅中众多破茧成蝶的美妙故事,以及一群所有爱阅读之人的成书智慧。上海市语文特级教师、正高级教师、上海市建平中学副校长郑朝晖老师还应邀专为我们书写书名"墨香采微"。终于,在历经6个多月的创作攻坚战后,于2021年6月底得以顺利提交书稿。

因此,我们由衷地真诚地一并致谢与感恩我们所有的作者和读者以及全体读书坊成员!我们也将一如既往地秉承开明开放的读书姿态,前往生养你我精神气息的美丽新世界,提升我们的阅读力,用在阅读过程中生发出来的专业阅读素养,来服务于我们蒸蒸日上的教育事业。是日,采文读书坊也将感应时代乡村振兴战略计划,开启我们已然迸发的阅读热情,持续走进学校、社区、家庭,走进乡村,融情乡土中国,将读书这件最高贵的事"从俗"落地,开花结硕果。

(2021年6月30日于上海)